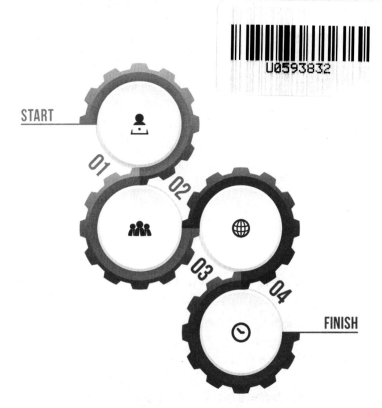

企业经营管理
理论与实务

张　鹏　主编

厦门大学出版社　国家一级出版社
XIAMEN UNIVERSITY PRESS　全国百佳图书出版单位

图书在版编目（CIP）数据

企业经营管理理论与实务 / 张鹏主编. -- 厦门：
厦门大学出版社，2024.7
　　ISBN 978-7-5615-9013-3

　　Ⅰ. ①企… Ⅱ. ①张… Ⅲ. ①企业经营管理-高等学
校-教材 Ⅳ. ①F272.3

　　中国版本图书馆CIP数据核字(2023)第102763号

责任编辑　许红兵
美术编辑　李嘉彬
技术编辑　朱　楷

出版发行　厦门大学出版社
社　　　址　厦门市软件园二期望海路 39 号
邮政编码　361008
总　　　机　0592-2181111　　0592-2181406(传真)
营销中心　0592-2184458　　0592-2181365
网　　　址　http://www.xmupress.com
邮　　　箱　xmup@xmupress.com
印　　　刷　厦门市明亮彩印有限公司

开本　787 mm×1 092 mm　1/16
印张　17.75
字数　380 千字
版次　2024 年 7 月第 1 版
印次　2024 年 7 月第 1 次印刷
定价　48.00 元

厦门大学出版社
微信二维码

厦门大学出版社
微博二维码

前　言

　　企业经营管理涉及经济学、管理学、心理学、法学等多个领域的知识，因此在实践中非常复杂。鉴于此，本教材采用了系统化、模块化的结构，将内容以模块化的方式呈现。每一章都从基础理论入手，再引入实际案例，帮助读者充分理解理论的应用；同时，还注重案例分析和思考题的设置，进一步帮助读者将理论和实际情况结合起来，培养读者独立思考和解决实际问题的能力。

　　感谢各位读者选择《企业经营管理理论与实务》作为自己的学习和工作用书。我们期待，通过我们的努力，能够为读者提供最优质的教材和最好的学习体验。请读者不要忽略学习的重要性，只有不断学习、更新自己的知识，并且通过实践不断提高运用知识的能力，才能在企业的竞争中处于主动地位。

　　本教材的编者均为在教学一线从事管理学相关教学多年的具有丰富经验的教师。各位编者立足中国本土，放眼世界，参考了国内外大量的相关著作、论文及最新的研究成果，并结合自身的教学、科研经验编就了本教材。

　　本教材共分九章，包括企业经营管理概论、现代企业制度、产品与服务设计、商业模式、团队建设、战略管理、市场营销、人力资源管理、财务管理等内容，可以为读者提供全面的知识储备和实践技巧。

　　本教材每一章开篇都配有相关课程思政内容、党的二十大精神融入以及案例导读，通过以上内容给读者提供一个研读本章内容的仿真环境，使读者提前进入角色，带着问题去追本溯源。每章最后再配以案例分析，在学习完章节内容后，通过实战性较强的案例分析，读者可深层次掌握本章的要点，提升实践应用能力。

　　本书由西藏民族大学管理学院张鹏担任主编,并负责大纲的拟定及全书的统稿等工作,西藏民族大学管理学院吕悠、黄静怡和李越行三位教师担任副主编。同时参与资料搜集整理的还有闫绪(第一章)、杨紫沸洋(第二章)、张玮笛(第三章)、刘芮迪(第五章)、武子豪(第六章)、资君宏(第八章、第九章)。

　　由于时间紧迫、任务繁重,教材错误之处在所难免,敬请读者及同行不吝赐教。

张　鹏

2024 年 6 月

目　录

第一章

企业经营管理概论

 ▶ 学习目标

· 掌握企业经营管理的目标与职能
· 了解企业组织架构以及管理者技能
· 学习企业文化并理解企业核心竞争力的本质
与内涵

 ▶ 课程思政内容

建设和谐的企业文化，思想政治工作是基础，是前提条件。企业文化和新价值体系都是依靠人来体现的，人是建设和谐文化的根本。企业思想政治工作的着力点是引导员工树立正确的世界观、人生观和价值观，塑造良好的企业形象。企业文化涵盖了企业价值观的确定、企业精神的培养、员工道德的养成、优良传统的发扬等诸方面，而这一切都离不开思想政治工作。

二十大报告原文："全面建设社会主义现代化国家，必须坚持中国特色社会主义文化发展道路，增强文化自信。"

第一节 企业经营管理基础

南方水泥如何被列为哈佛经典案例

2011年新年,宋志平收到一份来自哈佛大学商学院的礼物:中国建材集团旗下的南方水泥在联合重组和管理整合方面的成功经验,被列入哈佛商学院管理案例。据了解,美国哈佛大学商学院经过2年半时间的追踪研究,于2011年5月23日完成"中国建材集团推动中国产业发展"的案例,成为2011年9月份哈佛大学商学院战略管理、总经理管理等课程的标准化案例之一。

2006年,成立仅一年的中国建材集团在港交所成功上市。与此同时,率先在全国完成技术结构调整的浙江省水泥工业陷入了发展困境,产能严重过剩,企业高度分散,众多企业在无序和过度竞争的泥潭中挣扎。

"当时好的企业每吨水泥利润也只有1元,大多数企业亏损,浙江成为全国水泥价格的洼地,全行业亏损。"浙江水泥协会会长李辛龙回忆说。这时浙江水泥业被别人看作沼泽之地,中国建材集团董事长宋志平却看出其中的巨大机遇,他几下江南,调研论证企业联合之事。

针对水泥行业大而不强、集中度低、恶性竞争的现状,中国建材集团充分发挥央企的影响力和带动力,大力实施"大水泥"区域化发展战略,以旗下中联水泥、南方水泥、北方水泥为平台,以市场化方式大力推进淮海、东南、北方区域的联合重组。

5年中,中国建材集团联合重组的水泥企业超过180家,水泥年产能超过2亿吨,创造了世界水泥发展史上的奇迹和企业整合的范例。联合重组能取得成功,与集团实施的"央企市营"机制创新分不开。"央企市营"的核心是央企控股的多元化股份制、规范的法人治理结构和职业经理人制度,就是用市场化方式把央企的品牌、资金实力与民企的市场活力有机融合,实现包容性成长。

一、了解企业

(一)企业的概念

企业是以营利为目的,为满足社会需要依法从事商品生产、流通和服务等经济活动,实行自主经营、自负盈亏、自我发展的法人实体和市场竞争主体。

(二)企业的特征

现代企业由许多不同的营业单位组成,且由各层级经理人员管理。现代企业是现代市场经济社会中代表企业组织的最先进形式和代表未来发展主流趋势的企业组织形式。所有者与经营者相分离,拥有现代技术,实施现代化管理,以及企业规模呈扩张化趋势,是现代企业的四个显著特征。

1.所有者与经营者相分离

随着公司制成为现代企业的重要组织形式,加上公司以特有的方式吸引投资者,公司所有权出现了多元化和分散化,同时也由于公司规模的大型化和管理的复杂化,集所有权和经营权于一身的传统管理体制再也不能适应生产经营的需要,因此出现了所有权与经营权相分离的现代管理体制和管理组织。

2.拥有现代技术

技术作为生产要素,在企业中起着越来越重要的作用。传统企业中生产要素的集合方式和现代企业中生产要素的集合方式可用如下关系式来概括:

$$传统企业生产要素＝场地＋劳动力＋资本＋技术$$
$$现代企业生产要素＝(场地＋劳动力＋资本)×技术$$

在现代企业中,场地、劳动力和资本都要受到技术的影响与制约,主要表现为现代技术的采用可以开发出更多的可用资源,并可以寻找替代资源来解决资源紧缺的问题;具有较高技术水平和熟练程度的劳动者,以及使用较多高新技术的机器设备,可以使劳动生产率获得极大的提高。

3.实施现代化管理

现代企业的生产社会化程度空前提高,需要更加细致的劳动分工、更加严密的劳动协作和更加严格的计划控制,形成严密的科学管理。现代企业必须实施现代化管理,以适应现代生产力发展的客观要求,创造最佳的经济效益。

4.企业规模呈扩张化趋势

现代企业的成长过程就是企业规模不断扩张的过程。实现规模扩张的方式主要有三种:一是垂直型或纵向型扩张,即收购或合并在生产或销售上有业务联系的企业;二是水平型或横向型扩张,即收购或合并生产同一产品的其他企业;三是混合型扩张,即收购或合并在业务上彼此无重大联系的企业。

二、企业经营目标

(一)企业经营目标的含义

企业经营目标是指在一定时期内,企业的生产经营活动最终所要达到的目的,是企业生产经营活动目的性的反映与体现,是在既定的所有制关系下,企业作为一个独立的经济实体,在其全部经营活动中所追求的,并在客观上制约着企业行为的目的。企业的目标体系是企业在一定时期内,按照企业经营思想和企业所有者及经营者的愿望,考虑到企业的外部环境和内部条件的可能,经过努力所要达到的预期理想成果的体系。

(二)企业经营目标的特点

1.层次性

企业经营目标是由多个层次构成的,通过各要素、任务的结合把目标分为相互交织又相互作用的层次,从而使得目标清晰可见。

2.阶段性

企业经营目标的实现过程可以分为几个阶段,通过阶段性目标的完成,为总目标的实现打下基础。阶段性目标可能是递进的,也可能是分层的,不管是哪一种,都是为了保证最终目标的实现。

3.功效性

任何企业的经营目标都是为了达成未来的一种状态和结果,因此具有显著的功效性。对企业而言,就是通过生产、经营能满足社会需要的产品而创造经济效益,在此基础上不断提高员工的物质、文化、生活水平。经营目标的功效性可以起到激励人奋进、促进组织发展的显著作用。

4.可分解性

经营目标不但要指示方向,还要可分解为多方面的具体目标和任务。比如对企业来说,首先要有基本目标,如实现利润、完成产值和销售收入、提高员工收入和市场占有率、进行技术改造和提出发展方向等。在基本目标的指导下,企业内各部门要把基本目标按职责分解落实为部门的具体目标和工作任务。在部门分解的基础上,由企业内的目标管理部门进行汇总和平衡,最终以目标任务书的形式下发给各部门。如果目标不可分解,在执行上就具有一定的难度。

(三)企业经营目标体系

企业的整体目标要通过各部门、各环节的生产经营活动去实现。企业各部门、各环节都要围绕整体目标制定出本部门的目标,形成一个目标体系,由整体目标到中间目标,再由中间目标到具体目标,一共可以分为三层。

第一层,是决定企业长期发展方向、规模、速度的总目标或基本目标。成长性目标、稳定性目标、竞争性目标,都属于基本目标。这一层目标就是战略目标。由于各个企业所处地位不同,以及经营者价值观念不同,基本目标又可分为若干个阶梯:第一阶梯是产值、利润额、销售额等增长目标;第二阶梯是市场占有率、利润率等目标;

第三阶梯是成为本行业的领先企业;第四阶梯是走向世界市场。

第二层,中间目标。中间目标分为对外目标与对内目标。对外目标包括产品、服务及其对象的选择、定量化,如产品结构、新产品比例、出口产品比例等;对内目标就是改善企业素质等目标,如设备目标,人员数量、素质、比例目标,材料利用及成本目标等。

第三层,具体目标,即生产和市场销售的合理化与效率目标,如劳动生产率、合理库存、费用预算、生产量、销售额、利润额,以及质量指标等。

(四)企业经营目标的作用和制定原则

1.企业经营目标的实际作用

(1)企业经营目标是价值评估的基础之一

不同的企业,其经营目标是不同的,例如改革开放前我国国有企业的经营目标是完成上级主管部门下达的经营任务,而承包制下的国有企业只要能完成利润指标即可。不同的经营目标实际上反映了不同的企业制度。

(2)企业经营目标是战略体现

企业长期经营目标是企业发展战略的具体体现。企业长期经营目标不仅包括产品发展目标、市场竞争目标,更包括社会贡献目标、职工待遇福利目标、员工素质能力发展目标等。

(3)企业经营目标能指明企业在各个时期的经营方向和奋斗目标

企业有了经营目标,其经营活动就能突出重点,抓住主要矛盾,同时经营目标为评价企业各个时期经营活动的成果确定了一个标准,使企业的决策者能够保持清醒的头脑,引导企业一步一步地朝着目标前进。

2.制定企业经营目标的原则

(1)关键性原则

这一原则要求企业确定的总体目标必须突出企业经营成败的重要问题和关键性问题,切不可把企业的次要目标或具体目标列为企业的总体目标,以免滥用资源而因小失大。

(2)可行性原则

总体目标的确定必须保证可行性。在制定目标时必须全面分析企业外部环境条件、内部各种资源条件和主观努力能够达到的程度,既不能脱离实际,凭主观愿望把目标定得过高,也不可妄自菲薄、不求进取,把目标定得过低。

(3)定量化原则

目标必须具有可衡量性,以便检查和评价其实现程度。总体经营目标必须用数量或质量指标来表示,而且最好具有可比性。

(4)一致性原则

总体目标要与中间目标和具体目标协调一致,形成系统,而不能相互矛盾、相互脱节,以免部门之间各行其是、互相掣肘,造成不必要的内耗。

(5)激励性原则

经营目标要有激发全体职工积极性的强大力量。目标要非常明确、非常明显、非常突出,具有鼓舞的作用,使每个人对目标的实现都抱有很大的愿望,从而愿意把自己的全部力量贡献出来。

(6)灵活性原则

企业经营的外部环境和内部条件是不断变化的,因此企业的经营目标也不应该是一成不变的,而应根据客观条件的变化,改变不符合社会经济发展的目标,根据新形势的要求,及时调整与修正原有的企业经营目标。

(五)企业经营目标的分别

每个企业在不同的时期都有不同的经营目标。企业经营目标不止一个,其中既有经济目标,又有非经济目标,既有主要目标,又有从属目标。它们之间相互联系,形成一个目标体系,反映了一个组织所追求的价值,为企业各个方面的活动提供基本方向。它既能使企业在一定的时期、一定的范围内适应环境变化趋势,又能使企业的经营活动保持连续性和稳定性。企业经营目标有不同的分类。

1.社会目标和企业个体目标

社会目标指社会和国家的要求,如产品的安全、无毒、卫生,资源的综合利用,环境污染的防治等。

企业个体目标包括国内外市场的开拓,相关新产品的开发,多种经营的创办,特殊质量、效率、服务、工作环境、行为规范等水平的提高,或产品的整顿、淘汰等难以量化的企业总目标,以及比较容易量化的具体目标,如销售额及销售增长率、利润额、利润率及投资回报率、市场占有率、劳动生产率、资金结构及比率等成长目标。

2.战略目标和战术目标

战略目标是企业经营活动的方向和所要达到的水平。它的特点是实现的时间较长,一般能够分阶段实行,对企业的生存和发展影响大。战略目标的实现,往往标志着企业经营达到了一个新的境界,与过去有明显的变化。战略目标有较大的难度和风险,对各级经营管理层有很大的激励作用,实现这一目标需要大量的费用开支。战略目标有成长性目标、稳定性目标、竞争性目标等。

成长性目标是表明企业进步和发展水平的目标。这个目标的实现,标志着企业的经营能力有了明显的提高。成长性目标的指标包括销售额及其增长率、利润额及其增长率、资产总额、设备能力、产品品种及生产量。其中销售额与利润额是最重要的成长性指标。销售额是企业实力地位的象征,而利润不仅反映了企业的现实经营能力,还表明了企业未来发展的潜力。

稳定性目标是表明企业经营状况是否安全,有没有亏损甚至倒闭危险的目标。

稳定性目标的指标包括经营安全率、利润率、支付能力等。

竞争性目标是表明企业的竞争能力和企业形象的目标。具体包括市场占有率和企业形象。其中市场占有率指标是非常重要的,它不仅表明企业的竞争能力,还表明企业经营的稳定性。市场占有率过低,企业经营会不稳定,会在竞争中处于被动的地位。特别是当大力开拓新市场时,企业不仅要关注已开拓市场的数目,更要关注市场占有率,应通过提高市场占有率巩固新市场,否则企业很容易被竞争对手排挤掉。

而战术目标是战略目标的具体化。它的特点是:实现的期限较短,反映企业的眼前利益,具有渐进性,目标数量多,其实现有一定的紧迫性。

3.其他目标内容

(1)贡献目标

贡献目标是指企业在加快自身发展的同时,还要努力为社会的进步做出应有的贡献。它不仅表现在为社会提供的产品品种、质量、产量及上缴的利税等方面,还表现在合理利用自然资源、降低能源消耗、保护生态环境等方面。

(2)发展目标

企业能够持续发展,表示企业经营的良性循环得到社会的广泛承认。发展目标不仅反映生产能力的提高,更注重企业的发展后劲。

(3)市场目标

企业经营活力的大小还要看企业在一定时期内其市场范围及市场占有率的大小。市场目标包括新市场的开发、传统市场的纵向渗透、市场占有率的增长、企业在市场上的形象及企业在市场上的知名度和美誉度,以及创造条件走向国际市场等。

(4)利益目标

利益目标是指企业在一定时期内为本企业和职工创造的物质利益。它表现为企业实现的利润、职工的工资与奖金、职工福利等。

三、企业经营管理的要素

(一)企业经营决策

1.企业经营决策的含义

企业经营决策是指在掌握了充分的市场信息的基础上,根据企业经营战略所规定的目标,来确定企业的经营方向、经营目标、经营方针及经营方案,并付诸实施的过程。

2.企业经营决策的构成要素

从系统的观点看,企业经营决策是由决策主体、决策客体、决策理论与方法、决策信息和决策结果等要素构成的一个有机整体。

(1)决策主体

决策主体是指参与决策的领导者、参谋者及执行者。决策主体可以是人,也可以是企业的决策机构。决策主体是决策系统的灵魂和核心,决策能否成功,关键取决于决策主体的素质。

(2)决策客体

决策客体是指决策对象和决策环境。决策对象是指决策主体能影响和控制的客体事物,如一个企业某项业务的经营目标、经营规划或某项产品研究开发等。决策环境则是指制约决策对象按照一定规律发展变化的条件。决策对象与决策环境的特点、性质决定着决策活动的内容及其复杂程度。

(3)决策理论与方法

决策理论与方法的功能在于将现代科学技术成果运用于决策过程,从整体上提高经营管理决策活动的科学性,减少和避免决策结果的偏差与失误。比如,遵循科学的决策程序,采用适宜的决策方法,把定性和定量分析相结合。

(4)决策信息

信息是经营管理决策的前提和基础。要保证经营管理决策的正确性,拥有大量、丰富的市场信息是必不可少的。决策主体只有掌握充分准确的市场信息,才有可能做出正确的决策。

(5)决策结果

决策的目的是得到正确的决策结果,没有决策结果的决策不算是决策,决策结果是决策的必要构成要素。

3.经营决策的类型

现代企业经营管理活动的复杂性和多样性,决定了经营决策有多种不同的类型。

(1)按决策的影响范围和重要程度不同,分为战略决策和战术决策

战略决策是指对企业发展方向和发展远景做出的决策,是关系到企业发展的全局性、长远性、方向性的重大决策。如对企业的经营方向、经营方针、新产品开发等的决策。战略决策由企业高层领导提出,具有影响时间长、涉及范围广、作用程度深的特点,是战术决策的依据和中心目标。它的正确与否,直接决定着企业的兴衰成败,决定着企业的发展前景。

战术决策是指企业为保证战略决策的实现而对局部的经营管理业务工作所做出的决策。如企业原材料和机器设备的采购,生产、销售的计划,商品的进货来源,人员的调配等就属此类决策。战术决策一般是由企业中层管理人员提出的,战术决策要为战略决策服务。

(2)按决策的主体不同,分为个人决策和集体决策

个人决策是由企业领导者凭借个人的智慧、经验及所掌握的信息进行的决策,其特点是决策速度快、效率高,适用于常规事务及紧迫性问题的决策。个人决策的最大

缺点是带有主观性和片面性,在全局性重大问题的决策时不宜采用。

集体决策也称专家集体决策,做出决策的主体是专家组成的集体。集体决策的优点是能充分发挥集体智慧,集思广益,慎重决策,从而保证决策的正确性和有效性;缺点是决策过程较复杂,耗费时间较多。集体决策适宜于长远规划、全局性的决策。

(3)按决策是否重复,分为程序化决策和非程序化决策

程序化决策是指决策的问题是经常出现的,已经有了处理的经验、程序、规则,可以按常规办法来解决。因此程序化决策也称为常规决策,如企业生产的产品质量不合格如何处理、商店销售过期的食品如何解决等,就属程序化决策。

非程序化决策是指决策的问题是不常出现的,没有固定的模式和经验去解决,要靠决策者做出新的判断来解决。非程序化决策也叫非常规决策,如企业开辟新的销售市场、调整商品流通渠道、选择新的促销方式等就属于非常规决策。

(4)根据决策过程中的信息和不确定性程度,决策可分为确定性决策、风险性决策和非确定性决策

确定性决策是指在决策者掌握全部信息且结果明确的情况下进行的决策。在这种情况下,决策者可以准确地评估每个方案的后果,并且可以精确地计算出每个方案的效果。在进行投资决策时,如果所有相关的利润和风险信息都是明确的,投资者可以通过计算预期收益来选择最佳投资方案。确定性决策的优势在于决策者可以基于明确的数据和信息进行预测和计算,从而降低决策风险。

风险性决策是在不确定的情况下进行的决策,但是决策者可以预估不同方案的风险和概率,并根据概率与风险做出决策。在风险性决策中,决策者可能并不完全了解所有可能的结果,但可以通过分析和评估来推断各种结果的可能性。比如在市场营销中,企业可能面临许多市场变化和竞争因素,决策者需要评估每个方案的潜在风险,并选择可能产生最佳结果的方案。

非确定性决策是指在信息不完全或无法预估风险和概率的情况下进行的决策。这种情况下,决策者无法基于准确的数据和信息进行可靠的预测。非确定性决策往往涉及主观判断、个人经验和直觉。比如在创业过程中,创业者面临的环境变化快速且不确定,决策者需要根据个人经验和感觉做出决策。尽管非确定性决策具有一定的风险和不确定性,但它也提供了发现新机会和应对复杂环境的可能性。

在实际应用中,决策往往是一个连续的过程,需要灵活地运用不同类型的决策方法。确定性决策适用于问题清晰、信息充分的情况;风险性决策适用于问题相对不确定但可以预估风险和概率的情况;非确定性决策则适用于信息不完全或无法预估风险和概率的情况。

不同类型的决策方法在不同的决策情境下具有不同的优势和适用范围。了解并掌握这些决策方法,能够帮助决策者更好地面对各种不确定性和风险,做出明智和有效的决策。

(二)企业物流管理

企业物流可理解为围绕企业经营的物流活动,是具体的、微观的物流活动。典型领域企业系统活动的基本结构是"投入—转换—产出",对于生产类型的企业来讲,是原材料、燃料、人力、资本等的投入,经过制造或加工使之转换为产品或服务;对于服务型企业来讲,则是设备、人力的投入,经过管理和运营,转换为对用户的服务。物流活动是伴随着企业的"投入—转换—产出"而发生的,在企业经营活动中,物流已渗透到各项经营活动之中。

1.企业物流管理的含义

企业物流管理是指在社会再生产过程中,根据物质资料实体流动的规律,应用管理的基本原理和科学方法,对物流活动进行计划、组织、指挥、协调、控制和监督,使各项物流活动实现最佳的协调与配合,以降低物流成本、提高物流效率和经济效益的过程。

2.从物流系统诸要素的角度分析企业物流管理

(1)人的管理

人是物流系统和物流活动中最活跃的因素,对人的管理包括物流从业人员的选拔和录用、物流专业人才的培训与提高等。

(2)物的管理

"物"指的是物流活动的客体即物质资料实体。物的管理贯穿于物流活动的始终,涉及物的运输、储存、包装、流通加工等。

(3)财的管理

财的管理主要指物流管理中有关降低物流成本、提高经济效益等方面的内容,是物流管理的出发点,也是物流管理的归宿。其主要内容有物流成本的计算与控制、物流经济效益指标体系的建立、资金的筹措与运用、经济效益的提高方法等。

(4)设备管理

设备管理主要有各种物流设备的选型与优化配置,各种设备的合理使用和更新改造,各种设备的研制、开发与引进等。

(5)方法管理

方法管理的主要内容有各种物流技术的研究、推广普及,物流科学研究工作的组织与开展,新技术的推广普及,现代管理方法的应用等。

(6)信息管理

信息是物流系统的神经中枢,只有做到有效地处理并及时传输物流信息,才能对系统内部的人、财、物、设备和方法等五个要素进行有效的管理。

3.从物流活动的具体职能角度分析企业物流管理

(1)物流计划管理

物流计划管理是指对物质生产、分配、交换、流通整个过程的计划管理,也就是在物流大系统计划管理的约束下,对物流过程中的每个环节进行科学的计划管理,具体体现为物流系统内各种计划的编制、执行、修正及监督。

(2)物流质量管理

物流质量管理包括物流服务质量、物流工作质量、物流工程质量等的管理。物流质量的提高意味着物流管理水平的提高,意味着企业竞争能力的提高,因此,物流质量管理是物流管理工作的中心问题。

(3)物流技术管理

物流技术管理包括物流硬技术和物流软技术的管理。对物流硬技术进行管理,即是对物流基础设施和物流设备的管理,如物流设施的规划、建设、维修、运用,物流设备的购置、安装、使用、维修和更新等。对物流软技术进行管理,主要是指物流各种专业技术的开发、推广和引进,物流作业流程的制定,技术情报和技术文件的管理,物流技术人员的培训等。物流技术管理是物流管理工作的依托。

(4)物流经济管理

物流经济管理包括物流费用的计算和控制、物流劳务价格的确定和管理、物流活动的经济核算和分析等。成本费用的管理是物流经济管理的核心。

(三)企业营销管理

企业营销管理是一项复杂的系统工程,随着产品和服务的日益复杂和市场需求的日益多样化,营销管理也日益复杂。不同的行业和企业在营销管理上由于产品和行业的特殊性而各具特点,但整体而言,企业在营销管理上仍有较大的共通性,其过程大致可分为如下几个环节。

1.市场调研

市场调研是企业营销管理的第一步。任何产品和服务的概念,都来自市场和需求。只有对用户和市场的需求有全面和准确的把握,才能够提出合理的产品概念。这也体现了营销工作的本质功能,就是研究如何更好地满足用户的需求。市场调研作为一项基本的市场工作,其作用和功能也经历了一个不断被挖掘和加强的过程,在早期的粗放式营销理念阶段,许多企业对市场的把握和理解局限于感性的阶段,很多产品概念和创意的提出,完全是基于对市场粗浅的理解和定性的分析,缺乏定量、广泛和科学的研究。

随着市场竞争的日益激烈和市场情况的日益复杂多变,越来越多的企业加强了对市场调研工作的重视和管理,将其纳入整体的市场营销战略当中。

2.产品规划和管理

产品是传统营销概念"4P"的第一个"P",也是营销工作的起点。

产品作为企业价值和使命实现的基本载体,其在营销体系中的地位和作用是根本性的,也是企业市场竞争力的根本体现。能否提供满足市场和客户需求的产品和服务,关系到企业的生存和发展,决定着企业的命运。生产具有竞争力的产品和提供有市场竞争力的服务,要求企业能够对市场需求进行全面准确的调查和了解,也就是说,市场调查是产品规划的第一项工作。在了解市场需求之后,企业要做的是对企业自身的资源和实力进行评估,确定市场需求与企业资源的最佳结合点,并据此提出产品的概念和可行性方案,制作项目计划书,由公司相关部门进行全面的论证和分析。产品开发是一项涵盖面很广的系统性工作,涉及技术部门、开发部门、产品部门、市场部门、服务部门等多个职能部门。产品开发管理要求具有很好的协调性,在这个过程中沟通尤为重要。

3.市场推广

市场推广是企业营销管理中最关键的环节。企业在经历市场调研和产品规划等前期工作后,完成了产品和服务的设计与生产,接下来关键的工作就是如何将产品和服务通过合理有效的市场推广手段提供给目标客户。也就是说,市场推广是连接企业产品(服务)与客户的纽带,只有产品和服务最终顺利到达目标客户手中,企业的价值才能最终实现。

企业的市场推广经历了"产品概念—市场概念—服务概念"的转变。

早期的营销理念主要侧重于产品和服务本身,注重产品和服务本身的品质和质量,认为只要产品好、质量高,自然就有需求。这一概念在短缺经济时期,在供不应求的市场阶段是可行的和有效的,其促进了厂商对产品和服务质量的改进和提高。随着市场竞争环境的日益复杂和多变,产品出现同质化趋势,市场趋于国际化,企业开始意识到产品只是营销的起点,真正的决定力量来自对市场的把握和控制,也就是市场推广的能力,这一理念已经被大多数的现代企业所接受。随着营销概念的不断发展,厂商的注意力日益前移,从单纯的市场运作转到更加注重客户和服务的服务营销理念,顾客作为最终消费者,其需求以及对于产品和服务的意见,成为企业关注的核心。如何提高服务的水平和质量,成为许多行业和企业参与市场竞争的中心工作。但从本质上而言,服务营销理念虽然将营销重点前移,更加贴近消费者,但本质上仍属于整合营销的理念。

(四)企业经营管理的原理

1.人本原理

人本原理,就是以人为本,它要求人们在管理活动中坚持一切以人为核心,以人的权利为根本,强调人的主观能动性,力求实现人的全面、自由发展。其实质就是充分肯定人在管理活动中的主体地位和作用。

(1)员工是企业的主体

现代管理把员工看作主体,认为员工本身才是企业关注的重点,企业要谋求与员工个人发展的统一。具体来说,这种转变在实践中表现为,许多企业开始越来越重视员工的个人发展。例如,当代许多企业广泛地采用在职或者脱产培训、工作扩大化和丰富化、轮岗制、帮助员工进行职业生涯规划等方式来提升员工的素质,实现员工和组织的全面发展。就培训来说,培训不仅可以增强员工的技术技能,还可以提高员工的人际交往技能以及理论技能。而工作扩大化、丰富化和轮岗制,不仅可以增加工作内容的广度和深度,降低员工因专业化分工带来的工作厌恶感,还可以锻炼员工的各项能力,使其熟悉企业不同部门和产品的特点,从而有利于员工的全面发展。而企业帮助员工进行职业生涯规划,不仅可以使员工对职业发展和能力提升有明确的方向,还可以为企业自身的发展提前储备相应的人力资源,真正实现员工和组织的共同发展,做到组织和员工的"双赢"。

(2)有效管理的关键是员工参与

实现有效管理有两条完全不同的途径:一是高度集权、从严治企,即依靠严格的管理和铁的纪律,重奖重罚,使得企业目标统一、行动一致;二是适度分权、民主治理,即依靠科学管理和职工参与,使个人利益与企业利益紧密结合,使企业全体员工为了共同的目标而自觉地努力奋斗,从而具有较高的工作效率。

(3)现代管理的核心

在管理中,任何管理者都会在管理过程中影响下属的人性发展。同时,管理者行为本身又是管理者人性的反映。只有管理者的人性达到比较高的境界,才能使企业员工的人性得到更完善的发展。

(4)管理就是为人服务

我们说管理是以人为中心的,是为人服务的,是为了实现人的发展,这个"人"当然不仅包括企业内部参与企业生产经营活动的人(尽管在大多数情况下,这类人是管理学研究的主要对象),还包括存在于企业外部的、企业通过提供产品为之服务的用户。

2.系统原理

系统是指由若干相互联系、相互作用的部分组成,在一定环境中具有特定功能的有机整体。就其本质来说,系统是"过程的复合体"。系统原理包含以下内容:

(1)管理的整分合原则

整分合原则就是对于管理事务和问题要整体把握、科学分解、组织综合。所谓"整",是指管理工作的整体性和系统性;所谓"分",是指各要素的合理分工;所谓"合",是指各要素分工以后的协作与综合。

(2)管理的层次性原则

依据系统的层次性和有序性特点,我们知道组织及其管理活动构成的复杂系统中,不同层次的管理者有着不同的职权、职责和任务。例如,我们可以将高层管理者称为决策层,中层管理者称为执行层,基层管理者称为作业层,这种划分在一定程度上体现了不同层次的管理者管理活动内容的不同。

（3）管理要有开发观点

系统与环境的相互适应性要求我们在进行管理时，既要注意研究和分析环境的变化，及时调整内部的活动和内容，以适应环境特点及其变化的要求，还要努力通过自己的活动去改造和开发环境，引导环境向有利于组织的方向发展变化。

3.责任原理

责任原理是指管理工作必须在合理分工的基础上，明确规定各级部门和个人必须完成的工作任务和承担的相应责任。职责明确，才能对组织中的部门和每一位员工的工作绩效做出正确的考评，有利于调动人的积极性，保障组织目标的实现。

责任原理的主要观点有以下三点：

（1）明确每个人的职责

挖掘人的潜能的最好办法是明确每个人的职责。分工，是生产力发展的必然要求。在合理分工的基础上确定每个人的职位，明确规定各职位应负担的任务，这就是职责。一般来讲，分工明确，职责就会明确。但实际上两者的对应关系并不那么简单，因为分工一般只是对工作范围做了形式上的划分，至于工作的数量、质量、完成时间、效益等要求，分工本身还不能完全体现出来。必须在分工的基础上，通过适当的方式对每个人的职责做出明确规定。

（2）职位设计和委托授权应合理

职位设计与委托授权主要包含权限、利益和能力三个方面的内容。

权限。明确了职责，就要授予相应的权力。如果没有一定的人权、物权、财权，任何人都不可能对任何工作实行真正的管理。如果任何事情都需要请示上级，由上级决策、上级批准，当上级过多地对下级分内的工作发指令、做批示的时候，实际上等于宣告此事下级不必承担责任。

利益。合理的委托授权，只是完全负责所需的必要条件之一。完全负责就意味着责任者要承担全部风险。而任何管理者在承担风险时，都自觉或不自觉地要对风险与收益进行权衡，然后才决定是否值得承担这种风险。

能力。这是完全负责的关键因素。管理是一门科学，也是一门艺术。管理者既要具备生产、技术、经济、社会、管理、心理等各方面的科学知识，又要具备处理人际关系的组织才能，还要有一定的实践经验。科学知识、组织才能和实践经验这三者构成了管理能力。

（3）奖惩要分明、公正和及时

贯彻责任原理，要求对每个责任人的工作表现给予及时公正的奖罚。首先要明确绩效考核标准，因为对每个人进行公正的奖惩，必须以准确的考核为前提。若考核不细致或不准确，奖惩手段就难以做到恰如其分。其次奖惩要公平及时，要善用物质奖励和精神奖励，且奖励要及时，过期的奖励作用不大。最后惩罚要适度，不要影响人的工作热情，惩罚的目的是通过惩罚少数人来教育多数人。

四、企业管理的职能

(一)计划职能

1.计划的含义

计划是预测未来、设立目标、决定政策、选择方案的连续过程。计划的目的是经济地使用现有资源,有效地把握未来的发展,获得最大的组织成效。计划是对未来行动方案的规划,它是人们的主观对客观的认知过程,是计划工作的结果。

一般来说,计划工作有广义和狭义之分。广义的计划工作包括制订计划、执行计划和检查计划执行情况三个阶段的工作。狭义的计划工作则是指制订计划,我们这里主要指狭义的概念。

2.计划的特点

(1)首位性

在组织的管理中,计划是履行其他管理职能的基础或前提条件。计划在前,行动在后。组织的管理过程首先是明确管理目标、筹划实现目标的方式和途径,而这些恰恰是计划工作的任务。计划位于所有管理职能的首位。

(2)普遍性

计划具有普遍性。在一般组织中,实际的计划工作涉及组织中的每一位管理者及员工,一个组织的总目标确定之后,各级管理人员为了实现组织目标,使本层次的组织工作得以顺利进行,都需要制订相应的分目标及分计划。上到总经理,下到第一线的基层管理人员,都要制订计划。这是主管人员的权力,也是一项责任,不然就不是真正的、合格的主管人员。这些具有不同广度和深度的计划有机地结合在一起,便形成了多层次的计划系统。同时,所有组织成员的活动都受计划的影响或约束。

(3)目的性

计划的目的性是非常明显的。任何组织和个人制订的各种计划,都是为了实现组织的总目标和一定时期的分目标。在计划工作最初阶段,制定具体的、明确的目标是其首要任务,其后的所有工作都是围绕目标进行的。

(4)实践性

计划的实践性主要是指计划的可操作性并且最终能付诸实施。符合实际、易于操作、目标适宜,是衡量一个计划优劣的重要标准。计划是未来行动的蓝图,计划一旦以指令的形式下达,就会变成具体的行动。不切实际的计划在实践中是很难操作的,漏洞百出的计划将会给组织造成重大损失。为了使组织计划具有可操作性并获得理想的效果,在制订计划之前必须进行充分的调查研究,准确把握环境和组织自身的状况,努力做到目标合理,时机把握准确,实施方法和措施具体、明确、有效。另外,为了适应环境的变化,减少不确定因素的干扰,应适当增加计划的弹性。

(5)明确性

计划包括实施的指令、规则、程序和方法,直接指引行动。它不仅需要明确的定性解释,还应具有定量的标准和时间界限。具体来讲,计划应明确组织的目标与任务,明确实现计划所需要的资源(人力、物力、财力及信息等),所采取行动的程序、方法和手段,以及各级管理人员在执行计划过程中的权力和职责。

(6)效率性

计划的优劣在于其效率。一个好的计划必须能实现组织的高效率。计划的效率主要指时效性和经济性两个方面。任何计划都有计划期的限制,也有实施计划时机的选择。计划的时效性表现在两个方面:一是计划工作必须在计划期开始之前完成;二是任何计划必须慎重选择计划期的开始和截止时间。

3.计划的作用

(1)计划是管理者指挥的依据

管理者在计划工作完成之后,还要根据计划进行指挥。他们要向下级分派任务,并依据任务确定下级的权力与责任,要促使组织中全体人员的活动方向趋向一致,从而形成一种复合的、巨大的组织化行为,以保证达成计划所设定的目标。

(2)计划是降低风险、掌握主动的手段

未来的情况是千变万化的,社会在变革,技术在革命,人们的价值观念也在不断地变化。计划是预期这种变化并且设法消除变化对组织造成不良影响的一种有效手段。

(3)计划是减少浪费、提高效益的方法

一项好的计划通过共同的目标、明确的方向来代替不协调、分散的活动,用均匀的工作流程代替不均匀的工作流程,用深思熟虑的决策代替仓促草率的判断,从而使组织的各项有限资源被充分利用,产生巨大的协同效应,提高组织的运行效益,减少许多不必要的浪费。

(4)计划是管理者进行控制的标准

计划就要建立目标,并以各种指标进行明确的表达。这些目标和指标将用来进行工作过程的控制。管理人员如果没有既定的目标和具体的指标作为衡量的尺度,就无法检查下属完成任务的情况。如果没有计划作为标准,就无法开展控制工作,也不能及时地根据生产过程中出现的各种变化来调整计划以适应已变化的实际,也就无法实现组织与环境的动态平衡。

(二)组织职能

1.组织的含义

组织是指管理者所开展的组织行为、组织活动过程。它的重要内容就是进行组织结构的设计与再设计。当管理人员在设立或变革一个组织的结构时,就是进行组织设计。我们一般将设立组织结构称为组织设计,将变革组织结构称为组织再设计或组织变革。

2.组织设计的原则

(1)权力和知识匹配原则

传统管理理论强调职位与权力相匹配,但由于知识、技术的突飞猛进,以职位为基础的权力越来越难以在组织中产生对下属的持久影响力,而以"专家"构成的参谋部门越来越重要,应赋予专家、参谋部门以相应的职权,使他们有效地发挥作用,为组织服务。同时,知识的分散化使知识由以前集中于管理人员而回归分散于员工,对管理提出了分权要求,组织设计应考虑知识与权力匹配的问题。

(2)集权与分权相结合原则

组织应根据实际需要来决定集权与分权的程度。组织设计既要体现统一指挥原则,又要体现分权原则。分权的好处是能使各级管理人员具备必要的权力,有利于及时解决问题,调动积极性。因此,要考虑集权与分权的最佳结合。

(3)弹性结构原则

为了适应环境变化,提高组织的竞争能力,一个组织的结构应具有弹性。也就是说,一个组织的结构应具有可变性,要能够根据组织内外部条件变化及时做出必要的调整。

(4)信息畅通原则

现代组织离开信息就无法进行管理,因此要正确设计一个信息传递系统,使信息能够双向沟通,做到信息的反馈准确、灵敏和有力。

(三)领导职能

1.领导的含义

领导是管理工作的一个重要职能,是运用权力引导和影响个人或组织,在一定条件下实现某种目标的行为过程。

2.领导者的作用

(1)指挥

在组织的集体活动中,领导者能够帮助组织成员认清所处的环境和形势,指明活动的目标和达到目标的途径。领导就是引导、指挥、指导和先导。领导者除了应该帮助员工,还应站在群体的前列,促使员工前进并鼓舞员工去实现目标。

(2)激励

组织是由具有不同需求、欲望和态度的个人所组成的,因而组织成员的个人目标与组织目标不可能完全一致。领导的作用就是把组织目标与个人目标结合起来,引导组织成员满腔热情地为实现组织目标做出贡献。

（3）协调

在组织实现其既定目标的过程中，人与人之间、部门与部门之间发生各种矛盾冲突及在行动上出现偏离目标的情况是不可避免的。领导者的任务之一就是协调各方面的关系和活动，保证各个方面都朝着既定的目标前进。

（4）沟通

领导者是组织的各级首脑和联络者，在信息传递方面发挥着重要作用，是信息的传播者和监听者，是发言人和谈判者，在管理的各层次中起到上情下达和下情上达的作用，保证管理决策和管理活动顺利地进行。

（四）控制职能

1.控制的概念

从管理的角度上说，控制就是按既定的计划、标准和方法对工作进行对照检查，发现偏差，分析原因，进行纠正，以确保组织目标实现的过程。

2.控制的基本类型

控制按照分类标准的不同，可以有多种分类法。其中最常见的是按活动顺序分为前馈控制、现场控制和反馈控制。

3.控制的基本过程

（1）确定控制标准

控制标准是控制过程中对实际工作进行检查的尺度，是实施控制的必要条件。确定控制标准是控制过程的首要环节。

标准是一种作为模式和规范建立起来的测量单位或具体的尺度。对照标准，管理者可以判断绩效和成果。标准是控制的基础，离开标准而对一个人的工作或一项劳动成果进行评估毫无意义。

（2）衡量工作绩效

衡量工作绩效是指控制过程中将实际工作情况与预先确定的控制标准进行比较，找出实际业绩与控制标准之间的差异，以便于找出组织目标和计划在实施中的问题，对实际工作做出正确的评估。

（3）纠正偏差

通过调节、干预来纠正偏差是管理控制的实质和关键。在深入分析产生差异原因的基础之上，管理者要根据不同的原因采取不同的措施。调节、干预在大多数情况下是为了纠正不符合计划和标准的行为，但有时计划或标准脱离了实际，调节、干预就变成了修正计划和标准。偏差较大，有可能是由于原有计划安排不当而导致的，也有可能是由于内外部环境的变化，使原有计划和现实状况之间产生了较大的偏差。无论是哪一种情况，都要对原有计划进行调整。需要注意的是，调整计划不是任意地变动计划，这种调整不能偏离组织的发展目标。调整计划归根到底是为了实现组织目标。

第二节　企业组织管理与管理者

德州仪器：优化组织机构

德州仪器公司是美国一家大型电子工业公司。该公司业务主要集中于电子产品的生产和发展。由于该公司重视技术改革，投入大量资金用于产品的改进和更新，因而公司产品始终能够满足不断变化的市场需求；同时，产品工艺的不断进步，也使得生产成本逐步降低，产品在竞争市场上始终保持一定的价格优势。

公司多年来一直采用直线职能制的组织结构。这种组织结构的特点是设立两套组织系统：一套是按统一指挥原则设立的直线管理系统，设三个管理层次，即公司领导层、生产部、下属分厂；另一套是按专业化分工原则设立的参谋职能系统，包括工程技术部、设计部、财务部和人事部等职能部门，而职能部门的管理人员作为直线指挥人员的参谋和助手，只对下一层机构（分厂）的工作进行业务指导，而无权发布命令进行指挥。

然而随着公司的不断发展，管理者发现，在产品品种增多的同时，生产部门和其他职能部门的关系变得复杂起来，部门之间在协调过程中产生了许多矛盾。例如，设计部门应生产部门的要求，改进了原先生产的一种计算机的功能，推出了它的新款，研制成功后生产部门投入生产，推向市场后头一年销路很好，但从第二年开始，销量大幅下降，因为其他竞争对手推出了更加先进的同类产品。该公司的计算机大量积压，无法销出。对于这种局面，各部门都认为自己不应担负责任。设计部门认为该项产品的改进是应生产部门要求进行的，他们只管设计成功、研制成功就算完成任务了；生产部门认为该产品的质量很好，技术上也比原先的先进，销路不好是因为销售部门的营销活动不力；而销售部门则指责生产部门和设计部门在进行产品设计和生产过程中没有征求他们的意见，产品虽然在功能上提高了，但只是过渡型产品而非换代产品，其他竞争对手在本公司改进这种计算机时，已开始考虑使自己的同类产品跳过过渡阶段并着手研究全新的换代产品，造成现在的局面应由生产部门和设计部门负责，因为他们缺乏长远的战略眼光。

公司领导层查明原因后认为，目前的组织结构已不适应公司未来的发展，于是决定对组织结构进行一次重大的改革，采用矩阵组织结构，即在保留原有部门的基础上，设立多个跨部门的产品-顾客中心。每个中心负责一种产品的设计、生产和销售，各部门根据本部门职能与各中心工作的相关性,配合各中心的工作。各中心经理对本中心的盈亏负责。中心经理与部门经理平起平坐,中心经理对各部门人员行使有关任务分配和监督执行的权力,而各部门人员业绩评价的决定权由部门经理掌握。为使矩阵组织结构有效运作,中心经理和部门经理必须经常保持沟通,并协调一致对所属的共同员工提出共同的要求。

公司采用矩阵组织结构以后,局面有了很大的改观。各部门不再因为经营问题而相互指责、推卸责任,因为每一种新产品的推出,都是各部门人员共同协商、合作的结果,同时,新产品的设计、生产、销售在产品-顾客中心内连为一体,很大程度上降低了失败的风险,而大大提高了新产品的盈利性。公司陆续推出的几种新产品,均因技术、质量上乘且适销对路而给公司带来了可观的收入。

一、企业管理组织

在现代企业经营中,小规模企业逐渐失去主导地位,大规模企业在经济发展中占据越来越重要的主导地位。

大规模企业涉及的管理对象更为复杂和多样化。为组织好企业活动,如对人、财、物、时间、空间和信息进行合理配置,首先就需要科学地建立组织结构,其次要对组织进行认识与管理。

(一)企业管理组织的含义

1.广义概念

从宏观的角度理解,企业管理组织是指企业为了实现共同目标,通过确定职位、职责和职权,协调相互关系,合理传递信息,而将生产经营和要素联结起来,使其成为一个有机整体的一系列活动。

2.狭义概念

具体到每个企业的管理实际工作,企业管理组织主要是指对人的组织,包括人员、职位、职责、职权、关系等的有效的组织。

(二)组织的影响因素

管理幅度与管理层次组合排列的多少,会直接影响组织结构的变化,所以必须了解管理幅度与管理层次的相关理论。

1.管理幅度

所谓管理幅度,就是一个单位主管人员直接指挥和监督的下属人数,又被称为管理宽度或管理跨度。一个人受其注意力范围的限制,他能直接有效管理的下属数量总是有限的,这就是管理幅度作为组织设计的一条基本原则。如图 1-1 所示,主管 A

的管理幅度为 3，主管 B 的管理幅度为 5，主管 C 的管理幅度为 7，主管 D 的管理幅度为 8。

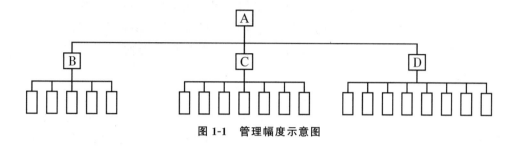

图 1-1 管理幅度示意图

2.管理层次

由于主管人员能够直接有效地指挥和监督的下属数量是有限的，因此，最高主管的委托人也需要将受托担任的部分管理工作再委托给另一些人来协助进行，以此类推，直至受托人能直接安排和协调组织成员的具体业务活动。由此就形成了组织中最高主管到具体工作人员之间的不同层级结构，即管理层次。

3.管理幅度与管理层次的关系

组织的管理层次受到组织规模和管理幅度的影响。在管理幅度一定的条件下，管理层次与组织规模大小成正比。组织规模越大，成员数目越多，其所需的管理层次就越多；在组织规模给定的条件下，管理层次与管理幅度成反比，每个主管所能直接控制的下属人数越多，所需的管理层次就越少。

管理幅度的宽窄对组织形态和组织活动会产生显著的影响。在组织中作业人员数量一定的情况下，管理幅度越窄，组织层次的设置就越多，从而组织就表现为高而瘦的结构特征，因此称这种组织为高耸型组织［如图 1-2(a)所示］；反之，管理幅度越宽，组织层次就越少，该组织就成为扁平型组织［如图 1-2(c)所示］；介于两者之间的是比较常见的组织［如图 1-2(b)所示］。

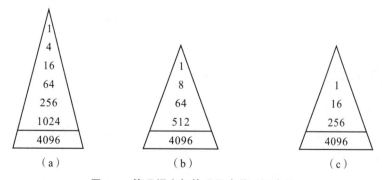

图 1-2 管理幅度与管理层次关系示意图

(三)企业管理组织的作用

一群乌合之众是无法打胜仗的,因为他们无组织无纪律;而一支训练有素、纪律严明的军队是能够无往而不胜的。企业管理组织也是这样,组织管理水平高,人尽其才、各负其责,就能使企业步步为营、蒸蒸日上。企业管理组织对企业的发展很重要,具体体现在以下几方面:

1.有利于企业任务目标的完成

现代化大工业体系的存在,使得人们在生产中单凭自己的力量是无法完成工作任务的,必须让每个人承担组织中的一项任务或部分任务,然后通过大家的共同协作,完成企业最终的生产任务。比如,汽车的生产,就是先由不同部门完成各种汽车配件的生产,最后上总装线组装,装配出质量合格、性能良好的汽车产品。

2.有效体现分工协作,合理开发利用资源

高效的管理组织,首先进行的就是合理的组织结构的设置,各部门紧密衔接,配合良好,在时间和空间上会节约大量的人、财、物的消耗,降低成本,提高效率,从而使企业这架机器高速平稳地运转。

3.可以人尽其才

在管理组织中,不同的部门岗位,对人才的需求是各不相同的,应该对人才的选用、任用、重用进行认真的评价,做到人尽其才、任人唯贤。

4.可以凝聚人心

通过企业管理组织,把企业各职能、各部门有机地统一起来,才能众人一心,完成企业的总体目标。

二、企业管理者

管理者是管理行为过程的主体,一般由拥有相应权力和责任且具有一定管理能力并从事管理活动的人或人群组成。管理者及其管理技能在组织管理活动中起决定性作用。

(一)管理者的角色

1.具有职位和相应权力的人

管理者的职权是管理者从事管理活动的资格,管理者的职位越高,其权力越大。组织或团体必须赋予管理者一定的职权。如果一个管理者处在某一职位上,却没有相应的职权,那么他是无法开展管理工作的。

实际上,在管理活动中,管理者仅具有法定的权力,是难以做好管理工作的,管理者在工作中应重视"个人影响力",成为具有一定权威的管理者。所谓"权威",是指管理者在组织中的威信、威望,是一种非强制性的影响力。权威不是法定的,不能靠别人授权。权威虽然与职位有一定的关系,但主要取决于管理者个人的品质、思想、知识、能力和水平,取决于同组织人员思想的共鸣、感情的沟通,取决于相互之间的理解、信赖与支持。这种影响力一旦形成,各种人才和广大员工都会被吸引到管理者周围,心悦诚服地接受管理者的领导和指挥,从而产生巨大的物质力量。

2.负有一定责任的人

任何组织或团体的管理者,都具有一定的职位,都要运用和行使相应的权力,同时也要承担一定的责任。权力和责任是一个矛盾的统一体,一定的权力总是和一定的责任相联系的。当组织赋予管理者一定的职务和地位,从而形成了一定的权力时,相应地,管理者同时也就担负了对组织一定的责任。在组织中的各级管理人员,责和权必须对称和明确,没有责任的权力必然会导致管理者的用权不当,没有权力的责任又是空泛的、难以承担的责任。有权无责或有责无权的人,都难以在工作中发挥应有的作用,都不能成为真正的管理者。

(二)管理者的技能

不管什么组织类型的管理者,也不管他处于哪一管理层次,都需要有一定的管理技能。综合来说,管理者需要具备的素质或管理技能主要有:

1.技术技能

技术技能是指对某一特殊活动,特别是包含方法、过程、程序或技术的活动的理解和掌握。它包括专门知识、在专业范围内的分析能力以及灵活地运用该专业的工具和技巧的能力。技术技能主要涉及"物"(过程或有形的物体)的工作。

2.人事技能

人事技能是指一个人能够以小组成员的身份有效地工作的行政能力,并能够在他所领导的小组中建立起合作的能力,即协作精神和团队精神,以及创造一种良好的氛围,以使员工能够自由地表达个人观点的能力。管理者的人事技能是指管理者为完成组织目标应具备的领导、激励和沟通能力。

3.思想技能

思想技能是指能够总揽全局,判断出重要因素并了解这些因素之间关系的能力。

4.设计技能

设计技能是指以有利于组织利益的方式解决问题的能力。对高层管理者来说,不仅要能发现问题,还必须具备找到切实可行解决办法的能力。如果管理者只能看到问题的存在,而不能找到解决问题的办法,他就是不合格的管理者。

上述技能对于不同管理层次的管理者来说,其重要性是不同的。技术技能、人事技能的重要性依据管理者所处的组织层次从低到高逐渐下降,而思想技能和设计技能则相反。对基层管理者来说,具备技术技能是最为重要的,具备人事技能在同下层的频繁交往中也非常有帮助。当管理者在组织中的组织层次从基层往中层、高层发展时,随着他同下级直接接触的频率的减少,人事技能的重要性也逐渐降低。也就是说,对于中层管理者来说,对技术技能的要求下降,而对思想技能的要求上升,同时,具备人事技能仍然很重要。但对于高层管理者而言,思想技能和设计技能特别重要,而对技术技能、人事技能的要求相对来说则很低。当然,这种管理技能和组织层次的联系并不是绝对的,组织规模大小等一些因素对此也会产生一定的影响。

第三节　企业文化与企业核心竞争力

平安保险的企业文化

中国平安保险集团股份有限公司是一家以保险业为主,融证券、信托、投资为一体的综合性金融服务集团,是我国第一家国有控股的股份制保险公司,也是中国第一家有外资参股的全国性保险公司。在世纪之初,平安保险又将争创"世界500强、400优"视为自己的理想目标。平安保险吸收了中华优秀传统文化和西方现代管理思想的精华,形成了广为外界赞誉的企业文化。

平安的企业使命是:对客户负责,服务至上,诚信保障;对员工负责,生涯规划,安家乐业;对社会负责,回馈社会,建设国家。平安倡导以价值最大化为导向,以追求卓越为过程,做品德高尚和有价值的人,公司形成了"诚实、信任、进取、成就"的个人价值观和"团结、活力、学习、创新"的团队价值观。平安为员工描绘的远景和抱负是:成为中国企业改革的先锋和金融服务业学习的楷模,建设国际一流的综合金融服务集团。

一、企业文化

(一)企业文化的概念

广义上,企业文化是社会文化的子系统,它通过企业生产经营的物质基础和生产经营的产品及服务,不仅反映企业的生产经营特色、组织特色和管理特色,更反映企业在生产经营中的战略目标、群体意识、价值观念和行为规范。它既是了解企业核心竞争力与文明程度的窗口,又是社会当代文化的生长点。

狭义上,企业文化是人本管理理论的最高层次。它重视人的因素,强调精神文化的力量,并用一种无形的文化力量形成一种行为准则、价值观念和道德规范,凝聚企业员工的归属感、积极性和创造性,引导企业员工为企业和社会的发展而努力,同时通过各种渠道对社会文化的大环境产生影响。企业文化是以企业管理哲学和企业精神为核心,凝聚企业员工归属感、积极性和创造性的人本管理理论,同时,它又是受社会文化影响和制约的、以企业规章制度和物质现象为载体的一种经济文化。企业文化由企业精神文化、制度文化、行为文化和物质文化四个层次构成。

(二)企业文化的作用

1.激发员工的使命感

任何企业都有它的责任和使命,企业使命感是全体员工工作的目标和方向,是企业不断发展或前进的动力之源。

2.增强员工的荣誉感

每个人都要在自己的工作岗位、工作领域多做贡献,多出成绩,多追求荣誉感。

3.凝聚员工的归属感

通过企业价值观的提炼和传播,让一群来自不同地方的人共同追求同一个梦想。

4.加强员工的责任感

企业要通过大量的资料和文件宣传员工责任感的重要性,管理人员要给全体员工灌输责任意识、危机意识和团队意识,要让大家清楚地认识到企业是全体员工共同的企业。

5.实现员工的成就感

企业的繁荣昌盛关系到每一位员工的生存,企业繁荣了,员工们就会引以为豪,会更积极努力地进取,荣耀越高,成就感就越大、越明显。

二、企业核心竞争力

竞争力是企业资源和能力的综合反映,核心竞争力是企业关键资源和核心能力中最为关键的、最能使企业获取和保持竞争优势的因素(组合)。企业核心竞争力是企业所特有的、不易被竞争对手效仿的能力,这种能力包括具有企业特色的企业精神、核心价值观、经营管理理念、企业形象及员工素质等。

三、企业文化与企业核心竞争力的关系

企业文化是企业资产的重要组成部分,而且是企业价值链中最难模仿的部分,因而是企业核心竞争力的重要组成部分。

1.企业文化是企业核心竞争力的根基

大量案例证明,在企业发展的不同阶段,企业文化再造是推动企业前进的源动力,企业文化是企业核心竞争力。企业的核心竞争力是一种最难以模仿的能力。

通用电器(GE)前总裁韦尔奇认为,企业伦理是企业文化、企业价值观的核心。从更深层次说,企业的核心竞争力是企业文化中的企业理念和核心价值观。任何企业,其产品竞争力都是企业竞争力的最直接体现,产品竞争力是提升企业竞争力的关键。产品竞争力是由技术竞争力所决定的,因此,技术是第一竞争力。而技术竞争力是由制度竞争力所决定的,制度高于技术,所以制度是第一竞争力。制度是物化了的理念的存在形式,没有正确的理念就没有科学的制度。因此,企业文化与企业核心竞争力理念高于制度,所以理念才是第一竞争力。

2.企业文化是打造企业核心竞争力的"独特性资源"

企业文化是一个社会经济组织和文化群体所创造的一切物质财富和精神财富的总和。从企业的性质和目标讲,企业文化是一个企业在长期的生产经营实践中逐步提出和形成的一系列以共同价值观为核心的观念、信念和行为准则,它渗透到企业的一切事物、活动和过程中,表现在企业的各个方面。进入21世纪,企业面临全新的经营环境,市场与国际接轨,体制改革、生存发展与市场相连。在机遇和挑战并存的考验面前,企业要在激烈的市场竞争中打造核心竞争力,必须重视企业文化建设,这样才能使企业得到持续发展的精神动力。

3.企业文化是企业发展永不枯竭的动力源泉

企业要想赢得市场竞争,就必须用企业文化凝聚职工队伍,用企业文化对企业发展形成久远的影响,建立和培育企业的核心价值观、经营理念、企业精神,不断提高职工队伍的整体素质,培养思想素质好、业务技术强、管理水平高,能适应市场要求的经营管理、专业技术、技能操作等队伍,形成企业的凝聚力、向心力和团队精神,不断地使企业文化得到丰富与升华。

因此,企业文化是企业发展的动力源泉。努力形成具有独特风格和内涵的企业文化,是一个企业绵延不衰、持续发展的动力。企业文化能够凝心聚智,能够形成增强活力、塑造形象、健康向上、诚实守信的良好氛围。

4.企业文化对企业核心竞争力的形成产生重大影响

企业文化对企业管理所产生的具体功能决定了企业文化是企业生存和发展的关键,是企业核心竞争力的活力之根和动力之源。现今,管理已从"经验管理""科学管理"阶段发展到"文化管理"阶段,企业文化已经成为影响企业竞争力的一个决定性因素。在知识与信息时代,企业要充分发挥员工的积极性和各方面的潜能,就必须实行以人为本的管理,而企业文化则是实行以人为本的管理的核心和灵魂,对整个企业管理具有导向作用,从而对企业的竞争力产生重大影响。

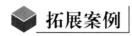 **拓展案例**

海底捞的情感型企业文化

张勇曾经说过海底捞的企业文化就是充分的授权,就是海底捞的服务员有权给任何一桌客人免单,更别提送菜或送东西。给予员工充分的授权和很大程度上的宽容,是海底捞提高员工服务水平和调动其积极性的重要原因之一。

海底捞注重选拔培育有感恩之心的员工。海底捞员工首先对企业、对上级、对老师都有感恩之心,这是支撑海底捞高效率、高质量服务的根本。怎么样招聘、培养和提升拥有这样特质的员工就成了关键。海底捞在提拔某个人到重要岗位时,其老板张勇往往会到员工家里做家访,以确定该员工是不是真的具有企业所需要的特质。其次,情感型文化的核心理念是大家庭主义,即员工都以所在的组织为家,同事之间都培养出类似于兄弟姐妹之间的那种亲密感情。海底捞鼓励员工介绍自己的亲人、朋友到海底捞工作,从一定程度上强化了这种家庭氛围。

"传帮带"是其固有的习惯传承。每个新入门员工都会安排一个师傅,师傅负责把新员工引进门,文化的传递由此而达成。海底捞通过有效的授权和放权来激发员工的自豪感和凝聚力。区域经理有更大的自主权,普通员工能够根据情况判断,自主决定是不是可以给客人免费送一些小菜,甚至于对不满意的客人免单,可以不会因向上请示耽误工夫,因而能及时避免顾客抱怨。这种自主性能使员工产生"企业主人翁"的自豪感,因此对这个"大家庭"的归属感会更加强烈。

海底捞设置了管理、技术和后勤三个晋升体系,让员工有充分的发展空间。更加重要的是,管理者和重要岗位人员都必须从底层做起,从为客户直接服务做起(财务和工程岗位除外)。海底捞对"空降兵"很排斥,这也是其能保持文化血统纯正的必要手段,但这种自己培养的方式会使人才聚集速度缓慢,成为影响海底捞扩张速度的最大因素。海底捞的制度流程都尽量不用文件传达的方式下达,而是由带班班长或店长开会传达并展开讨论,对每项新制度、新措施的精神和理念剖析清楚,让底层员工明白新制度实施的原因和必要性。海底捞员工按惯例会定期总结、讨论近期内服务客户的满意度情况,找出不足和差距,提出改进措施。有些改进措施好的,会在全公司推广,推广的方法会以提出该建议的员工的名字来命名,这种激励性是非常强大的。如果想要打造情感型的企业文化,海底捞是一个很好的例子。

问题:

1.随着经济快速发展,市场经济条件下的企业竞争越来越激烈,请谈谈企业文化建设对于企业健康发展的重要性。

2.谈谈企业管理制度和企业文化的融合贯通,对促进企业可持续发展、提高企业核心竞争力的作用。

第二章

现代企业制度

 ▶ **学习目标**

- 厘清市场经济、法人、产权等概念
- 了解公司治理结构与产权关系
- 学习现代企业制度并掌握公司治理模式

 ▶ **课程思政内容**

在传统的公司治理课程内容中融入中国文化和中国经济因素，在公司治理授课中向学生系统、全面地阐述公司治理相关知识，融入思政元素，指导学生树立正确的公司治理观，学会联系实际分析公司治理问题。加强对本土案例的分析和研究，通过教学改革和研究，及时把学科最新的发展成果引入教学当中，帮助学生树立正确的世界观和价值观。

二十大报告原文："全面依法治国是国家治理的一场深刻革命，关系党执政兴国，关系人民幸福安康，关系党和国家长治久安。"

第一节 市场经济中的企业

肯德基是世界上最大的炸鸡连锁集团,连锁餐厅遍及全球 70 多个国家和地区,每一天光临肯德基餐厅的顾客就高达 600 万人次。

肯德基之所以取得如此优异的成绩,主要是因为它有一套科学严密的管理系统。这套管理系统以 QSCV 为四大管理要素。Q 代表优质的产品,S 代表友善的服务,C 代表清洁卫生的餐饮环境,V 代表物超所值。

高质量的产品居四大要素之首,也是肯德基历久不衰的基础。肯德基快餐店的每一块炸鸡都选用标准统一的优质鸡肉,整鸡经过一系列加工后,均匀裹粉,然后放入特制的高压锅中烹炸。为了保持鸡块的新鲜程度,炸好 90 分钟后仍没有售出的炸鸡必须丢弃,决不允许廉价处理,从而保证每块鸡肉的质量及口味让顾客满意。肯德基对消费者的承诺是在任何一家肯德基餐厅,消费者都可以享受到统一品质和口味的炸鸡。

肯德基的目标是顾客 101% 的满意,即超越顾客的希望,让顾客在肯德基所得到的服务多于他所期望得到的服务。这就要求每一位员工都具有高度的敬业精神,尽量满足顾客的要求,对顾客的服务细致入微、快捷友善,让顾客感到亲切、舒适。快餐服务强调的是速度,肯德基的工作人员需要在 1.5 分钟内完成对顾客的服务,包括从顾客点餐到顾客就座用餐。此外,整洁明亮的就餐环境、亲切友善的服务亦使消费者倍感满意。

肯德基有一套严格的、完整的清洁卫生制度,每一位餐厅工作人员都会负责一项特定的清洁工作。随手清洁是肯德基的一种传统,肯德基的每位员工都会用爱心给每位顾客创造一个洁净、卫生的用餐环境。

物超所值不仅体现在品质优良的炸鸡上,还体现在合理的价格上,每一位顾客到肯德基餐厅都能享受到信赖的品质、亲切礼貌的服务和舒适卫生的用餐环境。

正是肯德基使用了先进的管理技术、严格的检查制度,才使肯德基保证了产品的质量、服务、卫生及合理的价格能始终如一,满足了顾客的需求并因此赢得了众多消费者的青睐,创造了不同寻常的佳绩。

一、市场经济对企业主体的基本要求

(一)真正独立的法人

1.真正独立的法人是企业自治的基本前提

企业是市场经济中的独立主体,应具备独立的人格、独立的财产及独立的责任。市场主体需要有关市场主体的法律制度。这种法律制度首先要规定主体资格,即符合什么样的条件才能具有市场主体资格;其次,市场主体法律制度要规定市场主体的权利,即法律要赋予市场主体追求利润的权利。企业是市场经济条件下独立的主体,它们或是法人,或是自然人、自然人的联合体。在不同的企业中,企业的独立性有着不同的表现,如公司这种企业,其独立性表现在它的法人人格上;在独资企业和合伙企业中,企业的独立性用企业的商号、商业账簿和营业场所表示。在市场经济条件下,企业以营利为目的,必须独立做出经营决策,才能在激烈的竞争中立于不败之地。

2.独立法人资格的具体表现

要成为独立的市场经营主体,企业必须具备真正的独立法人资格。独立法人资格要求必须做到:

(1)有独立的财产

所谓独立的法人财产是指出资人的债权人只能对出资者的其他财产提出偿债要求,而不能对出资者出资成立的法人的财产提出偿债要求。也就是说,法人财产不能被拿去替出资者还债,不能成为出资者的债权人的责任财产。而企业法人则完全占有出资和负债所形成的财产,并且要做到两点:一是企业能支配自己的全部财产,而不是部分财产;二是企业能以自己的全部财产,而不是部分财产对企业的债务(注意这里强调的是企业的债务,而不是出资者的债务)承担责任。从这两点来看,我国的国有企业多数都还做不到这两个"全部",实际上,一般只能支配部分财产并用部分财产承担债务责任。

众所周知,中国很多企业间形成了三角债甚至债务链,债权企业去要账时,债务企业经常会说:"我们现在账面上实在没钱,一旦有钱马上就还。"这种说法在很大程度上被认为是合情合理的:人家账面上没钱,那是实在没有办法嘛!这表明企业只用账面上的流动资产来承担债务责任,并非用全部资产来承担。借钱还账天经地义,账面资产、流动资产承担不了责任,就应该由固定资产、如设备、厂房甚至通过企业破产来承担责任。如果企业只用部分财产承担责任,债权人的利益就很难得到保障和实现。但是,按企业国有资产法的规定,国有企业的关键设备、成套设备和企业办公用房等企业财产,企业没有完全处置权;按企业破产法规定,国有企业的破产实行政府干预原则,并非所有因管理不善而不能支付到期债务的企业都能申请破产。这都意味着两个"全部"是不能实现的。由此看来,要真正塑造市场经济中的合格主体,还需要对带有很深计划经济烙印的国有企业资产法进行重新修订。

（2）企业法人经登记而确立

所有法人企业的成立并确定其法人地位都必须符合一般规定的法律条件,到指定的企业登记机关去接受审查和履行登记手续。企业法人经登记而确立是保证企业作为合格的市场主体的重要手段,没有严格的注册登记制度或不严格执行登记制度就会使不合格的主体进入市场,这样的主体只享有主体的权利而不能承担其应有的义务,最终将会损害其他合格主体的利益,损害市场经济的基础。

（3）企业法人要有自己的章程

企业是市场经济的主体,必须依法行事。国家从大体上规定了有关企业的法律,有关企业内部运行更详细的规范则需要由企业章程来确立。如果说国家的法律是"国法"的话,那么,企业章程就是企业的"家法"。在企业章程中应该写明企业的名称、地址、出资额、组织机构及权利分配等信息。

（4）企业法人应有自己的名称

企业法人应有自己特定的名称。如同人有自己的名字、商品有自己的商标一样,企业有自己的商号。很多人认为企业名称很简单,哪个企业没有名称?但很多企业名称都是没有商号的企业名称,比如类似"北京市第一棉纺厂""鞍山钢铁公司""鞍山市信托投资公司"等都可称为没有商号的企业名称。按照公司法的规定,规范的企业名称应由四部分组成,即注册地、商号、所属行业和公司组织形式。比如,"沈阳太极保健品有限公司"就是一个比较规范的名称,沈阳是注册地,太极是商号,保健品是其所处行业,有限公司是有限责任公司的简称表示公司所采取的形式。

3.中国的企业法人制度

在传统体制下,企业只要有政府或上级主管部门的批文,那么这个企业就是一个正式的企业。但这种企业只是政府的附属物,并不具有独立的法人资格、独立的财产和独立的责任。

通过国家立法确立企业法人制度对于完善主体资格具有十分重要的意义:第一,可以从根本上改变企业作为国家计划的单纯执行机器的状况,改变企业吃国家大锅饭的局面,增强企业的能动性和活力,参加经济竞争,适应市场经济的实际需要;第二,便于我国企业在国际经济交往中独立活动,开拓国际市场,同时杜绝国家财政为国有企业债务承担无限责任的现象继续发生;第三,通过确立市场活动的主体地位,可促进社会主义市场经济的发展,为国家创造更多的财富,增加积累,巩固社会主义经济基础;第四,可促进和带动整个经济体制乃至政治体制的改革,促进政企分开,促进政府职能的转变;第五,有利于我国通过调整宏观经济政策,尤其是外贸政策,在更广阔的领域内实行对外开放,发展国际经济交往。

* **企业经营聚焦**:2020 年的一天,从未经商的小王发现,自己成了 200 多家企业的"法定代表人",但他对此毫不知情。一旦"被法人"的公司存在购买、出售假发票等情形,该公司法定代表人可能被纳入征信黑名单,限制消费。

(二)企业应是资本企业

1.资本企业的含义

资本企业是指建立在股东、股本和股权基础上的企业。市场经济中的企业必须有人出资,资本要到位,才能设立企业。设立了企业,有了资本作为信用的基础,银行才敢给企业贷款,资本和负债共同作为资金来源形成企业全部资产供企业经营和运作。

资本是企业在设立或扩展其营运规模时,由投资者投入并在工商行政管理部门登记注册的,能够保证企业运行最基本需要和担保债务偿还的基础性资金。它具有如下特点:

(1)资本有着明确的权益所有者

资本不论其来源如何,总是由投资者投入企业的。所谓投入,既不应该是赠送或赞助,也不是借贷或出租,而是投资者以资本所有者的身份,通过将资本投入企业而成为企业所有者的过程。在投资过程中,投资者不可能放弃对资本的所有权,因此,资本必然有着明确的权益所有者。同时,通过投资资本成为企业财产,投资者对资本的所有权也就自然转化为对企业的所有权。

(2)资本只能以投入方式形成

假如资本采用借入方法形成,那么,企业的营运从投资开始就将处于无人承担后果的状态;另外,企业一旦不能按期清偿到期债务,对企业的处理就将失去可靠的财产依据,即使企业破产,由于企业自己无产,企业实际上处于无产可破。因此,以借款的方式形成资本会给企业带来极大的危害,资本应以投入方式进入企业。

(3)资本是永久归企业使用的基本资金

资本金一旦投入企业,投资者就不能再从企业中抽回。资本作为企业法人产权的基本财产,在投入企业时是以满足企业运行的最低需要为基点的。这些投资到了企业就要转化为各种具体的生产资料、生产要素和存货。如果投资者可以随意抽回资本,企业的正常运行秩序就会被打断,甚至威胁到企业生存。另外,在企业有若干个投资者的情况,一个投资者从企业抽回投资,不仅会使企业运行受到威胁,而且自然会侵害其他投资者的权益。所以,资本一旦投入企业,就要归企业永久使用,不得以任何理由抽回。

2.企业资本的作用

首先,资本决定了企业的存在和存续。现代企业制度,说到底,是法人企业制度。企业能否设立,以其是否拥有能够确立为民事主体、行使民主权利、履行民事主体义务、承担民事主体责任的财产为基本依据。这种财产不能是借入的,只能是自有的,这些财产就是企业法人财产。没有资本,企业就不能作为法人设立,从而也就失去了其存在的根据。

在改革初期,为了促使企业节约资本,国家对国有企业采取了"拨改贷"的办法。其改革初衷无疑是良好的,但却为后来出现的很多没有资本金的企业敞开了缺口,同时这种方法也违背了资本企业的基本原则。"七五"和"八五"期间的一些项目,国家很少或没有一点资本金的投入,从中国银行贷款来进口设备,从建设银行贷款搞厂房建设,从工商银行贷款作为流动资金,最后建成了资产几亿元或十几亿元的大型企业。这种企业因为没有资本作为借款承诺的基础,其债权人是很危险的,在国外恐怕没有银行敢给没有任何资本金注入的项目或企业贷款。好在中国有其特殊性,借款的是国有企业,放贷的是国有银行,它们的最终所有者都是国家。但这同样也避免不了后来银行不良资产数量上升,资产质量下降,最终要通过设立金融资产管理公司来剥离银行不良资产,对那些"拨改贷"的企业进行"债转股",即把债权转换为股权来弥补原本应注入的资本。这说明资本企业的基本原则最终是不能违背的。

其次,资本关系决定了企业运行的基本机制。众所周知,在市场经济中企业的运营应当遵循"自主经营、自负盈亏、自我约束、自我发展"的原则,这里的"自",都是针对资本而言的。所谓"自主经营"实际上就是自主经营资本,而具体的生产资料、产品或项目则只是资本运动和资本循环的实物载体;所谓"自负盈亏",实际上是自负资本的盈亏,"盈"意味着资本的增值,"亏"意味着资本的价值损失;所谓"自我约束",讲到底,就是自我控制资本的运行过程,降低资本运营的风险,使其符合价值增值的要求;所谓"自我发展",最终将落实到资本的增加或扩展,并以资本性资金的增长量来计量。

再次,资本决定了企业运营的基本目标。投资者投资于企业,从根本上讲,是为了获得收益,这就要求企业必须以争取利润的增长为基本目标。由于资本永久性地存留在企业中,需要通过企业的长期经营才能得到充分的回报,所以投资者的投资收益要求不是短期的而是长期的。受此制约,企业在运营中,一方面需要以提高经济效益为中心,实现效益型增长;另一方面则需要处理好短期效益与长期效益的关系,保障投资者的长期利益。

最后,资本是企业承担运营风险、承担债务的财产基础。企业的运营风险最终表现在亏损和不能清偿债务两方面。企业如果亏损,所损失的不是他人的财产,而只能是企业所有者的财产,亦即资本及其收益。因此,企业有无资本以及资本的充实程度,直接决定了它是否具有承担亏损的能力。企业如果不能清偿债务则应实行破产。这里破的同样不是他人的财产,只能是企业所有者的财产,即所有者的权益。因此,企业有无资本及资本的充实程度,直接决定了它是否具有承担清偿债务的能力。

3.资本三原则

资本三原则就是资本确定原则、资本维持原则和资本不变原则,它所体现的就是资本企业的精神。它强调资本应当法定、真实、稳定，以便保护债权人和股东的利益，保障社会经济秩序的健康运行。

（1）资本确定原则

这一原则是指企业成立时，必须对企业的资本额在章程中予以明确，要等于或高于法定最低资本额，全体股东应一次性足额募足全部资本，企业才可以成立。这一原则称为资本法定原则，为一般大陆法系国家所采用。资本确定原则要求资本的实际拥有与其章程载明的数额保持一致，防止设立公司中出现欺诈、投机行为。其不足之处在于不利于公司的快速成立，妨碍商人们的创业机会。与大陆法系的规定相反，英美法系国家实行授权资本制，设立公司较为灵活；不足之处是公司资本容易虚置，不利于债权人利益的保护。后来，大陆法系国家兼采用英美法系的规定，对严格的资本确定原则进行改革，推行了认可资本制。即公司设立时，如不能一次性将全部资本认足，法律规定可以只认缴一部分并授权董事会在一定年限内募足。因此，这是一种有限制的法定资本制，或说是有条件的授权资本制。

（2）资本维持原则

资本维持原则是指企业在其运营过程中，资本额应与其资产保持一定的平衡关系。企业在运营过程中，溢价发行股份、经营赢利或亏损、出现不可抗力等因素均会使公司资产高于或低于公司的资本。变化是绝对的，不变是相对的。而企业资产的减少，则会削弱企业以资本总额所体现的偿债能力。法律为了防止企业资本的实质减弱，保障企业的运营有正常的资金支持，就设定许多规范来维持公司资本的充实，如不允许公司以低于股票票面额发行股份、对股东的实物出资进行监督和核实、除发起人外不允许其他股东以实物出资、技术出资不得超过特定的比例、企业应设立资本公积金和法定公积金、在未弥补企业亏损前不得分派股息和红利等。

* 经营管理小贴士： 我国学界早有观点指出，决定公司信用的并不只是公司的资本，公司资产对此起到了更为重要的作用。从我国公司法的资本制度来看，即使历经几次大的修改，呈现出了缓和管制的趋势，但其对公司资本的看重仍然渗透其中。如对公司出资形式的限制，因公司以其资本作为债权担保，那么股东出资就应当满足可用货币估价且可依法转让的特征；再如对股票折价发行的禁止等等，因在前述情况下无法真实反映公司的资本信用状况，所以法律对此进行了严格的规定。

（3）资本不变原则

这一原则强调资本的公示性和确定性，资本不可随意减增，除非经过严格的法定程序。由于企业的注册资本一经确定便具有公示意义，故企业随意改变注册资本的数额，一方面可能会因增资而影响社会金融资产的正常流通和使用，另一方面则会因减资而影响公司的偿债能力。

(三)企业要由企业章程来约束

1.企业章程及其作用

企业章程由企业发起人或股东共同制定,它是股东意志的体现,是企业的宪章,是任何企业都必备的。章程中应该写明企业的名称、地址、出资额、组织机构、权限规定及业务范围等等。企业章程一经确立,对全体出资人(包括后加入的出资人)和所有员工均有约束力。章程的内容不能违反法律的规定,在形式上应是书面文件,全体设立人应在章程上签名。企业章程的作用表现在:第一,它提供企业运行的基本框架,调节股东、经营人、债权人之间的关系,当出现问题或冲突时能提供解决问题的机制;第二,企业章程也是企业的窗口,企业章程并不是企业的秘密而是可以公开的企业法律文件,公众往往通过企业章程了解企业,从而决定是否与企业发生债权债务或投资方面的合作;第三,企业章程还是国家公共权力机关对企业进行监管的依据,这种监管要求企业依章程运行、按章程办事,不管是内部主体还是外部主体都不能违反企业章程,谁违反了企业章程谁就是违反了法律,所以,决不能把这种监管理解为干预企业具体的经营和管理。

* **经营管理小贴士**:很多企业在改制过程中,企业章程并未得到足够的重视,多采取推荐或示范样本的方式,没有根据企业的具体情况来制定章程。这给企业以后的治理埋下了隐患,一旦有关当事人发生冲突,将无据可依。

2.企业自律机制的表现

在市场经济条件下,约束企业行为的主要是法律和企业章程,而不能像计划经济条件下那样,一靠指令性计划,二靠上级主管部门的行政命令。法律是国家的意志,企业章程是股东和发起人的意志。在市场经济条件下,只有国家的意志而无当事人自己的意志是不行的,只有当事人的意志而无国家的意志也不行。从一定意义上说,国家法律是"他律",企业章程是"自律"。可以说,企业章程是企业自律机制的表现。在法律适用上,企业章程优先适用于企业。凡涉及企业整个经营活动的问题,如股东之间的权利义务关系、企业的对外关系、企业的内部管理和运作等等,应纳入制度规范,由章程来规范企业的运行。这样的企业才是依法运作和治理的企业,才能成为真正面向市场的企业,才能成为市场竞争主体和法人实体。

3.企业章程的内容

企业章程的内容一般包括绝对必要记载事项、相对必要记载事项和任意约定记载事项。绝对必要记载事项是涉及企业重大问题的内容,是由法律强制规定必须体现在企业章程内的,如企业名称、地址、注册资本和经营方向等,缺少其中任何一项,企业就不能有效成立。相对必要记载事项一般也由有关企业主体的法律予以列举,供股东选择和参考,由股东自己决定可否订立在企业章程里面。任意约定记载事项是有关企业主体的法律上不作列举而由股东自行约定的事项。这些约定一般是与企业的发展紧密相关的或是对企业主体法中粗线条内容的细化。

以有限责任公司为例，我国《公司法》规定公司章程应当载明下列事项：公司名称和住所，公司经营范围，公司注册资本，股东的姓名或名称，股东的出资方式、出资额和出资时间，股东转让出资的条件；公司的机构及其产生办法，职权、议事规则，公司法定代表人，股东会会议认为需要规定的其他事项。我国《公司法》对有限责任公司章程内容规定的特点是：对必要记载事项有明确的要求，对任意记载事项做出概括性许可，对相对必要记载事项未做具体列举。

二、企业的运行环境

企业、政府和市场构成现代市场经济的三大支柱，政府和市场构成企业运行的外部环境。在计划经济下，政府让企业生产什么，企业就生产什么，企业生产什么，购买者就消费什么，构成了以政府为核心的经济框架和定位。而市场经济则要使企业成为法人实体和竞争主体，要充分地尊重市场，政府应为企业的效率服务。所以政府和市场需要从企业的独立主体地位和企业效率出发进行新的定位，为企业创造出适合的运行环境。

* **经营管理小感悟**：如果有人说我不和政府打交道，那么他一定虚伪，但是作为企业，也不能什么事情都要找政府，把产品和生产计划也推给政府，企业家不能把个人利益和企业发展挂在一起，把握好这一点就很好。

——王健林

(一)政府的定位

在现代市场经济条件下，企业必须贴近市场、走进市场，以效率争优劣，以竞争求生存。政府应逐渐从直接参与市场中退出，主要作为市场经济这一竞赛的裁判员、服务员以及规则的制定者、维护者，而不是作为运动员去直接参与竞技。政府在市场经济中的作用主要是三个方面：一是提供公共产品；二是增强自身对宏观经济的调控能力；三是促进社会公平。这三个方面是市场失灵的领域，是自主经营的企业和市场本身无法弥补和矫正的，只能依靠市场以外的力量——政府的规则性调控。

私人产品与公共产品是一对概念。私人产品是指具有排他性和竞争性并为营利而生产和交换的产品。私人产品具有交易性和排他性消费的特点，可以按照市场原则由厂商提供给社会，市场机制能够对这类产品进行有效的调节。公共产品是指一般厂商不愿生产或无法生产而由政府提供的产品，是不具有或很难形成排他性、竞争性的产品。公共产品是大家都需要的产品，但却是无法按照谁付出代价谁就具有使用权利的原则来进行分配和消费的产品，比如法律规则、国防、无线电视信号等。公共产品的非排他性是指一个人对公共产品的消费不需要阻止,或者不能阻止,或者需要付出很大成本才能阻止别人对它的消费。比如你从手机中收看天气预报,并不需要也没有必要去阻止别人收看或得到这份信息。公共产品的非竞争性是指一个人对公共产品的消费并不会造成另外的人失去或减少对该公共产品的消费,也不会因为对该公共产品消费的增加而增加额外的成本。公共产品的这些特点决定了市场调节其生产和供给是很困难的,因此,其生产和供给应主要由政府来组织。

对经济的调控包括保持一定的经济增长速度、促进就业水平的提高、维持物价总水平的稳定等。尤其是对于中国这样一个人口众多的国家来说,没有一定的经济增长速度,就业问题会更加严重。同时要使经济正常运行就要防止恶性通货膨胀和通货紧缩,以免经济信号失真,造成资源浪费。

促进社会公平是指通过政府的宏观分配政策,防止社会贫富悬殊并能救济社会中收入低层成员和弱势群体。因为市场经济是强者的经济,收入会加速向强势群体转移,这也是市场经济的效率所在;但从宏观层面考虑则应加以调控,以保持社会稳定。具体来说政府要充当以下角色:

1.经济规则的制定者和仲裁人

为了协调企业之间、生产者与消费者之间、企业个体利益与社会整体利益之间的矛盾,法律手段是必不可少的。法律手段是制度调节的工具,也是政府提供的一项重要的公共产品,具有强制性、普遍性和规范性等特征,是政府规范和调节企业和市场活动的重要手段。企业需要一个有法可依的法治环境,否则,不同主体的利益都会或早或迟、或多或少地受到损害。所以,需要建立一个完整的法律体系:需要有协调各种经济关系的法规,如财产法、企业法、公司法、合同法等;需要有规范市场活动的基本法规,如公平竞争法、商标法、广告法、专利法、产品质量法等;还需要有约束政府行为的法规,如财政法、金融法等;不仅需要有法可依,而且需要"有法必依,违法必究",真正树立起法制的尊严和权威,做好市场经济比赛的"裁判员",使比赛能够顺利、有序、精彩地进行下去。

2.宏观经济的调控者

市场经济的运行会产生经济周期,为了防止经济的大起大落,需要政府作为经济运行的调温器。政府的调节方式有两种:一是消极的事后调节,弥补有效需求不足或把过高的需求压下来;二是积极的事前调节,事先采取措施防止有效需求不足和经济衰退,或是采取抑制性措施,防止经济过热。这两种方式都需要有具体的政策手段,如财政政策、货币政策、收入政策和产业政策等。第二种方式是政府建立宏观经济预警指标体系和监控体系,以便对宏观经济及时进行微调,防患于未然。

3.市场经济运行的服务提供者

市场经济的运作除了需要政府提供各种法律规则等制度性的基础设施,以协调经济活动主体之间的关系,保证经济有序运转以外,还需要政府提供其他一些形式的服务,主要是物质性的基础设施、人力资本投资和信息提供。物质性基础设施如公路、通信、水利工程、防护林工程、电网等,它们与法律规则相比应该说是"有形的公共产品"。人力资本投资是指为增强人的体力、提高人的智力和技能所支付的费用。比如,通过医疗保健和食物营养增强人的体力、延长人的寿命,通过教育或训练提高人的智力和技能等都属于人力资本投资。当然在多数情况下此项投资可以由私人和企业自己进行,但由于私人和企业的短期行为以及个人财力的限制,政府有必要进行人力资本尤其是教育的投资,尽可能多地提供受教育的机会,以取得整体经济增长效应。信息提供是指政府从社会利益出发,有义务进行宏观经济形势的评估和预测,向企业提供国内和国际有关的经济信息,以减少企业活动的盲目性和市场失误。

4.宏观分配的调节者

政府在市场经济中扮演了与企业、个人经济活动相对应的角色。政府既要注重经济效率和经济增长,又要注意用经济增长来改善一般民众的生活,让他们分享市场经济带来的利益。政府可以通过税收和福利措施来防止收入分配悬殊,具体来说可通过以下三个方面来进行:一是通过税收来调节,如个人所得税、遗产税、赠与税等;二是建立社会保障体系,如社会保险、社会救济、社会福利等社会保险,他们是再分配的重要形式;三是促进社会就业水平的提高。

5.国有资产的管理者

在我国,国有资产数量巨大,政府在市场经济运行中代表全民行使国有资产管理的职能。国有资产除了国有企业的资产以外,还包括土地和矿藏等各种自然资源,政府对自然资源的管理主要涉及自然资源的使用条件、收费标准和环境保护等内容。政府作为国有资产的管理者应遵循依法管理的原则,应借鉴国外国有资产管理经验,探索既符合市场经济方向又有利于国有资产保值、增值的国有资产管理体制。

(二)市场环境与交易秩序

市场在现代市场经济中是企业的竞技场,是企业产品被认可并实现自身利益的地方,是企业至关重要的外部环境。在市场上,不同独立主体之间发生关系是通过契约交易的方式来进行的,而契约交易则是依靠法律制度来保障的。因此,企业需要有一个充分发育的、有秩序的市场,这样的市场才能给予企业公正的评判,才能使企业受到市场秩序的约束,才是规范的竞技场。

1.市场环境与交易秩序存在的问题

目前,企业的市场环境和交易秩序还存在着很多不规范的现象,集中表现为:

(1)市场体系发育不全

市场体系是以产品市场为基础,包括金融市场、劳动力市场、房地产市场、期货市场、技术信息市场等各类市场有机联系、相互依存的统一体。中国市场发育不全的主要表现为:一是各类市场发育不平衡;二是市场的城乡分割和地区封锁十分严重;三是国内市场与国际市场接轨不到位。

（2）市场主体的独立性差

目前，市场主体中除了非公有企业和自然人以外，其他市场主体都缺乏一定的独立性。特别是国有企业至今仍未成为真正的商品生产者和经营者，还不能以竞争性市场主体的身份进入市场参与市场竞争，结果造成企业活力不足，经济效率低下，使正在形成的竞争性市场体系出现扭曲和变形。

（3）价格的市场化程度有待提高

目前，从总体上看，市场定价在价格形成中虽已占到接近 80％，但仍有许多商品如煤气、粮食、电等存在两种价格形式，相当一部分服务类产品是由不同级别的政府来制定价格的。价格市场化程度距离市场经济发达国家的平均水平（90％）还有很大的差距。

2.优化市场环境和规范交易秩序的措施

为了给企业提供一个好的市场环境，应积极培育市场并规范交易秩序，为此可从以下三个方面入手：

（1）市场主体的培育

市场主体包括买者、卖者以及为两者之间服务的中介，它们可以是法人，也可以是自然人。市场主体成熟与否可从四个方面衡量，即市场意识、市场行为、市场竞争力和自律能力，培育市场主体也应围绕这四方面进行。增强市场主体的市场意识应先行：人们有了充分的市场意识，才会化为自觉的市场行为。市场行为是市场经济中经济主体所必备的行为方式，其成熟与否反映出经济主体是否已经抛弃惯用的计划方式，转而按照市场经济的客观规律参与市场。市场经济的基本原则是自由、平等、等价，即自由进出市场、平等参与市场、商品等价交换，不允许人为的垄断，法律保护以此为基础的行为。市场竞争力反映市场主体的生存能力。经济主体只有学会竞争、能够竞争和善于竞争，才能在充满竞争性的市场环境中获得生存和发展的条件。自律能力反映市场主体对自身的约束能力。市场主体作为市场的主角，应约束自身的行为不超出法律的规范，这是市场运行的客观要求。

（2）市场本身的培育

市场本身的培育包括各类市场的规范化、社会化、组织化、现代化和国际化等，这实际上是发展和完善市场体系的过程，这些方面的发展目前都无法令人满意，需要进一步拓展和加强。规范化实际上是市场内在制度的建设，如交易制度、契约制度、竞争制度、市场道德制度等的建设。交易制度是指交易双方在市场上以对等的身份，在权利明确界定的基础上，进行充分自由的交易，任何一方都不存在独特的权利；契约制度是指市场上当事人的自愿交易通过契约来订立和履行，其本质是交易双方意见一致基础上所产生的一种受到法律保护的相互约定；竞争制度是指市场参与者在市场上的竞争是充分的、不受干扰的，即竞争必须是有序的，法律保护这种有序竞争，禁止垄断和不正当竞争。

国际化是市场体系成熟与否的重要标志。在中国市场体系的发育过程中,国内市场与国际市场尚没有实现有效的对接,这是很不正常的。市场经济是开放性经济,市场化离不开国际化,国际化离不开市场化,市场化是经济发展的基本要求,国际化是经济发展的必要环境和前提条件。中国经济的市场化如能实现国内市场与国际市场的有效衔接,将有利于中国经济更好地与世界接轨。同时,中国经济的国际化能极大地推动市场化的发展,能使人们更好地利用国内外两个市场和国内外两种资源,把资源化配置的范围扩展到整个世界。

(3)市场环境的优化

第一,应解决动用行政机制制造市场壁垒的问题,特别是将行政机制视为维护地方和部门利益最有效、最便利的手段等问题。这需要政府转变职能,找到应有的定位。行政力量的较强约束,使企业无法摆脱对政府的各种依赖,难以成为独立的市场主体。

第二,要解决直接利用行政力量维护社会平等和稳定的问题。如前所述,这类问题的解决需要制度化、法制化,否则,就会降低微观主体企业的效率,从而遏制市场的正常发育。

第三,尽快摆脱市场的割裂或对立状态。随着市场经济体系的逐步建立,政府必须下决心转变职能,从过去直接插手经济运行转变为健全法规和对经济进行宏观调控,即优化经济运行的外部环境,特别是优化市场环境。

* 企业经营聚焦:2022 年 9 月 2 日,贵阳观山湖黔城壹家利源便利店违反《关于新型冠状病毒感染的肺炎疫情防控期间哄抬物价违法行为认定有关问题的通知》的规定,高价销售蔬菜(生姜 16元/千克及 30 元/千克,豌豆片 16 元/千克及 30 元/千克)。经查明,该超市销售的蔬菜进销差价率超过 35％,其行为涉嫌哄抬价格。

根据《中华人民共和国价格法》第 14 条"经营者不得有捏造、散布涨价信息,哄抬价格,推动商品价格过高上涨"的不正当价格行为的规定,该行为涉嫌哄抬价格

第二节　产权关系和现代企业制度

秀水服装市场商标权侵权纠纷案

原告:法国香奈儿股份有限公司(简称香奈儿公司)

被告:北京秀水街服装市场有限公司(简称秀水市场)、×××摊位

原告香奈儿公司拥有"CHANEL"（即香奈儿）商标专用权。原告在被告秀水市场内×××摊位上购买了带有其商标标识的手包等，并向秀水街市场发出律师函予以告知，但此后仍在该市场该摊位上购买到涉案侵权商品。法院经审理认为，秀水市场有权并有义务对市场进行管理及对商户出售的商品进行监督，制止、杜绝制假售假现象。秀水市场在知道市场内有侵犯商标权行为后，仍没有采取有效措施，致使市场继续销售涉案侵权商品，说明其存在主观故意，应当承担侵权责任。据此判决两被告立即停止侵权，共同赔偿原告经济损失2万元。

一、产权关系

（一）产权的含义与内涵

1.产权的含义

究竟什么是产权，西方产权经济学家也没有一个公认的定义。但有一点是明确的：产权不同于所有权，产权是受到时空限制的所有权。产权经济学的创始人罗纳德·哈利·科斯认为，产权体现的主要不是人与财产的关系，而是财产所有者实际拥有的实施一定行为的权利。美国产权经济学家哈罗德·德姆塞茨认为，所谓产权，就是指使自己或他人受益或受损的权利。产权经济学家的另一位代表人物阿尔钦则认为，产权是一种通过社会强制而实现的对某种经济物品的多种用途的选择权利。

2.产权的内涵

从西方产权经济学者对产权的认识以及我国的经济文献和现实经济生活中人们对产权范畴的运用来看，产权通常是指建立在某种所有制基础上的财产所有权以及财产的所有者运用其财产的行为权利。由此，可以挖掘出产权的以下内涵：

（1）产权作为一种社会工具是通过社会强制实施的权利。所谓社会强制表现为国家意志，即法律、法令、法规、条例、决定、政策以及社会习俗和社会公德。没有社会强制，产权就无法实施。

（2）产权作为一种权利，它界定人们如何受益和受损的关系，它同外部存在着密切关系，因而存在着如何向受损者补偿和向受益者索取的问题。

（3）产权以某种经济物品为载体，它首先体现社会经济活动主体与客体之间的某种经济利益关系，即所有者之间的行为权利。

（4）产权不同于所有权，所有权是指财产的所有者支配自己财产的权利，而产权本质上是一种行为权。科斯曾举例说明这种区别——有人在自己的土地上开枪，惊飞了邻居设法诱捕的野鸭也是不应该的。虽然开枪者具有土地和枪的所有权，但所有权人却不应该开枪，这超出了所有权范围而是产权范围。

(5)产权是两种平等权利之间的责权利关系。市场交换的实质是两种权利的交换,交换双方都从各自的责权利出发来完成交易行为。因而从某种意义上讲,产权理论就是在平等权利之间界定责权利关系。

(二)产权的类型

产权可以分为私有产权、共有产权和国有产权三种形式。

1.私有产权

是指财产的归属主体是私人,由私人行使所有权利的决策权。在完整的私有产权条件下,行为人利用其资源而采取的任何行动,都不影响任何其他人的私有财产的归属。同时,没有经过产权所有者的许可或没有给予其应有的补偿,任何人都不能合法地使用那些产权归其所有者所有的物品。私有产权的有效性取决于对产权规则强制实施的可能性及其所有者为其支付的交易费用,这种强制需要政府通过法规、政策、对产权的保护以及习俗和社会的伦理道德规范来进行。这里需要注意一个问题:私有产权并不意味着所有与资源有关的权利都掌握在某一个人手里,只要每个人具有互不重合的不同权利,多个人对某一资源或资产行使的权利仍是私有产权。

2.共有产权

是指财产在法律上为公共所有,共同体内的每一个成员都可分享这种权利,它排除了共同体外其他主体对共同体内权利的分享。对于共同体内部来说,每个个体不能拥有对财产的所有权:公共财产没有排他性使用权,即对共同体内部个人使用公共财产没有界限;公共产权具有不可转让性,即共同体内的任何一个成员都无权转让公共产权。共有产权的这一特性,使得共同体内部成员在分享共同权利时会最大化地追求个人价值,而其成本则由共同体其他人员分担。而且共同体所有成员要达成一个最优行动方案,其谈判成本会非常高,以至于会最终放弃达成一致协议的行为。由此可以看出,在共有产权中"搭便车"的行为是不可避免的,这会导致很大的外部性。

3.国有产权

是指产权归国家所拥有,由国家或其代理人来行使财产权利。其特征有:第一,产权归属的唯一性,即国家是国有资产的唯一所有权主体,任何个人和组织都不得侵占和损害国有资产。第二,产权经营的代理性,即国家和政府不可能直接经营所有的国有资产,因此,国家需要选择代理人来经营国有资产。第三,权利配置遵循严格的纵向隶属等级规则,也就是说国有资产由政府代理,是一种政府的分级代理,从政府到企业需要多层的委托代理才可实现。第四,使用权的排他性,即没有政府授权,任何个人和组织都不能使用国有资产。第五,剩余索取权归国家占有,即国家作为国有资产所有者拥有的剩余索取权是唯一的,而且不能转让,否则就失去了国有产权的性质。

(三)产权的基本属性

1.产权的排他性

产权的排他性是指产权主体在行使对某一特定资源的一组权利时,排斥了其他产权主体对同一资源行使相同权利。对于私有产权和个人产权来说,其产权的排他性是不言自明的。那么,共有产权和国有产权是否也具有排他性呢?从理论上说,这两者具有排他性是毫无疑义的。对于共有产权来说,它不仅排除了共同体之外对共同产权的行使,而且也排除了共同体内部任何个人对共同体所拥有的产权行使权利。对于国有产权来说,排他性也是客观存在的。中国的国有资产是国家作为产权主体代表全体人民拥有产权,这种产权既不是某一个集体的,更不是某个个人的,因此,作为全体人民整体所拥有的产权同集体和个人间存在着排他关系。这种排他性还表现为,在国有资产的所有权同控制权相分离的情况下,国家拥有产权,企业被授予控制权,不同的企业作为独立的产权主体相互之间也是排他的。另外,作为拥有独立产权主体的企业内部,企业产权对个人也有排他性,即企业内部的任何人不得损害和侵占企业所拥有的产权。

2.产权的可分解性

产权的不同权项可以隶属于不同主体。这表现在两个方面:一是各项权利之间是可以分解的,即一项完整的产权包括所有权、占有权、支配权和使用权,这些权项既可归属于同一主体,也可分属不同主体。这些权项分属不同主体是社会经济发展从而财产关系日益复杂化的必然结果。二是同一财产的产权可分割为若干份额,这一点在股份制企业中股权的分割上表现得最为明显。产权的可分解性保证了社会分工及合作性经济组织的形成,从而有利于专业化比较优势及规模经济的产生,这正是经济发展、社会进步的根源之一。产权的这一特性为现代企业组织结构和治理结构的形成提供了可能。

3.产权的价值性

产权的价值性是指产权是一种价值形态的财产权益,这意味着它可以泛指人们排他性地拥有的一切使自己或他人受到损益的权利,不管这种权利是建立在对财产资源等有形物品的占有上,还是基于法律的规定所拥有的无形资产的权利以及其他权利。

4.产权的可交易性

产权的可交易性是指产权可以在不同主体之间转手和让渡。这种产权交易可分为整体交易和部分交易。特定财产的产权是由狭义的所有权、占有权、支配权和使用权组成的权利体系,它既可以整体作为交易对象,也可以其中任何一项或任意几项的组合作为交易对象。产权的可交易性是以产权的其他属性为前提,或者说是由其他属性决定的。一是产权的排他性,即特定产权主体是唯一的和垄断的,否则,产权主体就不可能拿产权去交易,如果某项产权既是你的又是我的,那么你和我都不能拿这项产权去交易;二是有价值性,即产权的行使能给产权主体带来利益,对产权主体来说是有价值的。

二、现代企业制度概述

(一)现代企业制度的含义

现代企业制度是以公司制度为主体的企业制度,是市场经济体制的基本成分。这个定义包括两层含义:现代企业制度是市场经济体制的一个基本成分,公司制度是现代企业制度的主要组织形式。

1.市场经济体制

现代企业制度是市场经济体制的基本成分。在市场经济活动中企业和消费者是两个基本单位。单个消费者和企业通过市场相互发生作用,市场在企业和消费者这两个微观主体之间充当着中介角色。在市场机制的作用下,市场经济得以顺利运行。

市场机制在市场经济中能够发挥作用的前提是企业真正成为市场经济活动的主体。市场机制是通过市场主体不断地接受和反馈市场信息,并及时做出反应来发挥调节功能的。如果企业不是真正意义上的市场经济活动主体,市场机制便会出现扭曲而无法引导企业,市场经济运行就不能得以实现。然而,市场机制不是万能的,在市场经济体制下,政府干预经济是必不可少的。宏观调控体系是市场经济体制不可缺少的组成部分,它同时对微观企业制度的建立有着重要作用。

综上所述,企业、市场、宏观调控作为市场经济体制的三大基本要素是相互联系、缺一不可的。企业是生产力的载体,它是市场经济体制中的微观基础;市场是市场经济运行的中介环节,在资源配置中起着基础性作用;宏观调控是市场经济体制运行不可缺少的保证。但是,无论是市场机制还是宏观调控,其作用都要通过企业而得到发挥,其作用的程度和效果最终都取决于企业的行为和状况。只有当企业成为具有独立法人地位的市场经济活动主体时,它才会在利润目标驱使下,按照政府宏观调控所引导的方向,及时对市场信号做出反应并调整其行为。如何使企业成为相对独立的市场经济活动主体,这正是现代企业制度所要解决的问题。

2.公司制度

公司制度是现代企业制度的主要组织形式。所谓公司制度,是指适应社会化大生产和现代市场经济要求的公司法人制度,其主要形式是股份有限公司和有限责任公司。

公司制度是现代市场经济中最重要的企业组织形式。在市场经济发达的美国,业主制企业从数量上来说,仍然是主要的,约占企业总数的75%,加上合伙企业,约占 84％；公司制企业仅占企业总数的约 16％，但资本额却占 85％，营业额约占 90％。可见，公司制企业在现代经济中占有举足轻重的地位。

(二)现代企业制度的内容

现代企业制度是适应社会化大生产和市场经济要求的产权清晰、权责明确、政企分开、管理科学的企业制度。其基本内容包括三个方面：现代企业产权制度，即公司法人产权制度；现代企业组织制度，即公司组织制度；现代企业管理制度，即公司管理制度。

1.现代企业产权制度

市场经济本质上是商品经济，各经济主体通过市场结成一定的经济关系，等价交换是其遵循的最基本原则。进入市场的经济主体，必须首先明确其所有权及界区，才可能建立真正的商品经济关系。如果参加交易的经济主体产权关系不明晰，那么真正的商品交换就不可能出现。不仅如此，市场经济的运作机制是价格机制，而市场价格也只有在交易双方所有权及其界区明确时才可能形成。在公司法人制度下，出资者所有权就是股权，公司法人则获得公司财产的法人所有权。企业法人制度下的产权明晰化，使企业具备了一个对交换对象具有独占权的真正市场主体的身份，按照等价交换原则参与各类市场交易活动，这是现代企业制度不可缺少的首要内容。

2.现代企业组织制度

采取什么样的组织形式来组织管理公司，这是现代企业制度包含的第二个重要内容。公司制企业在市场经济的发展中已经形成一套完整的组织制度，其基本特征是：所有者、经营者和生产者之间通过公司的决策机构、执行机构、监督机构，形成各自独立、权责分明、相互制约的关系，并以法律和公司章程的形式加以确立和实现。

在市场经济长期的发展过程中，国外公司法已经形成了公司组织制度方面两个相互联系的原则，即企业所有权和经营权相分离的原则，以及由此派生出来的公司决策权、执行权和监督权三权分立的原则，并由此形成了公司股东会、董事会和监事会并存的组织机构框架。

这种组织制度既赋予经营者充分的自主权，又切实保障所有者的权益，同时又能调动生产者的积极性，因此是现代企业制度中不可缺少的内容之一。

3.现代企业管理制度

建立现代企业制度，要求企业遵循现代生产力发展的客观规律，按照市场经济发展的要求，建立新型的企业内部管理制度。现代企业管理制度的内容包括纵向授权的企业领导制度、规范化的财务会计制度、利益均沾的企业分配制度、双向选择的企业人力资源管理制度等。

（三）现代企业制度的特征

现代企业制度就其本质和基本特征，可简要概括为四个方面：一是产权清晰；二是权责明确；三是政企分开；四是管理科学。这四个方面相辅相成，缺一不可。

1.产权清晰

现代企业制度最显著的特征之一就是具有明晰的产权。产权关系清晰是其他三个方面即权责明确、政企分开和管理科学的基础。在现代企业制度中，完整的企业产权包含两个方面的主要内容：一是出资者的资产所有权；二是企业的法人财产权。在现代企业制度中，出资者的资产所有权与企业的法人财产权是分离的，法人财产权具有完整性和不可分割性。

2.权责明确

现代企业制度要求明确界定出资者与经营者各自应该承担的责任和权力。就责任而言，按照国际惯例，任何企业都可分为无限责任与有限责任两种形式。我国的《公司法》明确规定作为资产所有者对企业所承担的责任是有限责任，即企业发生资不抵债而宣告破产时，所有者承担的经济责任只限于出资者出资的份额，而不承担连带的无限责任。企业在日常生产经营活动中的亏损，由企业法人财产来补偿，这就是自负盈亏。无论是出资者还是企业，二者的责任都是十分清楚的。

就权力而言，作为资产的所有者，一是有权对企业重大的生产经营目标和方向进行决策；二是有权对企业的经营者做出选择。作为经营者，一是有权运用企业的法人财产自主经营，任何人不得对经营者的日常生产经营活动进行干预；二是经营者要对企业的整个生产经营管理进行统一指挥，对企业的员工进行考核、奖惩等。无论是出资者还是经营者，二者的权力也是清楚的。

3.政企分开

现代企业制度要求企业自主经营、自负盈亏。为此，政府行政机关不能去干预企业的日常生产经营活动，必须退出微观经济活动的领域。在市场经济条件下，政府作为宏观经济管理者，其职责主要有三个方面：第一，政府应加强宏观调控和行业管理，建立既有利于增强企业活力又有利于经济有序运行的宏观调控体系；第二，政府应当培育市场体系，发挥市场调节作用；第三，建立和完善社会保障体系，减轻企业的社会负担。总之，政府要做的是企业微观经济活动以外的事情，政府通过市场的中介作用间接调控企业的微观经济活动。

在现代企业制度下，企业作为独立的商品生产者与经营者，其主要职责也有四个方面：第一，企业必须严格执行国家财政、税收和国有资产管理的法律、法规，定期进行财产盘点与审计，做到账物相符，如实反映企业经营成果，不得做假账造成利润虚增或者虚盈实亏，确保企业财产的保值与增值。第二，企业必须建立分配约束机制和监督机制，约束经营者的行为，确保企业的长期发展。第三，企业依据市场供求变化，以利润最大化为根本目的,自主做出经营决策。企业拥有完全的经营自主权,这种经营自主权不受政府的任何非法干预。第四,企业以出资者授权经营的全部法人财产承担民事责任,当资不抵债时,企业必须依法破产,确保债权人的利益。

4.管理科学

现代企业制度不同于传统管理的一个重要方面,就是适应市场经济和社会化大生产的要求,突出科学管理。科学管理是现代企业制度的生命线。离开科学的管理,企业便不可能取得好的效益。现代企业制度所要求的科学管理的实质,就是企业必须面向市场,按照市场经济固有的价值规律、供求规律、竞争规律和社会化大生产的规律去组织和管理企业。

从上述现代企业制度的主要特征看,现代企业制度的实质就是要明确企业的法人地位,通过出资者的最终所有权与企业法人财产权的两权分离以及相互制衡的法人治理结构来建立企业法人制度,使企业能够实现自主经营、自负盈亏,从而成为真正的市场经济活动的主体。

第三节　公司治理结构

导入案例 ....

近年来,银行和金融服务中日趋激烈的竞争,以及迅猛发展的技术进步,都迫使各家银行改变经营战略,以实现利润和增长的双重目标。由于竞争激烈的缘故,存款与贷款之间的价差缩小了,银行不能再通过简单地增加一笔存款或贷款而提高其利润水平。发放更多的新贷款也许只是为了维持存贷平衡,因为低质的贷款正变成坏账,使贷款损失猛增。

这些变化迫使许多银行从经营结构的角度得出结论:组织需要变得更少集权,更加关注顾客需要,而且应与市场保持更紧密的联系;必须判断出能获利的产品市场领域,并在企业组织专门的队伍,为那些能带来高利润的顾客提供营销服务。

于是,许多商业银行开始重组,从职能型结构转变成按顾客类型和需要进行组织的事业部类型体制。这些银行中很大一部分都由总经理(即与职能经理相对应的“总经理”)来领导各个事业部,事业部经理是直接为某一特定顾客群体提供服务的销售和营业人员。这些经理现在要为事业部的盈利和资产回报负责,而这也将在他们的个人收入上得到反映。确定了向事业部制和顾客驱动型结构转变的目标以后,各银行的领导者便着手考虑如何变革组织结构,以便将可能发生的混乱降到最低程度,同时又能获得各类群体员工的大力支持。因为所拟定的组织变革方案使企业大多数员工感到某种精神上的不适和利益受损,所以,成功的组织变革就必须考虑采取一些对策和办法来克服阻力,使企业的员工了解自己应该为变革做些什么,并置身于这一变革行列中,推动变革的顺利实施。

一、公司治理结构

(一)公司治理结构的含义

公司治理结构是指在三权分开、相互制衡的原则下做出的公司机构设置及其相互关系和运行方式的制度安排。公司治理是动态的,而公司治理结构相对来说则是静态的。因为公司治理结构是一种制度安排,制度安排一旦确定就应该说是相对稳定的,而公司治理正是在这种制度安排下引导公司成功运作的过程。建立公司治理结构的基础是股权结构,法人治理结构建立的核心是构造权力制衡的机制,使公司在法治条件下运行。

* **经营管理小感悟**:一个公司真正想要治理成功,必须真正解决企业各个利益阶层都能共享、受益和认同的文化内涵问题。

公司治理结构是一种关于公司治理的制度安排,这种制度安排是由一系列契约来加以规定的。所有这些契约可以分成两类:正式契约和非正式契约。

1.正式契约

正式契约是一种合同或协议,被视为法律上的文件,需要满足特定的法定要求才能成为有效的合同。正式契约需要经过双方签字和盖章,并遵守法律相关规定,如契约对象必须具备法律资格等。正式契约包含通用契约和特殊契约。

(1)通用契约

通用契约是指政府颁布的一整套法律、条例,比如公司法、证券法、破产法、劳动法等。这类契约适用于所有企业。公司法是所有公司共有的契约部分,它处理的是所有想组成公司的人都会面临的合同条款。如果没有公司法,当事人需要花费很大的时间和经历来磋商以便得出类似公司法的条款,成立公司本身的交易费用就会加大。国家以公共产品的形式将其提供给社会,可以降低整个社会成立公司的交易费用;同时当事人也可以集中精力来订立特殊契约。

(2)特殊契约

特殊契约是指只适用于特定公司的契约,比如公司章程、董事会工作条例以及一系列具体的合同。因为国家提供了公司法等通用契约,出资人在设立公司时主要需要解决两个问题:一是根据已有的公司法选择需要的公司组织形式,二是将公司法中没有的条款写出来或把公司法中粗线条的东西细化。公司章程就是特殊契约中最重要的一部分。公司章程应由公司发起人或者股东共同制定,它是股东意志的体现。

我国《公司法》中对公司章程的规范要求,只是规定了一种框架,是粗线条的,甚至还有一些缺陷,需要股东在公司章程中具体加以规范。比如《公司法》第120条规定"由董事长在董事会闭会期间行使董事会的部分职权",这需要在公司章程中加以限制和具体化,不然就可能为董事长专权提供了依据。所以股东应在制定公司章程中对此有明确规定,董事长可以代行哪些董事会的职权,哪些职权不能代替而必须由董事会来决定。

公司章程直接影响着以后的公司治理,我国的很多企业在改制时,并没有把公司章程看作公司的根本,而是把其看成一个改制文件或只需要应付一下的东西,有些市场监管局也采取推荐和示范样本的方式,很多企业并没有根据自己的具体情况制定公司章程。此类现象产生的根本是没有认识到公司是由一组严格的契约所构成的,这组严格的契约是治理运行的基础。从实践的角度看,这给将来的规范治理运行埋下了隐患,一旦出了问题就会无据可依。

2.非正式契约

非正式契约是指文化、社会习惯等形式的公司行为规范。这些规范没有在正式合同中写明,并不具有法律上的可执行性,但其却实实在在起作用。比如,对于中国人来说,过春节时不管离家多远,都要尽量赶回家与家人团聚,这并没有任何法律性条文,但人们都会这样做,这就是一种文化力。在公司治理的制度中非正式契约指的就是此类规范,它具体地表现为公司的价值取向、公司的行为方式、公司的作风等,这些东西虽然没有以文字规则的形式来加以表述,但对一个具体的公司来说却是实实在在起作用的。

(二)公司治理结构的特征

1.权责分明,各司其职

公司治理结构的领导体制由权力机构、决策机构、监督机构和执行机构组成。各个机构都有各自的权力与职责,它们相互配合,共同推动公司的有效运作。股东大会是公司的最高权力机构,它代表股东对财产拥有最终控制权和决策权;董事会是公司的经营决策机构,它对股东大会负责,执行股东大会的决议;监事会是公司的监督机构,它对股东大会负责,依法对董事会和经理人员在企业经营中的行为进行监督;经理人员是公司决策的执行者,他们对董事会负责,在公司章程和董事会授权范围内行使职权,负责公司日常经营和管理。权力机构、决策机构和执行机构之间责权明确,职责分明,相互制衡,相互协调。

2.委托代理,纵向授权

在公司中,公司各层级之间是由一组委托关系连接起来的。股东作为委托人将其财产交由董事会代理,并委托监事会对董事会和经理人员进行监督。在经理人员以上的层级主要是通过委托代理契约来维系的,当然也不排除劳动契约的关系。经理以下层级,由于公司规模的不同,分为若干不同的层级,这些层级之间通过劳动契约来维系。无论是委托代理关系还是劳动契约关系,从股东大会到最基层的作业班组,实行的都是由上而下的纵向授权。

3.激励和制衡机制并存

在公司的委托代理关系中,由于信息不对称、道德风险、经营中的不确定性等原因会产生代理问题,所有者有必要建立激励和制衡机制。从激励方面来说,主要是委托人要通过一套激励机制促使代理人的行为目标与委托人的目标尽量一致。对代理人的激励可采取多种形式,如年薪制、股票期权等。从制衡角度来看,在公司内部,股东大会与董事会之间,董事会与经理人员之间,监事会与董事会、高层经理人员之间都是一种制衡关系。

(三)公司治理结构的功能

1.权力配置功能

公司治理结构的权力配置功能是指对剩余控制权进行配置的功能。公司治理结构的这种功能包括两个方面的内容:一是所有权同公司治理结构的权力配置。公司治理结构是在既定所有权条件下所做出的安排,所有权形式不同,公司治理结构的权力配置就会不同。比如,在股权集中的情况下,公司治理结构中的所有权同控制权结合较紧,而在股权高度分散的情况下,所有权同控制权分离的程度就会大些。在所有权发生变动时,公司治理结构会对公司控制权配置做出调整。二是公司内部控制权的配置。公司治理结构在股东、董事和经理人员之间配置剩余控制权,股东拥有最终控制权,董事和经理人员分享剩余控制权。

2.权力制衡功能

公司治理结构体现的就是分权和制衡,它是通过明确划分股东会、董事会、监事会和经理人员各自的权力、责任和利益,形成股东的所有权、董事会的经营决策权、经理人员的执行管理权、监事会的监督权四者之间的权力制衡关系,来保证公司的有效运作。

3.激励约束功能

激励功能是指通过公司治理结构的作用,使代理人除了按照代理契约的要求去完成应该完成的任务外,还能给代理人产生强大的激励,促使代理人在追求自身利益的同时,能够更好地实现委托人的利益或目标。约束功能是通过公司治理结构中提供的监督与惩罚机制以及合约关系对代理人行为产生的约束力,主要是防止代理人出现偷懒行为和道德风险问题,同时对代理人的渎职行为进行惩罚和制裁。

4.协调功能

协调功能是指通过公司治理结构来协调委托人和代理人以及相关利益者之间的利益关系,使不同利益主体都能尽最大努力为公司工作。在现代公司中,鉴于委托人和代理人以及相关利益者具有不同的利益目标函数,委托人和代理人的利益往往不一致,甚至会发生冲突,为了调和其不同利益、矛盾和冲突,通过公司治理结构来进行调整是一条有效途径,如公司的股东同经理之间的利益不一致,经理给股东利益造成损害时,股东可通过股东大会行使选举权和表决权,任免公司董事会成员、经理来解决这一矛盾。

二、公司治理结构的内容

(一)股东及股东大会

1.股东及其权限

股东是指公司股权的投资者。股东可以是自然人,也可以是法人。股东权来自股东出资,股东权就是出资者所有权。股东凭持有公司股权行使其权利,享受法定的经济利益并承担相应的责任和义务。公司股东依法享有如下权利:

表决权:股东有权参加股东大会并通过股东大会表达自己的意愿,对大会决议施加影响。

选举权:股东有选举公司董事会和监事会成员的权力。

检查权:股东有权依法检查公司的业务状况,监督公司的业务活动,以保证其投资的安全性和投资收益。

剩余收入的索取权:确定分红的权力。

剩余财产分配请求权:公司破产清算后,对公司剩余资产的分配权。

股份转让权:股东有权转让其全部或部分股份。

依法享有的其他权利:起诉权、知情权、优先认股权等。

2.股东大会及其权限

股东大会是全体股东通过会议决定公司重大决策,选举董事会和监事会的非常设机关,它是会议体机构,是股份公司的最高权力机构。股东大会分为法定大会、例行年会和特别会议三种形式。法定大会是股份公司从挂牌营业开始,在3个月内必须召开的一次股东大会,会议主题是审查董事会向股东大会提出的法定报告,目的是使全体股东了解公司的基本情况。例行年会是指每年例行召开一次的股东大会,其主要内容是:讨论和批准公司的年度报告、资产负债表、损益表和其他会计报表,修改公司章程,决定公司的合并或解散,讨论或通过董事会关于增减公司资本的建议,选举公司董事,讨论和批准董事会提出的股利分配方案。特别会议是指两次年会之间不定期召开的股东会议,它一般是讨论决定公司的重大决策问题。

3.股东大会的运作

(1)股东大会的召集、通知

股东大会原则上由董事会负责召集。当然,监事会在认为必要时也可以提议召开临时股东大会,拥有公司股份 10％以上的股东,也有权请求董事会召集临时股东大会。股东大会的召集人决定召集股东大会时,必须在法定的期限内,以法定的通知方式向股东发出会议通知。我国《公司法》规定,股份有限公司召开股东大会,应将会议审议的事项于会议召开 30 日前通知股东。

(2)股东大会的投票表决制度

股东大会的投票表决制度可分为一股一票制、表决权限制、委托投票制和累计投票制。股东大会投票一般采取一股一票制度,表决权的多少取决于股份的多少,有时为了防止大股东操纵股东大会,公司章程还可以对表决权做出一些特殊限制。

当股东不能亲自前往参加投票表决时,股东可以委托代理人出席股东大会,这时,股东必须开具书面的授权委托书,代理人应当向公司提交股东授权委托书并在授权范围内行使表决权。公司章程或股东大会的决议不得禁止表决权的代理行使。

(3)股东大会决议的有效性

参加股东大会的股东必须达到法定人数才能视为合法,其通过的决议才能有效。我国《公司法》规定,股东大会做出决议,必须经出席会议的股东所持表决权的半数以上通过;股东大会对公司合并、分立或者解散做出的决议,必须经出席会议的股东所持表决权的三分之二以上通过;股东大会修改公司章程,必须经出席会议的股东所持表决权的三分之二以上通过。

(4)股东大会的会议记录制

股东大会应当将所议事项的决定做成会议记录,由出席会议的董事在会议记录上签名。会议记录应与出席会议的股东签名册及代理出席的委托书一并保存,由专人负责管理,以备未出席会议的股东及以后的新股东查阅,供以后了解股东大会情况时查阅。

＊**经营管理小感悟**:随着企业改革进程的深入,我国股份制企业将越来越多,股东日益成为重要的公共关系客体,公共关系人员要尽可能利用股东广泛的社会关系扩大产品的宣传网络,开辟新的市场。

(二)董事及董事会

1.董事的权责

董事是企业的一种职位名,是指由公司股东大会或职工民主选举产生的具有实际权力和权威的管理公司事务的人员,是公司内部治理的主要力量,对内管理公司事务,对外代表公司进行经济活动。自然人和法人都可以担任董事的职务,不过法人担任公司董事职务时,需指定一名具有行为能力的自然人作为其法定代表人。最初的董事,常常是从股东中产生的,股东的身份是当选为董事的基本资格。但到了现代,公司这种经济组织的法人治理活动不仅允许甚至还要求非股东人员担任董事。这一方面是因为企业的经营需要借助各种专业知识和技术;另一方面,非股东人员担任董事有利于缓解股东间的利益摩擦。

董事具有以下权利:业务执行权,即对日常事务的业务执行权与重大事项的具体业务的执行权;出席董事会会议和股东大会,并对决议事项投票表示赞成或反对的权利;在特殊情况下代表公司的权利,主要有代表公司向政府主管机关申请设立、修改公司章程、发行新股、发行公司债券、变更、合并以及解散等各项登记的权利;依照公司章程获取报酬津贴的权利。

董事具有下列义务:(1)谨慎和忠实义务,董事应能够尽最大努力来履行自己的义务,并必须能够保守本公司的商业秘密,如果这方面出现失职行为必须承担责任;(2)不得逾越权限的义务,董事会的决议违反法律、行政法规或者公司章程,致使公司遭受严重损失时,参与决议的董事对公司负赔偿责任;(3)竞业禁止义务,董事不得自营或者为他人经营与其任职公司同类的经营活动。

2.董事的类别

在我国的《公司法》中并没有区分董事的类型并给予不同的命名,但在实际工作和媒体的传播中,人们对董事的类别却作了一定的区分并冠以不同的名称。

(1)执行董事

公司执行层的经理人员同时又是董事会的成员,这类董事可称为执行董事。执行层的经理人员可以由股东根据公司法的规定选举产生,受股东委托负有和其他董事相同的责任。

(2)非执行董事

非执行董事是指在执行层不担任职务的董事。担任非执行董事的主要是三类人:一是其他公司的执行人员;二是营销专家、财务专家、法律专家、行业技术专家、经济专家等社会各界专家;三是机构投资者的代表。在董事会中保持一定比例的非执行董事的目的是,通过非执行董事使董事会具有独立性和客观性。非执行董事的存在对执行董事会形成一定的制约,如果董事会中的董事全部为执行董事的话,肯定会形成内部人控制的局面,而非执行董事的存在会形成一定的制衡。当然,很难说非执行董事就一定具有独立性,非执行董事任职前的经历和背景可能会使其独立性受到影响。比如,一位公司的经理人员在退休后被选为非执行董事,那么他以前的背景和经历就会影响到他作为董事的判断。

(3)独立董事

独立董事是指真正具有独立性和客观性的非执行董事。独立董事制度最早产生于美国,美国全国公司董事协会认为独立董事需符合以下五个条件:不是该公司及其子公司的雇员,不是该公司雇员的亲属,不为公司提供服务,不是向公司提供主要服务的公司的雇员,不在该公司获得董事费用以外的任何报酬。

不同国家在公司法或公司治理章程指引中对独立董事的界定有所差别,而且独立董事在不同的背景下具有不同的作用。在公司所有权比较分散的美国,设立独立董事的初衷是制约经营者的权力,欧洲大陆国家则是为了制约控股股东的权力和影响力。在欧洲大陆国家,独立董事主要是起平衡权力的作用,即独立董事可以将控股股东的影响力控制在一定范围,但是独立董事尚不至于能改变公司的决策。

(4)代表董事

代表董事是指被大股东或机构投资者提名作为其代理人并成为董事会成员的董事。对于代表董事,有一个误区,即有的董事认为哪一家派他来的,他就代表哪一家的利益。这是不正确的。董事可以由股东单位提名,但是,一旦被聘为公司的董事,就要替全体股东负责,而不是偏袒某一家股东去损害其他股东的利益。

3.董事会的职责

董事会是由股东大会选举的董事组成的,它是代表公司行使其法人财产权的会议体机关。董事会是公司法人经营决策和执行业务的常设机构,经股东大会授权,能够对公司的投资方向及其他重要问题作出战略决策。董事会对股东大会负责。

董事会与股东大会在性质上有所不同,股东大会是公司最高的权力机关,董事会是公司常设的决策机构。董事会作为行使法人财产权的机构,其主要职责是对公司经营进行战略决策以及对经理人员实施有效的监督,因此可以说董事会处于公司治理结构中的核心地位,规范董事会是规范公司治理结构的中心环节。大型企业的董事会,因其决策职能涉及面宽、工作量大,常常需要在董事会下设立一些专门委员会,如执行委员会、财务委员会、审计委员会、人事任免委员会及法律委员会等。

董事会会议由董事长召集,董事长是公司的法定代表人。董事长有以下职权:主持董事会会议和股东大会;检查董事会决议的实施情况并向董事会报告;签署公司的股票与债券;在发生战争、特大自然灾害等紧急情况下,代表公司利益,对公司事务行使特别裁决权和处置权,事后向董事会和股东大会报告;公司法、公司章程、董事会决议授予的其他职权。

董事会的决议经表决形成,其表决权必须由董事或其委托代理人出席董事会会议才能行使,缺席的董事不能行使表决权。在特殊情况下,比如董事对于会议事项有自身利害关系而可能损害公司利益时,有关董事必须回避行使表决权。董事会实行多数表决原则。普通决议实行简单多数原则,即过半数董事出席会议,出席会议的董事过半数表决同意。特别决议实行绝对多数原则,即2/3以上董事出席会议,出席会议的表决权人过半数同意。

在实际工作中,董事会的具体职能表现为:制定公司的生产和发展战略,即规划公司的发展方向、规模、产品范围、增长率、技术研究开发、风险的控制等涉及公司远景的事项;确定公司的具体政策,即公司的人事管理政策、财务管理政策、生产经营政策、市场开发和产品销售政策等；对公司经理人员的行为和业绩进行监督，防止经理人员滥用权力，操纵内部控制权，防止内部人控制的产生；对公司重大战略和具体政策的制定与实施承担责任，对股东和投资者负责。

4.董事会的结构

董事会的结构即董事会的构成。可以从两个方面来考察董事会的结构：一是从执行董事和非执行董事比例的角度；二是从董事会各种专门委员会设置的角度。

从第一个角度看，董事会的两大方面的职能分别由执行董事和非执行董事来完成。执行董事主要承担董事会的第一大职能——经营决策职能，非执行董事主要承担董事会的第二大职能——选择、评价、监督经营者的职能。当然这只是一个大致的分工，不能把它绝对化。但从中我们可以看出，保持董事会中执行董事和非执行董事的合理比例，是董事会履行职责的需要，也是形成一定的权力制衡的需要，以防止董事会被执行人员控制和操纵。否则，董事会很容易成为执行层手中的"橡皮图章"。按照执行董事与非执行董事比例的不同，董事会的结构主要有四种：

（1）由全部执行董事构成的董事会

在这种董事会中，没有非执行董事，全体董事会成员同时又都是执行层的经理人员，用中国特色的语言来说，就是"两块牌子，一套人马"。在业主型企业中，由于出资者控制企业的具体经营管理，这种企业不存在所有权与经营权相分离的情况，股东既是董事会成员又是具体执行者，这种企业的董事会一般由所有执行董事组成。但随着企业规模的扩大和股份的分散，家族企业会演变成公众公司，所有权与经营权也随之分开，此时，就有了对非执行董事的需要。即使是家族企业，如果规模很大，由于家族人员缺乏必要的专业知识和经营经验，也同样需要非执行董事参加董事会参与企业治理。

（2）由多数执行董事组成的董事会

这是英国上市公司董事会的典型结构模式。非执行人员被选举为董事，可能是为了代表公司重要利益的相关者，或者是股东预见到董事会需要这些非执行董事的专业知识、经验或外部关系，在有些情况下，非执行董事被用作制衡机制，以监督执行人员的经营管理活动，保证他们的行为的规范化。执行董事占大多数，目的是确保实现企业的经营目标。近年来的实证研究表明，非执行董事的比例在逐渐增加，但仍占少数。

（3）由多数非执行董事组成的董事会

这是美国上市公司董事会的典型结构模式。在美国非执行董事占董事会较大比重，从理论上讲，使董事会不仅能够履行经营决策职能，也能比较客观和独立地履行评价与监督职能。但是，即使是在非执行董事占控制地位时，独立性问题仍然存在。事实上，只有一部分外部董事如法律、工商管理、财务会计方面的专家才具有相当的独立性和客观性。独立性越强的外部董事，越能够有效地监督经理人员的行为，促进公司业绩的提高。而美国公司董事会中的许多外部董事却并不是独立的,他们分别代表某一方面(如大股东、供应商、客户、机构投资者、贷款银行等)的利益,或是公司过去的执行人员,或与公司现在的执行人员有某种亲缘关联等。

为了保障董事会的独立性,美国纽约证券交易所要求所有上市公司在董事会中设立一个全部由独立外部董事组成的审计委员会,审计委员会负责董事会与外部审计师的联系,以避免执行人员控制董事会和审计人员。

(4)双层董事会模式

这是德国公司董事会的典型结构模式,许多欧盟国家也采取双层董事会模式。在这种结构模式中,执行董事与非执行董事的功能实行了完全的分离。监督董事会全部由非执行董事组成,它所承担的是董事会的第二大职能即评价与监督职能;而管理董事会则全部由执行董事组成,它所承担的是董事会的第一大职能,即经营决策职能。很明显,对执行人员的监督是外部化的,即独立于董事会,又是专业化的,即作为监督董事会的主要职能。

从第二个角度看,如前所述,规模较大的公司经常在董事会下设立多种专门委员会。这些委员会的设立有助于董事会工作的合理分工,并可在分工的基础上提高效率,有助于董事会更好地履行职能。

在实际工作中,这两种结构是交叉的。大型的公司一般都在董事会下设立专门委员会,执行董事和非执行董事分别进入不同的专门委员会。如由执行董事组成执行委员会;由非执行董事组成审计委员会、报酬与考核委员会;其他一些委员会则是由执行董事和非执行董事共同组成参见图2-1。

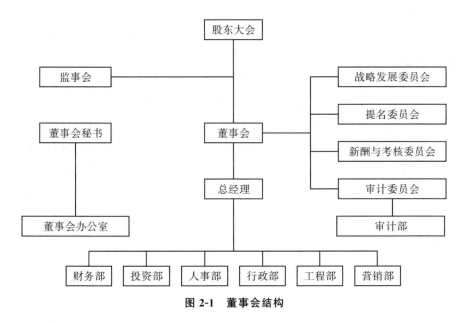

图 2-1 董事会结构

＊经营管理小贴士：

上市公司应当按照有关规定建立独立董事制度。独立董事应独立于所受聘的公司及其主要股东，不得在上市公司担任除独立董事外的其他任何职务。各上市公司应聘任适当人员担任独立董事，其中至少包括一名会计专业人士（会计专业人士是指具有高级职称或注册会计师资格的人士）。

上市公司董事会可以设立战略、审计、提名、薪酬与考核等专门委员会。专门委员会成员全部由董事组成，其中审计委员会、提名委员会、薪酬与考核委员会中独立董事应占多数并担任召集人，审计委员会中至少应有一名独立董事是会计专业人士。

独立董事原则上最多只能在5家上市公司兼任独立董事，除参加董事会会议外，独立董事每年应保证不少于10天的时间对公司情况进行现场调查。独立董事行使职权应取得全体独立董事1/2以上同意。

（三）经理人及其职责和权限

1.经理人的含义

经理人是指由公司高级管理人员组成的控制并领导公司日常事务的行政管理机构。经理人是一个集合概念，它不是指单个自然人，而是指一个机构。它由公司的总经理、副总经理、总工程师、总会计师、总经济师等共同构成。这一机构的最高负责人是总经理，经理人由董事会聘任（有些国家的公司法规定，董事会只聘任总经理，其他经理人员由总经理聘任），对董事会负责。

2.经理的权责

经理受董事会的聘任，负责公司日常经营管理，拥有一定的职权同时也承担一定的责任。世界各国的公司法对经理人员的职权都有一定的规定，一般来说，经理的主要职权是执行董事会的决议、主持公司的日常业务活动、经董事会授权对外签订合同或者处理业务、任免其他经理人员等。

按照我国《公司法》的规定，经理具有以下职权：主持公司的生产经营管理工作，组织实施董事会决议；组织实施公司年度经营计划和投资方案；拟订公司内部管理机构设置方案；拟订公司的基本管理制度；制定公司的具体章程；提请聘任或解聘公司副经理、财务负责人；聘任或者解聘除应由董事会聘任或者解聘以外的管理人员；公司章程中董事会授予的其他职权。

经理的义务和责任是：应当遵守公司章程，忠实履行职务，维护公司利益，不得利用在公司的地位和职权为自己牟取私利；不得挪用公司资金或将公司资金借贷给他人，不得将公司资产以个人名义或以其他个人名义开立账户储蓄，不得以公司资产为本公司的股东或其他个人债务提供担保；不得自营或为他人经营与其所任职公司同类的营业或从事损害本公司利益的活动；除依法律规定或经股东大会同意外，不得泄露公司机密；经理在执行职务时违反法律法规或公司章程的规定，给公司造成损害的，应当承担赔偿责任。

(四)监事及监事会

1.监事及其职责

监事是由股东选举产生的、监督业务执行状况和检查公司财务状况的有行为能力者。监事的设置必须按照法律和公司章程的规定进行。监事由股东大会选任,要以契约的形式确定与股东大会之间的委托代理关系。

监事有以下职权:

(1)业务监督权

监事有权随时对公司业务及财务状况进行查核,可代表公司委托律师、会计师进行审核,还可以要求董事会提出报告。

(2)财务会计审核权

监事有权代表公司委托注册会计师对董事会在每个会计年度结束时所造具的会计报表(资产负债表、现金流量表、损益表、财务状况变动表等)进行审核。

(3)董事会停止违法请求权

监事有权通知董事会停止违反法律或公司章程的行为,停止经营与经营登记范围不符的业务。

(4)调查权

监事有权调查公司的设立经过,审查清算人的业务。

(5)列席会议权

监事有权列席董事会会议。

(6)代表公司权

在某些特殊情况下,监事可以行使公司代表权,比如,申请公司设立等各项登记的代表权,有权代表公司向有关部门申请进行设立、修改公司章程、发行股票和债券、公司的变更、合并、解散等各项登记事务;当公司与董事发生诉讼或交易时,监事可以代表公司与董事进行诉讼与交易。

(7)股东大会召集权

在必要的时候,监事具有召集股东大会的权利。

监事受股东大会的委托行使出资者的监督权,在行使其职能时不仅享有以上职权,而且要承担一定的责任和义务。按照我国的《公司法》,监事应承担以下责任和义务:忠实履行监事的监督职责;不得利用在公司的地位和职权为自己牟取私利,不得利用职权收受贿赂或者其他非法收入;除依照法律法规或者经股东同意外,监事不得泄露公司秘密;监事执行公司职务时违反法律法规或者公司章程的规定,给公司造成损害的,应当承担赔偿责任。

2.监事会及其职权

监事会是公司治理的一个专门的、独立的监察机构。它是对董事会、董事和经理等高层管理人员行使监督职能的机关。我国的《公司法》规定监事会必须由股东代表和适当比例的公司职工代表组成,具体比例由公司章程规定。监事会中的职工代表由公司职工民主选举产生。监事会的主要工作内容可分为公司普通业务的监察和公司专门业务的监察即公司财务会计监察。一般来说,监事会只有监察职能,但有些国家法律规定,监事会也有一定程度的公司经营管理权,允许参加公司经营决策。按照我国《公司法》的规定,监事会具有以下职权:检查公司财务;对董事、经理执行公司职务时违反法律、法规或者公司章程的行为进行监督;当董事经理的行为损害公司利益时,要求董事和经理予以纠正;提议召开临时股东大会;公司章程规定的其他职权。

＊经营管理小贴士：

《公司法》第 52 条规定,有限责任公司设监事会,成员不得少于 3 人,股东人数较少或规模较小的,可设 1～2 名监事,不设监事会。监事会包括股东代表和公司职工代表。董事、高级管理人员不得兼任监事。

《公司法》第 71 条规定,国有独资公司监事会成员不得少于 5 人,其中职工代表不得低于 1/3。监事会成员由国有资产监督管理机构委派,但职工代表由公司职工代表大会选举产生,监事会主席由国有资产监督管理机构从监事会成员中指定。

《公司法》第 118 条规定,股份有限公司设监事会,成员不得少于 3 人。监事会包括股东代表和适当比例的公司职工代表,职工代表比例不得少于 1/3。监事会主席和副主席由全体监事过半数选举产生。董事、高级管理人员不得兼任监事。

三、资本市场与公司治理

(一)资本市场是一种外部治理机制

外部治理机制是指产品市场、资本市场和劳动市场等市场机制对企业利益相关者权利的作用和影响,尤其是指诸如兼并、收购和接管等市场机制对高层经理人员控制权的作用。公司的治理机制既包括内部治理机制即内部法人治理机构,又包括外部治理机制即外部治理市场的作用和影响。在外部治理市场中最重要的是资本市场,资本市场对公司治理的作用最常见的就是通过公司收购兼并活动来产生。收购兼并对被收购公司来讲是一种威胁,这种威胁能够促进公司董事会加强对经理人员的监督,促使经理层以股东利益为原则行事。收购和兼并的发生,给潜在的收购者提供了一个对现任经理人员的业绩进行考核的机会。另外,公司的收购兼并市场,在公司内部治理失败时,可作为一种外部力量发挥作用。在资本市场的收购活动中,被收购公司的经理人员和股东的利益会产生明显差异。被收购公司的股东在收购中能够得到一笔可观的财富,这些财富来自公司股票价格的大幅上涨;而公司经理人员却会丢掉手中的股票、丰厚的工资及良好的声誉,要承受经理位子被新人取代而出现的职业风险。

(二)资本市场对公司治理作用的机理

1.购并对公司治理的影响

资本市场对公司治理的作用主要是通过购并而产生的,资本市场中的购并行为实质是控制权转移行为,因此,可以说购并市场就是控制权转移市场。购并对公司治理的促进作用表现在两个方面:

一是使经理人员产生了被取代的职业风险。由于资本市场的激烈竞争,任何公司都有被收购兼并的可能,这种可能一旦变成现实,公司的股权就会发生重组,其最终控制权就会随之发生转移和重组,新进入的股东就会对公司治理作出新的安排,原有经理人员的位子可能不保,这就使经理层有了被取代的职业风险,经理人员之间存在着现实或潜在的职业竞争。代理人面临企业被接管的威胁不会无动于衷,因为其若被解雇,不仅丧失了未来利益,而且失去了以往多年积累的人力资本。一个因不称职而被解雇的经理,当其重新回到经理市场时,肯定不会再受欢迎,从而也就很难再找到好的位置。为了自身的利益,经理层必须注重考虑广大股东的利益,这会促使经理人员以提高公司价值为经营目标,减少或者放弃那些与公司利益没有联系的行为。

二是使被购并公司的管理活动走向正轨。资本市场中的购并活动,会使那些经营业绩不好或是机会主义行为严重的经理人员被替换,使更有职业精神和职业能力的经理人员走上经理岗位,这样通过购并就可使公司的管理活动走上正轨。对于那些被替换的经理而言,资本市场的购并实际上具有一种惩罚效应,是对经理人员滥用职权、内部人控制和机会主义行为的一种外部制约。

收购对公司治理的基本作用就是收购活动能够纠正被收购公司不规范的管理行为,无论是在实物资产方面还是在人力资本方面,都给被收购公司输送了新鲜血液;收购活动还能提高被收购公司的业绩;最后还能协调公司经理人员和股东的利益。即使是一些失败的收购,也会给企业的治理带来一些有益的影响:首先从公司治理的角度分析,收购者发出收购报价时,被收购公司的内部业绩状况会公之于众;其次,能够让经理人员实实在在感觉到收购的威胁,对经理人员形成压力。

2.国外反购并措施

有购并就有反购并。在公司购并中,有一系列的积极效果,比如,促进了企业规模经济的形成,对公司的治理措施增加了改善的压力或使治理得以改善,促进公司管理效率的提高等。但购并也会带来一些问题,比如,一些以获取并购差价收益为目的的"袭击者"对目标公司发动突然袭击,会扰乱目标公司的正常营运秩序,也会使在岗经理人员失去基本的稳定感。为此国外公司采取了反股权收购措施。

（1）优先股转为普通股

为了抵制收购，可以通过股东大会决议同意将那些不具有投票权的优先股，转换为具有投票权的普通股，从而提高公司的普通股股份，在换股之后公司内部的投票力量增强了，拥有少量股权的经理人员在不增加公司权益的条件下，其投票力量能明显提高，这会使收购者的收购成本明显增加，有利于阻止收购的进行。

（2）取消可累积投票权

可累积投票权是指某一位股东把所有选票都投向某一位董事，而不是投向几位董事。这种可累积投票制虽然可以在一定意义上保护小股东的利益，但也可能被"袭击者"利用。因此，在公司章程中如果取消可累积投票权，则有利于经理人员在面临敌意收购时采取有效的反收购措施。

（3）股份回购

在发生公司股份被收购的危险时，目标公司可采取大量购回本公司发行在外的股份，以防范或阻止股份被收购。公司回购自己的股份从公司法的原则上说是禁止的。比如，我国《公司法》第149条规定"公司不得收购本公司的股票，但为了减少公司资本而注销股份或者与持有本公司股份的公司合并时除外"。美国许多州的公司法也认为，为了维持公司管理层对公司的控制权而取得本公司的股票是违法的。但随着购并现象的大量发生，为了对付收购者，美国的一些州修正了过去的看法，认为公司管理层在争夺公司控制权中，如果有确实的根据可证明他们是为了维护公司的经营方针和公司利益，那么公司回购股份是允许的。

（4）毒药丸策略

毒药丸策略是指目标公司通过采取一些对自身有严重伤害的举动降低自己对收购者的吸引力来避免被收购的行为。一般有以下五种"毒丸"：优先股权利、向外避重就轻计划、向内避重就轻计划、增加公司负债计划、投票计划。在这些计划实施后，公司的负债及其他不利指标加大，被收购公司的吸引力减少，从而可以躲避被收购。

（5）降落伞计划

降落伞计划是指目标公司通过实施与保障管理层和员工利益的有关制度，使收购者因收购成本增大而放弃收购行为。降落伞措施主要有三方面内容。①保障高级管理人员的金降落伞。这是指目标公司与其高层管理人员签订聘用合同时规定，一旦公司被收购，使他们失去现有职位，则公司必须立即向他们支付高额退休金。②保障中层管理人员的银降落伞。这是指目标公司与其中层管理人员签订聘用合同，其中规定，一旦公司被收购，使他们失去现有职位，则公司有义务立即向他们支付规定数量的保证金。③保障普通员工的锡降落伞。这是指目标公司在与其一般员工签订聘用合同中规定，一旦公司被收购，使他们失去职位，则公司有义务按规定向他们提供一定数量的生活保障费用。

 **拓展案例**

四川新希望农业股份有限公司公司治理结构问题

一、四川新希望农业股份有限公司公司治理现状

按照《公司法》和《证券法》的规定,四川新希望农业股份有限公司已建立的治理结构具体包括:股东大会——股东大会是公司的最高权力机构,通过董事会对公司进行管理和监督;董事会——董事会是公司的常设决策机构,向股东大会负责,共设9名董事,其中独立董事3名。公司董事会还设立了战略委员会、审计委员会、提名委员会、薪酬与考核委员会四个专门委员会,并制定了各个委员会的工作规则,各委员会职责明确,整体运作情况良好;独立董事——对公司重大生产经营决策、对外投资、高管人员的提名及其薪酬与考核、内部审计等方面起到了监督咨询作用,以保证董事会决策的科学性和公正性;监事会——公司的监督机构,共设三名监事,由两名股东代表和一名职工代表共同担任,对公司财务和董事、高级管理人员的行为进行有效监督。

二、四川新希望农业股份有限公司公司治理问题分析

该公司在治理结构方面也存在着问题:

(1)独立董事比例较低,不足以对公司决策产生决定性的影响。四川新希望农业股份有限公司董事会共设9名董事,3名独立董事。独立董事成员占董事会成员的1/3,仅达到证监会规定的最低比例。比例较低的独立董事不足以对公司决策产生决定性的影响,是否尊重独立董事的意见,很大程度上还是靠大股东的自觉,而非制度性的约束。独立董事比例较低,不利于其职能的执行和作用的发挥。

(2)独立董事的职能与监事会的职能有部分重叠。四川新希望农业股份有限公司董事会下设了战略委员会、审计委员会、提名委员会、薪酬与考核委员会等四个专门委员会。与此同时,该公司的监事会又下设了审计、财务监察部,这就导致独立董事与监事会在审计和财务方面监察权的重叠。由于该公司没有理顺各治理机构之间的关系,可能导致公司治理机制的紊乱。

(3)独立董事知识背景和精力有限,对该公司缺乏了解。四川新希望农业股份有限公司三位独立董事都来自不同于该公司的行业和单位,可能出现并不了解公司的具体业务,也没有相关经验的情况。而且这三位独立董事均在其他单位任职,有的还担任其他单位的行政领导,有限的精力导致他们对四川新希望农业股份有限公司给予的关注不够。

案例思考:

请提出对四川新希望农业股份有限公司的公司治理优化对策。

第三章

产品与服务设计

 ▶ 学习目标

· 掌握产品设计、服务设计的相关概念
· 了解产品设计与服务设计的方法

 ▶ 课程思政内容

学生通过学习，从多个维度体验和学习产品与服务设计对我国经济发展和个人职业发展的作用和意义，树立学习服务设计方法，解决社会困难的责任意识。要求课程作业以乡村振兴战略为核心，围绕乡村产业、生态、文化等方面进行全方位的服务设计，积极贯彻落实国家政策，培养学生爱国情怀，建立学生的社会责任感，立德树人，最终达到课程思政的根本目标。

二十大报告原文："全面推进乡村振兴，坚持农业农村优先发展，巩固拓展脱贫攻坚成果，加快建设农业强国，扎实推动乡村产业、人才、文化、生态、组织振兴。"

第一节 产品与服务概述

德芙巧克力

德芙巧克力是世界最大宠物食品和休闲食品制造商美国跨国食品公司玛氏(Mars)公司在中国推出的系列产品之一。该产品包装以暖色调为主,围绕 LOGO 的是咖啡色丝带,呼应了其倡导的"丝般感受"的口感,直观地表现了产品特点。德芙的所有产品包装均是在此基础上加以设计的。

德芙包装分析:第一,在包装图形上,德芙巧克力主要以写实的产品形象为主,给消费者一种信任感和美感;第二,在色彩上,德芙巧克力仍然沿用巧克力行业的经典咖啡色,根据不同的产品辅以不同的系列色彩,其主要的辅助色彩是粉红色,浪漫的粉红色营造出一种温馨的感觉;第三,在字体设计上,德芙巧克力采用了以曲线为主的设计方法,更接近消费人群(青年情侣)。

德芙的外包装基本上都以巧克力色为底色,直接对购买者的视觉进行引导,同时金色的德芙字体和封口镶边,突出了巧克力的华丽,丝绸飘动的背景衬托出了德芙巧克力所推崇的丝滑诱惑,让人一看到包装就有一尝为快的消费冲动。包装风格定位偏向于感性设计,将德芙巧克力诱人的"牛奶香浓,丝般感受"表现得淋漓尽致。

一、产品与服务定义

(一)产品定义

1.产品概念

产品是指被人们使用和消费,并能满足人们某种需求的任何东西,包括有形的物品,无形的服务、组织、观念或它们的组合。

2.产品的特点和分类

产品的特点包括有形性、协作性、不可分性、易损性、易变性等。根据生产要素的不同,产品可分为农业产品、工业产品、文化产品等。根据使用者的不同,产品可分为消费品、生产资料等。根据产品标准和质量差异,产品可分为高档产品、中档产品、低档产品等。

3.产品的核心和附加价值

产品的核心价值是产品最基本、最重要的功能和效用,它决定了产品是否符合用户需求。除核心价值外,产品还可以增加附加价值,例如品牌认知度、售后服务、物流配送等。

(二)服务定义

1.服务基本概念

服务是指人们直接或间接为他人提供的一种能够满足需求的无形产品。它既可以为人们创造出实实在在的效益和价值,也可以是一种体验、感受和情感。

2.服务的特点和分类

服务的特点包括不可存储、不可分离、差异性、不稳定性等。根据服务对象和服务形式的不同,服务可分为个人服务、企业服务、公共服务、社会服务等。根据服务提供的方式,服务可分为直接服务、间接服务等。

3.服务的核心价值和附加价值

服务的核心价值是服务能够满足用户的需求并给用户带来价值。除核心价值外,服务还可以增加附加价值,例如顾客关系管理、售后服务、用户体验改进等。

二、产品设计与服务设计

产品设计和服务设计是企业实现业务增长和竞争优势的基本手段,也是企业经营管理的核心要素。产品设计和服务设计的目的是最大程度地满足客户需求和要求,从而提高产品和服务的市场占有率、用户体验和口碑。产品设计和服务设计需要从市场中获取有效信息,并对公司自身能力水平进行评估,以确保提供出的产品和服务具有竞争力和可持续性。

(一)产品设计

1.产品设计的概念和意义

在现代市场竞争中,生产企业需要根据市场需求和客户期望,开发出能够满足需求、质量优良的产品。这其中就需要产品设计。产品设计是指将多种学科知识融合在一起,通过造型、材料、工艺和美学等多方面的技术手段,创造出具有商业价值的产品的创造性活动。优秀的产品设计不仅仅能够提升企业品牌形象和市场竞争力,还能为用户提供更好的购买和使用体验,因此在现代企业运营中具有至关重要的地位。

2.产品设计流程

产品设计的流程主要包括市场分析、需求调研、概念设计、原型制作、测试评估、生产制造以及售后服务等环节。

（1）市场分析阶段

企业需要了解市场需求和潜在客户的需求，从市场调查、统计资料、行业报告等各种信息来源收集市场数据，分析市场趋势。

（2）需求调研阶段

企业需要对潜在客户的需求进行深入了解，包括潜在客户的个人用户特征、行为习惯、使用需求等，并根据需求进行分类归纳，以便为产品设计提供有价值的信息。

（3）概念设计阶段

在了解了市场需求和客户需求后，企业需要进行概念设计。在此阶段可以采用多种方式，比如通过手绘、电脑辅助设计软件等工具进行设计，同时还可以制定初步的成本估算、工艺流程等设计方案。

（4）样型制作阶段

该阶段主要是基于概念设计所确定的方案，制作具体的模型或样品，以验证设计方案的可行性和实用性。

（5）测试评估阶段

企业在制造出样型后，需要对其进行长时间的测试和评估，以获取数据和信息，包括功能性能测试、耐久性测试、安全性测试等。这也是为了逐步优化和完善产品设计。

（6）生产制造阶段

测试评估合格后，下一步就是开展生产制造，根据设计方案进行生产制造，保证产品质量、成本和时间的控制。

（7）售后服务阶段

售后服务不仅仅是产品设计活动的最终阶段，也是自然而然需要提供的服务。在售后服务阶段，企业可以及时处理用户反馈的问题，增强产品的口碑和信誉度。

3.产品设计的关键要素

产品设计需要综合考虑多个要素，包括：

（1）功能性

产品设计的首要目标是满足用户使用需求，因此产品的功能性应该尽可能优化，确保用户能够顺利地使用和操作产品。

（2）美学性

商品的外观设计非常重要，它不仅会影响消费者购买的决策，也会对企业品牌形象产生深远影响。通过美学设计，能够增强产品的辨识度和记忆度，让消费者愿意为产品花费更高的价格。

（3）工艺流程

产品的工艺流程也是产品设计的重点，设计师需要在保证产品质量和可靠性的同时，考虑成本、制造周期等因素。

（4）材料选用

首先要选择能够满足应用要求的材料，其次要考虑材料的成本、工艺加工难度、环保性等。

（5）安全性

产品设计需要确保产品的安全性，避免因设计瑕疵而导致的安全事故。

（6）可靠性

企业需要通过多种评估方法，来测试产品的可靠性。可靠性评估可以通过概率论、统计学、模拟计算等多种方法进行。

（7）易用性

产品设计需要考虑用户的体验感受，尽可能简化产品操作，精简产品功能，以提高用户体验感。

（8）环保性

在今天世界环境保护的大环境下，企业应当重视产品环保性设计和材料选用问题。

（二）服务设计

1.服务设计的概念和意义

服务设计是企业面向消费者提供服务前，以消费者需求和体验为主导进行的一种创新性和综合性的设计，它包括服务内容、服务流程、服务环境等方面的设计。良好的服务设计能够提高服务效率，优化服务质量和客户体验，进而获得更多的客户信任和支持，提高企业的市场竞争力。

2.服务设计流程

服务设计的流程主要分为需求分析、服务蓝图制定、服务原型制作、评估测试、服务实施和持续改进等几个步骤。

（1）需求分析阶段

分析消费者的使用需求以及服务细节，基于消费者角度，设计出一种合适的服务方式。

（2）服务蓝图制定阶段

通过对服务环节和流程的整理和归纳，制定出服务蓝图，明确各项服务内容和服务流程，以及服务人员的角色和职责。

（3）服务模型制作阶段

利用多种可视化工具，制作出服务的模型或样品，以验证设计方案的可行性和实用性。

（4）评估测试阶段

通过对服务模型进行测试和评估，使服务流程更加合理化优化。

（5）服务实施阶段

所提供的服务应该按步骤执行，执行过程中，随时关注客户的反馈意见，对于客户的意见进行处理。

（6）持续改进阶段

持续更新、改进服务，不断完善自己，在满足服务需求的情况下尽可能减少资源的消耗，降低成本。

3.服务设计的关键要素

服务设计涉及服务流程、服务环境、服务人员、服务技术等多个要素。在进行服务设计时，需要注重客户需求和体验，考虑服务的各个环节和流程，提高服务效率和质量。

（1）服务流程

服务流程是服务设计的核心，流程设计要简单、便捷、清晰明了，便于消费者理解和执行。

（2）服务环境

服务环境设计方案要符合消费者的期望，包括空间、设备、氛围、音乐等方面，旨在提供客户舒适和愉悦的体验。

（3）服务人员

服务人员是整个服务过程中的关键要素，必须选取经过专业培训、具备良好的沟通能力和服务意识的人员，减少服务问题。

（4）服务技术

企业需要按照最新的技术标准和服务标准，不断提升服务技能，提高服务效率和质量。

（5）服务体验

服务设计要依据消费者的心理需求和体验感受，追求品质化的服务体验，让消费者感到轻松、舒适、享受。

三、产品与服务创新

（一）产品创新的方法和策略

产品创新是企业持续发展和保持竞争优势的重要手段之一。产品创新的方法和策略，主要包括技术创新和功能扩展，以及设计创新和外观改进。

1.技术创新和功能扩展

技术创新和功能扩展是产品创新中最为核心的部分。通过引入新的技术或改进现有技术，企业可以开发出具有更高质量、更高性能的产品，以满足市场需求。

（1）研发投入

企业可以通过增加研发预算、招聘更多高素质的科研人员以及建立创新实验室等方式，加强技术研究和开发。此举有助于提升企业的研发能力和创新能力，为产品创新打下坚实基础。

（2）合作创新

通过与外部专家和机构的合作，企业能够获取更广泛的技术支持和创新思路，加快技术转化和产品创新的速度。合作创新不仅有助于降低研发成本，还可以加快产品创新的进程。

（3）引进外部技术

引进外部技术是快速提升产品质量和性能的一种重要方法。企业可以通过与其他企业或机构的合作、技术转让等方式，引进先进的技术。例如，与同行业的领先企业进行技术合作，借鉴其成功经验和先进技术；或者通过与专业科研机构合作，引进最新的研究成果和技术成果。通过引进外部技术，企业能够快速提升产品的竞争力，满足市场需求。

（4）功能扩展

在现有产品的基础上，增加新的功能和特点，提高产品的使用价值和竞争力。对于技术创新的方法和策略，企业需要根据自身的实际情况来选择最为适宜的方法。只有不断进行技术创新和功能扩展，企业才能不断推出市场上更好的产品，赢得更多的市场份额。

2.设计创新和外观改进

产品的设计和外观对于吸引消费者的注意力、提升产品形象和竞争力非常重要。因此，企业应注重产品的设计创新和外观改进。

（1）用户体验设计

通过深入了解用户的需求和行为习惯，企业可以设计出更适应用户使用习惯的产品。例如，在手机设计方面，一些企业注重提供更加智能化、操作更便捷的功能，同时关注减少用户疲劳感、提高操作效率。这种以用户为中心的设计理念能够让用户更加愿意购买和使用企业的产品。

（2）外观改进

外观设计不仅仅关乎产品的美感，更关乎产品的视觉冲击力和独特性。在激烈的市场竞争中，一个与众不同的外观设计能够帮助产品从众多同类产品中脱颖而出。通过运用时尚元素、流线造型等，企业可以为产品赋予个性化、独特化的外观，吸引消费者的目光并提高购买欲望。

（3）可持续设计

随着社会对环境保护的关注日益增强，消费者对于环保产品的需求也在不断增加。因此，企业应该注重产品的环保性和可持续性。通过使用环保材料、提供节能环保的功能等,企业可以满足消费者对绿色产品的要求,并提高产品的市场竞争力。

设计创新和外观改进是企业在产品创新方面需要重点关注的一个环节。只有不断进行合理的设计创新和外观改进,企业才能更好地满足消费者的需求,提高产品的市场竞争力。

(二)服务创新的方法和策略

随着市场竞争的加剧和消费者需求的多样化,企业在经营管理中需要注重服务创新。优质的服务能够提升客户满意度,增加客户忠诚度,从而提高企业的市场竞争力。在服务创新方面,以下是几种常用的方法和策略:

1.流程创新和效率提升

流程创新和效率提升是改进服务质量和提高工作效率的关键。在精细化流程设计方面,企业可以进一步细化每个环节的流程,并利用技术手段进行优化。例如,通过引入智能化工具,自动化处理一些简单、重复的服务流程,如自助查询系统、在线预约等,从而减少人工干预,提高服务效率。此外,企业还可以采用全流程数据化记录和分析的方式,对服务流程进行监控和改进,及时发现问题和瓶颈,提升整体效率。

2.提供个性化定制服务

消费者需求的多样化使得企业需要更加注重提供个性化定制服务。通过深入了解客户的需求、喜好和特点,企业可以针对不同客户群体提供差异化的服务。例如,通过数据分析和个人偏好调研,企业可以为客户提供个性化推荐、定制化产品和服务方案,增加客户对企业的认同感和满意度。同时,借助技术手段,如人工智能和大数据分析,企业可以提供更精准、更高效的个性化服务。

3.优化售后服务体验

售后服务是客户对企业服务质量的重要评价标准之一。企业可以通过优化售后服务体验来提升客户满意度和忠诚度。一方面,企业可以建立全天候、多渠道的售后服务体系,确保客户在遇到问题时能够得到及时的帮助和解决方案;另一方面,企业可以积极收集客户反馈和意见,并进行持续改进,从而提高售后服务的质量和效果。此外,企业还可以利用新兴技术,如虚拟现实(VR)和增强现实(AR),为客户提供更加沉浸式、便捷的售后服务体验。

4.提供增值服务

除了基础的产品或服务外,企业还可以通过提供增值服务来提升客户体验和附加价值。增值服务可以是与主产品或服务相关的附加功能,也可以是与消费者生活方式、兴趣爱好相关的额外福利。通过提供增值服务,企业可以满足用户多样化的需求,增加客户黏性和忠诚度。例如,在电商领域,企业可以提供定期维护、免费赠品、会员专属特权等增值服务,以吸引客户并促进重复消费。

综上所述,服务创新是企业在面对激烈市场竞争时必须重视的方面。通过流程创新和效率提升、个性化定制服务、优化售后服务体验以及提供增值服务等方法和策略,企业可以提高服务质量,增加客户满意度,进而提升市场竞争力,实现可持续发展。企业应该密切关注市场变化和消费者需求,不断创新和改进服务,以满足客户的期待和需求。

第二节　产品设计的要素与方法

海尔冰箱

海尔"水波纹"系列冰箱设计理念源自波光粼粼的海面,纯白色面板,半透明磨砂立体纹路设计将面板装饰如银色海面一样,在阳光下十分绚丽,对于年轻时尚的消费者比较有吸引力。

在细节方面,海尔冰箱同样采用了触摸式按键操作,而且消费者能够在显示屏上清晰了解操作方式。另外在能效方面,海尔冰箱容量大,耗电量小。

在冷冻方面,海尔冰箱主要采用了抽屉式设计,能够很好地避免各冷冻室的串味现象。同时,海尔公司也提供目前最为主流的制冰室,为用户生活提供了多种方便。海尔冰箱外观设计简洁大气,但是又比较突出时尚气息,对于年轻消费者比较有吸引力。而且,海尔冰箱提供了多种保鲜技术,抽屉式设计更加方便用户存放食物,使用也很方便,大大提高了客户体验感知,从而使产品一直保持较高的市场销量。

一、外观设计与用户体验

外观设计是产品设计的一部分,涉及产品的形态美学和视觉传达。它通过合理的形状、线条、比例和色彩等设计,提升产品的观赏性和吸引力,增加用户的好感度。

用户体验是指用户在使用产品时所获得的功能体验和情感体验。功能体验通过合理的功能设计和技术创新,满足用户的需求,提供良好的使用效果和实际效益。情感体验则强调用户在使用过程中的情感感受和情绪体验,通过品牌形象、用户情感连接和情感反馈等方面的设计,创造愉悦、舒适的使用体验,并增强用户对产品的情感认同。

外观设计通过形态美学和视觉传达,提升产品的观赏性和吸引力,增加用户的好感度。而用户体验则包括功能体验和情感体验,功能体验关注产品的功能效果和实际效益,情感体验注重用户的情感感受和情绪体验。通过合理的外观设计和用户体验,可以提升产品的市场竞争力,并赢得用户的喜爱和忠诚度。

(一)形态美学与视觉传达

在产品设计中,外观设计起到了非常重要的作用。产品的外观不仅仅是产品的外表,更是与用户进行视觉传达的媒介。形态美学是外观设计的一个重要因素,它涉及产品的整体形状、线条、比例、色彩等。通过合理的形态美学设计,可以提升产品的观赏性和吸引力,从而增加用户的好感度。

形态美学设计需要考虑到产品的功能和使用场景,以及目标用户的审美偏好。例如,在家电产品中,简约、流线型的设计更容易融入现代家居环境;在汽车设计中,动感、稳重的外观设计能够吸引消费者的目光。同时,视觉传达也需要与品牌形象相符合,通过外观设计将品牌的价值和理念传达给用户,增强用户对品牌的认同感。

(二)功能体验与情感体验

除了外观设计,产品的功能体验和情感体验也是用户体验的重要组成部分。功能体验是指用户在使用产品时所获得的功能效果和实际效益。企业需要从用户的实际需求出发,提供满足用户需求的产品功能和性能。

在功能体验的设计中,关键是准确把握用户需求和痛点,通过合理的功能设计和技术创新,为用户提供更好的使用体验。例如,在智能手机设计中,快速、流畅的操作和稳定的系统性能是用户最为关注的功能体验因素之一。

情感体验则强调用户在使用产品时所获得的情感感受和情绪体验,它涉及产品的品牌形象、用户情感连接以及体验中的情感反馈等。情感体验的设计旨在为用户创造愉悦、欣喜、舒适的使用体验,并增强用户对产品的情感认同。

情感体验的设计需要从品牌价值、产品定位和目标用户的角度出发,注重细节和用户感知。通过产品的材质选择、触感设计、声音效果等方面的考虑,可以增加用户与产品的情感联系,提升用户的满意度和忠诚度。

在产品设计中,外观设计与用户体验密不可分。形态美学和视觉传达是外观设计的重要因素,通过合理的形状、线条、比例和色彩等设计,可以提升产品的观赏性和吸引力,增加用户的好感度。同时,功能体验和情感体验也是用户体验的关键部分。产品的功能设计和技术创新需要准确把握用户需求和痛点,为用户提供满足需求的功能和性能。情感体验的设计则通过品牌形象、用户情感连接和情感反馈等方面的考虑,创造愉悦、舒适的使用体验,增强用户对产品的情感认同。

在实际设计过程中,设计师需要结合产品的定位和目标用户的需求,综合考虑形态美学、功能体验和情感体验等因素,进行全面的产品设计。通过合理的外观设计和用户体验,可以提升产品的市场竞争力,并赢得用户的喜爱和忠诚度。

二、功能设计

功能设计是指在产品设计过程中,确定产品的功能特征和实现方法的过程。在进行功能设计时,需要全面考虑产品的使用场景、用户需求和竞争对手的产品特点等因素,确定产品的核心功能和附加功能,以及相应的交互和界面设计。

(一)核心功能与附加功能

核心功能是指产品最基本、最关键的功能,是用户购买产品的主要原因。核心功能的实现要求简洁明了、易于操作,并且符合用户的需求和使用习惯。例如,在智能手机设计中,打电话、发短信、上网、拍照等都是手机的核心功能,用户在购买手机时会根据这些功能来做出选择。

附加功能则是指增强产品附加价值的功能,可以提升产品的竞争力和用户体验。但是,在设计附加功能时,需要对其实际价值进行全面分析,避免过多地追求附加功能而忽略了用户的实际需求。附加功能应该具有可操作性、易维护和可扩展性等特点。例如,在智能手机设计中,指纹识别、人脸识别、语音助手等都是附加功能。

(二)用户研究方法与原型测试

为确定产品的核心功能和附加功能,需要进行用户研究,并通过原型测试来验证产品的实际效果。用户研究是指对目标用户进行调查和观察,收集用户需求和用户行为数据,以此为基础来确定产品的设计方向和功能特征。

用户研究的方法主要包括问卷调查、访谈、焦点小组和用户测试等。问卷调查是收集大量用户反馈的一种有效方法,通过询问用户对产品的意见和建议,了解用户需求和使用情况。访谈则是深入了解用户需求和使用情况的重要方法,可以通过面对面交流的方式,了解用户的想法和行为。焦点小组则是将多个用户聚集在一起进行讨论,从而探讨用户需求和行为模式。

在进行用户研究和设计工作的同时,还需要进行原型测试。原型测试是指根据产品设计方案创建一个简单的可交互原型,用于评估产品设计的实际效果。原型测试可以帮助我们发现和解决问题,优化产品设计。

原型测试的方法主要包括黑盒测试、白盒测试和灰盒测试等。黑盒测试是指对原型进行功能性测试,验证核心功能和附加功能是否符合用户需求。白盒测试则是对原型的内部结构进行测试,检查代码的正确性和可靠性。灰盒测试则是结合黑盒测试和白盒测试的方法,既验证功能是否达到要求,又检查代码的质量和稳定性。

综上所述,功能设计是确定产品的功能特征和实现方法的重要环节。核心功能和附加功能的设计需要全面考虑产品的使用场景、用户需求和竞争对手的产品特点等因素。用户研究和原型测试则是确定产品设计方向和优化产品设计的有效方法，可以帮助企业提升产品竞争力，满足用户需求。

第三节　服务设计的原则与方法

不止是有温度：亚朵酒店的服务创新

亚朵酒店抓住了我国中产阶层崛起对商旅住宿升级的需求，以"阅读"和"属地摄影"为切入点，并结合O2O和网络社群的互联网运营模式，对中端酒店的服务进行创新，向顾客提供高品质的个性化服务，成为中端酒店中的一匹黑马。

亚朵酒店的CEO耶律胤认为，阅读是传递酒店人文精神的重要载体，希望能够将阅读无缝嵌入酒店提供的服务中，让顾客享受阅读的乐趣，书本不只是让人赏心悦目的摆设。为此耶律胤和整个创业团队煞费苦心，设计了每一家亚朵酒店必备的阅读空间——竹居。竹居并非在酒店中另辟空间，而是由原来的酒店大堂改造而来。竹居在书籍的选择上颇为讲究，耶律胤成立了一个名为"第一美差"的团队专门打理，每一本书都由团队成员精心筛选后才能上架，"第一美差"团队会根据门店所在地的地域特色和全国各大门店的书籍借阅情况及时调整、更新上架书籍，确保每一本书都使客户有种量身打造的阅读冲动。

属地摄影是亚朵酒店的另一张名片。耶律胤希望每一家亚朵酒店都能成为一个摄影艺术馆，为此他着实动了一番脑筋。在照片主题方面，他希望每一张照片都能反映具有当地城市特色的风土古迹和人文风貌，例如，西安的主题可以是老城墙，上海的主题则可以是花样年华。耶律胤认为，这样的照片也许可以唤起顾客深埋在心底的那份乡愁。

近年来互联网的浪潮扑面而来，耶律胤也一直在关注如何用互联网思维来改造传统行业的商业实践。耶律胤想把当下流行的O2O模式移花接木用到亚朵经营上来，把酒店变成一个生活体验馆，客人在住宿时喜欢酒店内的某样用品，包括床垫、茶具以及洗漱用品等，只要直接扫产品手册中的二维码，到亚朵网上的淘宝店或者微店下单，就可以在家坐等收货了。在这个过程中，亚朵酒店扮演流量入口的角色，一切围绕商品交易的服务均由合作方提供，加盟商可以获得较高的利润分成。这样一来，亚朵酒店就从一个单纯的酒店升级成为一个生活体验的天然平台。耶律胤认为，只有体验足够好才会激发起顾客购买的兴趣,而好的体验也会提升顾客对服务的满意度,所以挑选到优质的产品是成功的关键。

为了提升顾客的整体体验满意度,耶律胤特意请来了酒店服务管理专家海百合,她带领整支台湾团队专门优化亚朵酒店的房间设施和服务细节。在海百合的提议下,亚朵酒店购入了地暖设备,因为室内采用地暖设备比空调的体感舒适度更高,即使赤足行走也感觉温暖如春。为了方便顾客为电子产品充电,亚朵酒店在一个房间足足配备了十个国际通用插座。在服务方面,耶律胤定下这样的基调:"对于我们中端酒店来说,很难实现像家一样舒适,我们要向海底捞学习,不要轻易对客人说不。我们的服务员要像邻家小妹那样,温暖自然,并要在细节上强调人与人的信任。总之,我们的服务要让顾客感到有温度!"

一、用户中心与价值共创

(一)用户需求与体验

在服务设计中,用户需求与体验是核心驱动力,企业应以用户为中心,深入了解用户的需求和期望,以此作为服务设计的基础。通过用户研究、市场调研等手段,了解用户的真实需求,并将其转化为具体的服务需求。

服务设计的目的是为用户提供优质的服务体验。通过关注用户的感受和反馈,分析用户在服务过程中的痛点和问题,不断改进和优化服务的各个环节。同时,还可以从用户的角度出发,思考如何通过创新的方式提供更加个性化、定制化的服务,满足用户的个性化需求,提升用户的整体体验。

(二)双向沟通与合作共赢

在服务设计中,企业与用户之间需要建立良好的互动和沟通机制。企业应积极倾听用户的意见和建议,了解他们的期望和需求,并将其纳入服务设计的过程中。通过用户参与和合作,可以充分发挥用户的智慧和创造力,共同打造出更加符合用户期望的服务。

双向沟通和合作不仅可以加深企业对用户需求的理解,还能够增强用户对服务的认同感和忠诚度。通过与用户紧密合作,企业可以更加准确地把握用户的喜好和偏好,为用户提供个性化、差异化的服务,从而实现合作共赢的局面。

(三)服务设计的方法

1.用户旅程图

用户旅程图是一种辅助工具,用于展示用户在整个服务过程中的体验和互动情况。通过绘制用户旅程图，可以清晰地了解用户的行为路径、情感变化和关键触点，从而找出服务过程中的问题和改进点。

绘制用户旅程图需要从用户的角度出发，以用户的行为和体验为基础，描述用户在不同阶段的感受和需求。通过对用户旅程进行分析，可以发现用户在服务过程中可能遇到的问题，以及改进服务的机会和方向。

2.角色扮演和服务蓝图

角色扮演和服务蓝图是一种模拟实际服务过程的方法，可以帮助企业更好地理解用户的需求和体验，并进行相应的优化。

通过角色扮演，企业可以模拟用户在服务过程中的行为、情感和需求，从而更加深入地了解用户的体验感受和反应。同时，还可以通过角色扮演，发现服务过程中可能存在的问题和不足之处，并及时进行改进。

服务蓝图则是将服务过程分解为多个环节，并描述每个环节的具体操作和用户体验。通过绘制服务蓝图，可以清晰地展示服务过程中的各个关键点和触点，帮助企业全面考虑服务设计的方方面面，从而提升整体的服务质量和用户体验。

3.原型设计和用户测试

原型设计是将服务的概念转化为具体的可视化模型或界面，用于展示服务的功能和交互方式。通过原型设计，用户可以更直观地了解服务的特点和优势，提出改进建议和意见。

用户测试是验证和优化原型设计的重要手段。通过邀请真实用户参与测试，收集他们的反馈和意见，了解用户对服务的理解和接受程度。根据用户的反馈，及时调整和完善原型设计，以满足用户的需求和期望。

综上所述，服务设计的原则与方法包括以用户为中心、共同创造价值，以及采用用户旅程图、角色扮演和服务蓝图等工具进行设计与测试。通过这些方法的应用，可以更加精准地满足用户的需求，提供优质的服务体验，实现企业与用户的双赢。

二、系统思考与用户体验

（一）服务流程与架构

服务流程是指企业为满足客户需求而设计和实施的一系列活动和步骤。良好的服务流程设计能够帮助企业高效地提供服务，减少错误和延迟，并提升客户满意度。服务架构则是服务流程的组织和结构，包括不同环节之间的联系和协调。优化服务流程与架构可以从以下几个方面入手：

1.用户需求分析

用户需求分析是服务流程优化的第一步。企业需要明确客户的期望和需求，了解他们的关注点和痛点。这可以通过定期收集用户反馈、分析市场数据和调查问卷等方式来实现。除此之外，还可以派遣工作人员前往各地接触客户，深入了解客户的心理需求和体验感受。在得到这些信息后，企业应根据客户反馈的问题和需求，重新设计服务流程，提供更加符合用户期望的服务。

2.流程简化与标准化

流程简化和标准化是提高效率和质量的重要手段。企业应该对服务流程进行全面梳理，消除那些冗余和无用的环节，创造出紧凑高效的流程。同时，在进行简化的过程中，还要尽量保持透明度和可追溯性，为后续的改进做好充分的铺垫。另外，企业还可以通过制定一系列的标准流程来规范员工的操作，提高工作的一致性和可控性，确保服务质量的稳定性和可预测性。

3.信息共享与协同作业

信息共享和协同作业是提高效能和响应速度的关键。企业应该建设一套高效便捷的信息系统，将各个部门和岗位之间的信息连接起来，以便信息的快速流转和共享。同时，还要建立科学合理的协同机制，增强部门之间的合作性和配合性，实现工作的高效协同。在这个基础上，企业还可以通过创新性的流程设计，进一步整合各项资源，打通各类流程隔阂，实现服务全链条的高效协同。

4.持续改进与学习

持续改进和学习是服务流程优化的不断动力。企业应该制定一套科学有效的绩效评估机制，并通过定期的数据分析和监测，对服务质量进行评估和反馈。同时，还要对评估结果进行深度剖析，找出问题的症结所在，并针对性地进行改善和优化。此外，企业还应该搭建学习平台，加强员工的培训和技能提升，为服务流程的不断提升提供人才支撑和知识保障。

(二)心理学原理与设计思维

在用户体验中应用心理学原理和设计思维可以帮助企业更好地满足用户的个性化需求、创造愉悦的体验以及提升用户的参与度。

1.用户个性化需求

个性化需求是指不同用户对产品或服务的差异化需求和偏好。了解用户的个性化需求是提供个性化服务体验的前提。通过深入研究用户群体，使用市场调查、用户调研等方法，企业可以收集到关于用户喜好、习惯和期望的信息。基于这些信息，企业可以进行差异化设计，提供个性化的产品功能、定制化的服务和个性化的推荐，从而增强用户的满意度和忠诚度。

2.情感体验

情感体验是用户体验中的重要组成部分。人们在消费过程中会产生各种情感，如喜悦、满足、兴奋或焦虑、失望、厌恶等。企业需要通过情感设计来创造积极的情感体验,以建立用户对品牌的好感、信任和忠诚度。例如,可以通过界面设计、色彩运用、交互方式等方式来营造愉悦的体验,或者通过关怀和关系维护来增加用户的情感连接。

3.认知偏差

人们在决策过程中常常受到各种认知偏差的影响,如选择偏见、信息过载、记忆偏差等。企业应该重视这些认知偏差,通过设计和沟通方式来规避或减少偏差的影响。例如,可以通过提供简明扼要的信息、使用可视化展示方式、强调产品的核心价值等方式,帮助用户更准确地理解和评估产品或服务,提高用户决策的准确性和满意度。

4.设计思维在用户体验中的应用

设计思维是一种以用户为中心的创新方法,强调通过深入洞察用户需求,并通过创新的方式解决问题。在用户体验中,设计思维可以应用于两个方面。一是用户参与。鼓励用户参与产品或服务的设计和改进过程,例如组织用户访谈、焦点小组讨论、用户测试等,以了解他们的真实需求和意见。通过用户参与,有效地获得用户反馈,从而提供更符合用户期待的体验。二是故事叙述。通过故事叙述的方式传达产品或服务的特点和价值,以激发用户的情感共鸣和好奇心。通过讲述有吸引力的故事,增强用户对产品或服务的亲和感和认同感,引导用户更深入地了解和使用产品。

通过应用心理学原理和设计思维,企业可以更好地了解用户需求,创造有意义的用户体验,并不断优化产品或服务,提升用户满意度和品牌忠诚度。

 **拓展案例**

沃尔玛百货有限公司——管理信息技术系统

沃尔玛百货有限公司是美国一家世界性连锁零售企业。沃尔玛能够在日益激烈的竞争市场中成功而持久地分得人人向往的"一杯羹",最终的原因是其管理信息技术的成功运用。

沃尔玛的全球采购战略、配送系统、商品管理、电子数据系统、天天平价战略都是可圈可点的案例。其最终的成功凭借的是信息技术整合优势。

在信息技术的支持下,沃尔玛能够以最低的成本、最优质的服务、最快速的管理响应全球经销运作。沃尔玛安装了专用的卫星通信系统,该系统的应用使得总部、分销中心、各个超市之间可以实现双向的声音和数据的传输,全球4000多家超市也可通过自己的终端与总部实现实时联系。后来又提出了新的零售业配送理论——由集中管理的配送中心向各超市提供货源,这一独特的配送体系,大大降低了成本。沃尔玛就凭借着先发优势、科技实力,走向了世界。

沃尔玛在产品设计中最显著的特点就是充分利用信息技术,把信息技术作为增强服务竞争力的一种重要手段。沃尔玛利用信息技术建立数据库,增加营业收入,提高生产力。

在建立数据库方面,沃尔玛通过消费者的消费清单分析滞销产品和畅销产品,从而将信息发送给供货商、生产商等在供货链上的有关企业。这使得企业能够更好地了解顾客的需求,为开发新产品提供了思路。同时,这也使得企业能够更好地掌握市场的发展方向。数据库的建造,为沃尔玛提供了销售信息,并用于微观营销。

在提高生产力方面,沃尔玛采用自己专用的卫星通信系统,并通过这个系统实现总部、分销中心和各个超市之间声音和数据的传输。总部可以通过这个系统,对分销中心进行管理,监督并且查询相关的信息。各个超市的管理者也可根据相关信息,及时发出订货请求。这个系统的运用大大地降低了商品库存,加速了资金的周转,提高了运作效率。

在增加营业收入方面,沃尔玛通过POS系统,为顾客提供了全面准确的产品信息,从而增加了销售机会。如在沃尔玛超市里有一种供顾客购物时用的手推车,手推车推到哪里,就会显示该区域的信息,并能协助顾客在成千上万种商品中找到合适的商品。这使得顾客购物的机会增加了。

案例思考:

(1)沃尔玛采取了哪些产品服务设计?

(2)沃尔玛能够在日益激烈的竞争市场中成功取决于哪些因素?

第四章

商业模式

 ▶ 学习目标

· 厘清商业模式、商业模式类型与商业模式设计等相关概念。

· 了解不同商业模式的优劣。

· 学习如何设计商业模式与商业模式战略。

 ▶ 课程思政内容

引导学生正确认知新冠肺炎疫情给企业商业模式带来的冲击和挑战，进而启发学生讨论如何提高企业商业模式的反脆弱能力，应对不确定环境带来的危机。

学会敬畏用户、关注用户、服务用户、与用户共情。帮助学生体会作为一个商业模式设计者应该具备的思维方式：用户聚焦、企业家精神、好奇心和协作。

二十大报告原文："必须坚持科技是第一生产力、人才是第一资源、创新是第一动力，深入实施科教兴国战略、人才强国战略、创新驱动发展战略，开辟发展新领域新赛道，不断塑造发展新动能新优势。"

第一节　商业模式定义与类型

合气道：把对手的优势转化为弱点

合气道是日本的一种武道，其核心理念在于顺应对手的攻击并利用对手的力量进行反击。这种技巧只需要很小的体力就能够施展。在商业模式中也可以借鉴合气道的思想。

在商业领域，有一家公司率先采用了合气道模式，那就是六面旗公司（Six Flags），全球最大的主题公园连锁企业。该公司目前在美国、加拿大和墨西哥运营着21个游乐场。与合气道类似，六面旗公司将重点放在了区域性主题和游览结构上，采用了国家导向性的主题公园经营策略，与其他游乐园有着明显的区别。区域性主题公园可以促进当地客户更频繁地来访，从而创造更高的经济收入。六面旗公司只需少量的营销投入，就能够吸引大量当地客户，即使在淡季，这样的公园依然能够持续吸引游客，确保基本运营。

通过借鉴合气道的概念，在商业模式上寻求改变和利用对手的力量，六面旗公司成功地打造了独特的主题公园品牌。这一模式不仅为公司带来了商业成功，也为其他企业提供了一个有意思的思路，去创新和突破行业标准，以获得竞争优势。

一、商业模式定义与要素

(一)商业模式定义

商业模式是管理学中一个重要的研究对象，广泛应用于 MBA、EMBA 等商业管理课程。它主要关注企业与用户、供应商和其他合作伙伴之间的物流、信息流和资金流关系，分析企业通过何种途径或方式来实现盈利。

商业模式可以简单理解为公司赚钱的方式，不同行业的公司通过不同的方式来获得盈利。例如，汽车公司通过销售汽车来获得利润，食品公司通过销售食品来实现盈利，快递公司通过提供快递服务来赚钱，网络公司通过关注度和相关消费来获取收入，通信公司通过话费收入来实现盈利，超市则通过平台和仓储来实现盈利等等。只要存在潜在或直接的盈利环节，就存在商业模式。

尽管商业模式的概念在 20 世纪 50 年代就开始出现，但直到 20 世纪 90 年代才被广泛使用和传播。如今,商业模式这一术语频繁出现,但对其定义仍然没有一个权威版本。

目前较为贴切的解释是,商业模式是一个概念工具,包含了一系列要素及其关系,用于阐明特定实体的商业逻辑。它描述了公司为客户提供的价值,以及公司的内部结构、合作伙伴网络和关系资本等,是指企业为了达成商业目标而设计的一套经营方式和策略。它是企业在市场环境中运作的蓝图,涉及如何创造价值、获取收益以及与利益相关者互动等方面。

(二)商业模式要素

1.价值主张

价值主张是企业所提供给客户的产品或服务的核心特性和优势。它关注解决客户需求和问题,并提供独特的价值和竞争优势。

2.客户细分

客户细分是将市场按照不同特征和需求进行划分,识别出最具潜力的目标客户群体。企业应该了解不同客户群体的需求差异,以便制定有效的营销和销售策略。

3.渠道通路

渠道通路是企业与客户之间进行产品或服务交付和沟通的方式。通过选择合适的渠道,企业可以实现高效的销售和分销,同时提供良好的客户体验。

4.客户关系

客户关系管理涉及与客户建立和维护良好的互动关系。这包括客户服务、售后支持、客户反馈和客户忠诚度的管理,旨在增强客户满意度和保持长期稳定的合作关系。

5.收入来源

收入来源是指企业从产品或服务销售中获取的收益。它可以通过直接销售、订阅费、广告收入等多种方式实现。了解不同收入来源的潜力和盈利模式对企业的盈利能力至关重要。

6.关键资源

关键资源是支持企业运营的重要资产和资源,包括物质资源(如设备、生产设施)、知识资本(如专利、品牌)和人力资源等。企业应该有效配置和管理这些资源,以实现其商业模式的目标。

7.关键活动

关键活动是指企业为完成商业模式所必须进行的核心业务活动。这些活动包括产品研发、生产制造、市场推广、售后服务等。企业需要将关键活动进行优化和管理,以提高整个商业模式的效率和竞争力。

8.重要合作伙伴

重要合作伙伴是与企业合作共赢的关键伙伴,可以提供必要的资源、技术或市场支持。建立和维护良好的合作伙伴关系可以帮助企业拓展业务范围,降低成本和风险。

9.成本结构

成本结构是指企业运营过程中的各项成本和开支。了解成本结构有助于企业优化资源配置,降低成本,并提高盈利能力。

二、商业模式类型

(一)运营性商业模式

运营性商业模式是企业与外部环境的互动关系的重要组成部分,它着重于构建企业的核心优势、能力、关系和知识,并通过与产业价值链环节的互动实现持续发展。在运营性商业模式中,以下几个方面是主要内容。

1.产业价值链定位

企业在运营性商业模式中首先要确定自身所处的产业链位置。通过认清自身的资源条件和发展战略,企业可以明确自己在产业链中的定位,以便更好地利用产业链上的机会和资源。

2.赢利模式设计

赢利模式是指企业的收入来源和形式,以及在产业链中如何分配这些收入的决策。在运营性商业模式中,企业需要确定自己的主要收入来源,并设计相应的分配机制,同时也要考虑是否具备在分配中拥有话语权的能力。

(二)策略性商业模式

策略性商业模式是在运营性商业模式基础上进一步发展和完善的商业模式,旨在通过改变企业自身来实现持续的盈利。在策略性商业模式中,以下几个方面需要关注。

1.业务模式

业务模式决定了企业向客户提供什么样的价值和利益。它涉及产品或服务的设计、品牌建设、市场定位等方面,是企业实现盈利的核心。

2.渠道模式

渠道模式包括将企业的业务和价值传递给客户的方式和方法。企业需要确定适合自身的渠道策略,可以是通过渠道扩张、渠道集中或渠道压缩等方式来实现。

3.组织模式

组织模式涉及企业内部管理和控制方式的设计。在策略性商业模式中，建立先进的管理控制模型是非常重要的，例如建立面向客户的组织结构、通过企业信息系统构建数字化组织等，以提高运营效率和创新能力。

每一种新的商业模式的出现都代表着一种创新和新的商业机会的出现。企业能够抓住这些商业机遇，并灵活应对市场变化，就能在激烈的商业竞争中取得先机，并实现持续的盈利和发展。

三、常见的商业模式

（一）制造商商业模式

这里主要针对快速消费品与耐用消费品制造企业阐述商业模式。目前，制造企业商业模式主要有如下六种。

1.直供商业模式

主要适用于市场半径较小、产品价格较低或流程较清晰、资本实力雄厚的国际大公司。这种商业模式要求制造商具备强大的执行力、良好的现金流状况以及稳固的市场基础平台，需要产品在市场上具有快速流动的特点。然而，由于中国市场战略纵深较大，市场特点各异，渠道系统复杂，市场规范化程度较低，在全国范围内选择直供商业模式是十分困难的。因此，即使像可口可乐、康师傅这样的跨国企业也开始放弃直供商业模式。不过，在一些利润相对丰厚的行业和产业中，如白酒行业，仍然有很多公司选择了直供商业模式。

2.总代理制商业模式

这种商业模式被广泛应用于中国的中小企业。中国的中小企业面临着两个最为核心的困难：首先是团队执行力较差，很难在短时间内建立一个庞大的执行团队，因此，选择经销商作为总代理可以避免许多当地市场执行方面的困难；其次，中国的中小企业普遍资金实力相对薄弱，而选择总代理制商业模式可以在一定程度上获取总代理的一部分资金，甚至通过这种方式实现初期资金的积累，促使企业快速发展。

3.联销体商业模式

在当前市场环境下，许多中小企业面临着招商中鱼目混珠的问题，因此优质经销商成为一种稀缺资源。面对这样的局面，许多实力强大的经销商为了降低商业风险，选择与企业进行合作，共同出资成立联销体机构。这种模式不仅可以控制经销商市场风险，还能为制造商提供稳定的销售平台。众多愿意长期发展的制造商对联销体这种模式表示欢迎。以食品行业的龙头企业娃哈哈为例，他们采用联销体商业模式取得了巨大的成功。空调行业巨头格力空调也与区域性代理商合资共同运营市场，取得了可观的市场业绩。随着市场竞争的日益激烈，联销体模式有望在未来得到更广泛的应用和发展，越来越多的中小企业将会选择与优质经销商合作，降低市场风险。同时，制造商也将更加注重与经销商之间的合作关系，并积极推动联销体商业模式的创新与完善。

4.仓储式商业模式

随着市场竞争的加剧，许多企业开始意识到物流管理的重要性。仓储式商业模式是一种为企业提供高效物流解决方案的商业模式。仓储式商业模式是一种基于仓储和配送的商业模式，通过建立现代化的仓库设施和完善的物流网络，为企业提供全方位的供应链解决方案。该模式包括仓储、仓储设备的管理、订单处理和配送等环节。仓储式商业模式致力于为企业提供全方位的供应链解决方案，包括供应链规划、采购管理、仓储管理、订单处理和配送等环节。通过整合各个环节，优化供应链的流程和资源配置，提高企业的运营效率和客户满意度。

5.专卖式商业模式

随着中国市场渠道终端资源逐渐稀缺，越来越多的中国消费品企业选择专卖形式的商业模式。品牌是选择专卖商业模式的企业必备的条件之一。这些企业通常拥有良好的品牌基础，消费者更愿意购买他们的产品，市场对其认知度也较高。另一个选择专卖商业模式的企业特点是产品线比较全面。为了确保专卖店的稳定利润，企业需要拥有丰富的产品线，只有这样，专卖店才能提供符合消费者需求的产品结构。选择专卖商业模式的企业需要具备良好的品牌基础、丰富的产品线以及成熟的市场环境。通过专注于形象与高端，他们能够超越其他写作者，提供高端文案。

6.复合式商业模式

在中国市场环境异常复杂的背景下，很多快速消费品企业选择了复合式商业模式来应对市场挑战。然而，我们必须特别注意的是，无论企业面临多么复杂的市场环境和市场竞争，都需要有主流的商业模式作为基础。选择一种商业模式后，企业需要对组织架构、人力资源配置、物流系统和营销策略等方面进行相应调整，以确保商业模式的有效运行。

在选择和实施复合式商业模式时，企业需要认真考虑市场和自身的实际情况，并进行全面的分析和评估。同时，企业需要确保各个流程和部门之间的良好协同，避免因商业模式调整而造成的系统扰动和内外部沟通不畅。此外，企业还需要建立健全的监控和评估机制，及时发现问题并做出相应的调整。

(二)互联网商业模式

互联网商业模式是指在互联网平台上进行商业运营的一种经营方式。随着互联网的快速发展,互联网商业模式不断创新和演化,为企业和消费者带来了全新的商业机会和体验。

1.互联网商业模式的意义

互联网商业模式的出现对商业世界带来了巨大的变革和机遇。它打破了传统商业模式的限制,使企业能够更灵活地定位目标市场、开展营销活动、提供个性化的产品和服务,并与消费者直接进行交互和沟通。以下是互联网商业模式的几个重要意义。

(1)突破时空限制

互联网商业模式使企业可以跨越地域和时区的限制,实现全球范围内的商业运营。无论是线上购物、远程办公、在线教育还是在线娱乐,都可以随时随地进行。

(2)提高效率

互联网商业模式极大地提高了商业运作的效率。企业可以通过互联网平台进行快速的信息传递和业务处理,节省了时间和资源成本。同时,消费者也能够更便捷地找到所需产品和服务,实现高效的购买和交易过程。

(3)创新商业模式

互联网为企业带来了多种创新的商业模式。例如,电商平台使企业能够直接与消费者交易,无需传统的线下分销渠道;共享经济模式使个人能够共享自己的资源和服务,实现资源的最大化利用等。这些新兴的商业模式不仅为企业提供了更多盈利机会,也给消费者带来了更多选择和价值。

(4)数据驱动决策

互联网商业模式产生了海量的数据,企业可以通过对数据的收集和分析,深入了解消费者的需求和行为,从而更精准地定位市场和制定营销策略。数据驱动的决策使企业能够更好地满足消费者的需求,并提升竞争力。

2.互联网商业模式的类型

(1)电子商务模式

它以线上购物和交易为核心,通过建立在线商城或电子平台,提供商品和服务的买卖。用户可以通过电子商务平台选择商品、下单购买,并进行在线支付和配送。电子商务模式的代表性企业包括淘宝、京东、亚马逊等,它们通过打通供应链,提供广泛的商品选择和便捷的购物体验,改变了传统零售业的发展方式。此外,电子商务模式还涵盖了跨境电商、垂直电商、社交电商等不同形式,不断推动着电子商务行业的发展。

(2)平台模式

它通过搭建一个互联网平台,连接供需双方,提供服务或资源的匹配。平台模式的核心价值在于通过整合和优化资源,提供更高效、便捷的服务。

以美团为例,它是一个线上生活服务平台,通过将消费者和商家连接起来,提供包括外卖订餐、酒店预订、电影票、打车等多个服务。美团通过线上下单、在线支付和配送服务,使得消费者能够方便地获取所需服务。同时,商家也可以通过美团平台获得更多的曝光和订单,实现业务扩张。滴滴则是一个基于共享经济的出行服务平台,通过手机应用连接乘客和司机。乘客可以通过滴滴平台预约出行、选择车型,并进行线上支付。司机则可以通过滴滴平台接单、提供服务,并获得相应的收入。

平台模式的优势包括规模化效应、资源整合、供需双方的互利共赢等。目前,平台模式也面临着监管和竞争等方面的挑战。

（3）订阅模式

用户按照一定的周期(通常是每月或每年)支付费用,以获取某种产品或服务的使用权。这种模式常见于各种数字内容服务,如视频、音乐、新闻、软件等。

在订阅模式下,用户通过支付固定的订阅费用,可以获得对产品或服务的长期、无限制的使用权。相比于传统的一次性购买模式,订阅模式为用户提供了更加灵活的选择和更稳定的收费方式。订阅模式也存在一些挑战:对于用户来说,长期的订阅费用累积可能导致负担加重;对于服务提供商来说,需要不断提供有吸引力的内容和功能,以保持用户的订阅意愿。订阅模式已经在数字内容领域得到广泛应用,并逐渐扩展到其他行业。它为用户提供了更多选择和个性化体验,同时也为企业提供了稳定的收入来源和更好的用户参与度。

（4）广告模式

广告模式是一种商业模式,通过提供广告展示和推广服务,从广告主那里获取收入。在这种模式下,平台或媒体公司通过向广告主提供广告空间或推广渠道,展示他们的广告,并根据广告的展示次数、点击量或转化率等指标来获取收益。

广告模式可以为平台或媒体公司提供稳定的收益来源,尤其在用户规模大、流量高的情况下。它也常用于免费产品或服务中,通过广告收入来支持产品的运营和提供免费的使用体验。此外,广告模式可以根据用户的兴趣、行为和偏好提供个性化的广告内容,提高广告的有效性和用户体验。然而,广告模式也面临一些挑战和考虑因素:广告过度投放可能干扰用户体验,引发用户不满和反感;隐私和数据保护问题也需要得到关注,以确保广告投放不侵犯用户的个人隐私权。

（5）数据销售模式

数据销售模式是指通过收集、分析和销售数据,为企业或个人提供市场分析、决策支持等服务的商业模式。这种模式通常涉及大量的数据采集和处理,以及对数据的深入分析和挖掘。数据销售模式可以帮助企业或个人更好地了解市场趋势、消费者需求和竞争对手情况,从而做出更明智的决策。

阿里巴巴拥有庞大的用户基数和丰富的数据资源,可以通过数据分析为商家提供定制化的市场分析报告、目标客户群体分析、产品推广策略等服务,帮助商家更好地了解市场和消费者需求,以及制定有效的营销策略。

对于数据销售模式而言,数据的质量和准确性非常重要。因此,数据收集和处理的过程需要保证数据的可靠性和安全性。另外,还需要遵守相关的数据法律法规,保护用户的隐私权和个人信息安全。

（6）共享经济模式

共享经济模式通过共享闲置资源或服务,提供更加便捷、经济的服务。在共享经济模式下,个人或企业可以将自己的闲置资源（例如车辆、住房、办公空间等）分享给其他人使用,从而实现资源的更合理利用。

共享经济模式的典型例子包括共享单车、共享汽车、共享住宿等。以共享单车为例,用户可以通过手机应用程序租借附近的共享单车,使用完毕后将单车停放在任意合适的位置,方便其他人使用。这种模式减少了城市交通拥堵,降低了对私家车的需求,同时也提供了一个便捷、经济的出行选择。

共享经济模式的优势在于资源的高效利用和社会互助的理念。通过共享闲置资源,可以减少资源的浪费,提高资源的利用率。同时,共享经济也促进了社会交流和互助,提高了资源利用的公平性和可持续性。共享经济模式在当前数字化和互联网时代有着广阔的应用前景。通过合理使用和共享资源,可以提供更加便捷、经济的服务,满足人们多样化的需求,并推动社会的可持续发展。

（7）众筹模式

众筹模式是一种通过线上平台,让大众为创意项目或产品提供资金支持的方式。在众筹模式下,创业者、创作者或创新者可以发布自己的项目或产品,并设定目标金额。感兴趣的人可以通过众筹平台进行资金捐赠或购买相关产品,并在项目达到预设目标金额后获得相应的回报或权益。

众筹模式的优势在于降低了初创企业和创意项目的融资难度。传统的融资方式往往需要面对复杂的流程和高额的风险,而众筹模式则通过让大众参与其中,集结小额资金来支持项目的发展。这种方式不仅可以为初创企业提供资金支持,还可以通过建立用户群体、进行市场验证,从而与支持者建立长期的合作关系。通过众筹平台,创意项目可以与潜在支持者和用户产生直接的互动和交流,建立起粉丝、用户群体。这些支持者不仅提供了资金支持,还可以帮助项目扩大影响力,进行社交化传播。

总之,众筹模式为创业者和创意者提供了一种全新的融资渠道和市场验证方式。通过连接项目方和支持者,众筹模式促进了创新的发展,并推动了创意产业的繁荣。

（8）社交媒体模式

社交媒体模式通过提供用户间的社交互动和内容分享,为用户和广告商提供了一个连接、互动和营销的平台。它在推动信息传播、塑造用户行为和促进商业活动方面发挥着重要作用,并在社交化的时代中持续演化和创新。在这种模式下,平台运营者提供了一个交流和连接用户的平台,用户可以在平台上创建个人或企业账号,与其他用户进行互动,分享内容,发布动态等。

社交媒体平台通过用户的活跃度和用户生成的内容来吸引广告商,并通过广告展示、品牌合作、数据分析等方式获取收入。例如,平台可以根据用户的兴趣、地理位置等信息,投放相关的广告,以吸引广告主的目标受众。

社交媒体模式的优势在于其广泛的用户基础和强大的社交互动功能。用户可以在平台上与朋友、家人、同事等建立联系,分享生活点滴、观点和经验,参与社群讨论等。这种互动和连接不仅满足了用户的社交需求,也为广告商提供了更多的曝光机会和精准投放的可能性。此外,社交媒体模式还具有强大的内容传播和影响力,用户可以通过分享内容、点赞、评论等方式对平台上的内容进行互动和传播,从而扩大内容的影响范围。

(9)付费内容模式

付费内容模式通过提供高质量的付费内容,为用户提供了更好的内容体验,并促进了内容行业的发展。这种模式需要平台在内容选择、用户互动和版权保护等方面进行精心管理和不断创新,以满足用户需求并获得持续的收入。

这种模式的核心理念是提供独特、有吸引力、高质量的内容,以吸引用户愿意为之支付费用。平台通常会与内容创作者、版权所有者等进行合作,确保提供具有价值和吸引力的内容。用户可以通过购买会员、订阅服务或购买单个内容的方式来获取访问权。

付费内容模式的优势在于提供了高质量的内容和良好的用户体验。由于用户需要付费,平台可以聚焦于提供出色的用户体验和精心挑选的内容,避免了广告等干扰因素,这为用户提供了更好的内容品质和更个性化的服务。此外,付费内容模式也有助于内容创作者和版权所有者获得回报,通过向用户收取费用,平台可以将一部分收入分配给内容创作者,鼓励他们持续创作和提供优质的内容。这为内容行业的可持续发展提供了支持,并鼓励更多的创作者和制作人参与其中。

(10)开放式平台模式

开放式平台模式通过提供开放的 API(application programming interface,应用程序编程接口)和工具,促进创新和合作,构建一个多样化和具有活力的生态系统。这种模式为平台带来更多的选择和功能,增强了用户黏性和平台价值。

在开放式平台模式下,平台提供一系列的 API 和工具,使第三方开发者能够访问平台上的功能和数据,并构建自己的应用和服务。这样一来,平台上的功能和服务将得到延伸和扩展,用户可以获得更多的选择和功能。

开放式平台模式的优势在于促进了创新和多样性。通过向第三方开放 API 和工具,平台能够吸引更多的开发者加入,并利用他们的创意和技术,为用户提供更多样化、个性化的应用和服务。这种合作和创新的生态系统有助于不断推动平台的发展和壮大。此外,开放式平台模式还能够增强用户黏性和平台价值。当第三方开发者基于平台构建自己的应用和服务时,用户可以在平台上找到更多的有用和吸引人的内容,从而增加在平台上的使用时间和忠诚度。这进一步提升了平台的价值和影响力。

第二节 商业模式设计

利用客户数据模式

利用客户数据模式是受益于当今技术进步和发展潜力的一个主要领域,它打开了数据采集和处理的领域。主要活动集中在数据收集和分析的公司已经大量涌现,并揭示着该领域中的巨大需求。这种观念反映在日益增长频繁出现的声音中,例如"数据是一种新型石油"。

亚马逊公司便是靠分析和培养客户关系的愿景站住了脚,因为吸引一个新的顾客所花费的成本要比留住一个满意顾客所需的成本高5倍!为了利用这种差异,亚马逊使用销售数据判断产品间的关系,并预测随后会出现哪种购买结果。根据亚马逊的分析调查,仅仅需要相对较少的基本信息就能够精确地预测顾客未来的购买行为。

商业模式设计类似于建筑的规划和设计图纸,是企业运营和实际操作的基础和前提。因此,商业模式的好坏直接决定了企业的发展。下面将商业模式设计分为七个步骤进行讲解:战略选择、市场调研、客户定位与管理、产品价值整体创新、定价、赢利模式和品牌战略。

一、战略选择

(一)商业模式:赚钱的方法

不是你有能力就能赚到多少钱,而是你选择什么样的模式才能赚到多少钱。企业家就是战略家,而战略家就是选择家。"选择比努力更重要"。企业家需要管理未来的事情,而职业经理人则负责管理当下的事情。

(二)三种常见的经营模式

OEM、ODM、OBM 是三种不同的经营方式和利润模式。

从 OEM 到 ODM 再到 OBM,这是大企业和小企业,以及企业不同发展阶段必然的选择,也是资本在利润和风险之间进行权衡后做出的必然选择。企业从 OEM 到 ODM 再到 OBM,是一种发展模式,伴随着企业不同的发展阶段,采用不同的经营方式和利润模式。这也是企业追求持续发展的必然选择。

1.OEM 模式

OEM(original equipment manufacturer 的缩写)也称为定点生产,俗称代工(生产),是指品牌生产者不直接生产产品,而是利用自己掌握的关键的核心技术负责设计和开发新产品,控制销售渠道。这种合作经营生产方式与现代工业社会密切相关,也被称为"代工"或"贴牌生产"。OEM 模式是社会化大生产和大协作趋势下的必然选择,也是资源合理利用的一种有效途径。它是社会化大生产的结果,随着经济全球化发展的加快,需求商有可能在更广泛的范围内选择 OEM 供应商,尤其是转向加工制造成本较低的国家和地区。

2.ODM 模式

ODM(original design manufacturer 的缩写)是指由采购方委托制造方提供从研发、设计到生产、后期维护的全部服务,而由采购方负责销售的生产方式。采购方通常也会授权其品牌,允许制造方生产贴有该品牌的产品。

相比于传统的 OEM 代工模式,ODM 模式具有一定的独特性。在 ODM 模式下,ODM 厂商不仅承担了产品的制造任务,还具备了自己的研发技术和设计能力。这意味着 ODM 厂商可以根据客户的需求进行产品的设计,并提供成型的产品解决方案。

采用 ODM 模式最大的好处是对公司乙来说,他们可以减少自己进行研发的时间和资源投入。相比于自行研发,公司乙可以直接与 ODM 厂商合作,借助其专业的设计和制造能力,快速地将产品推向市场。这大大缩短了产品的上市时间,提高了市场竞争力。

同时,ODM 模式也对 ODM 厂商有一定的好处。通过承担更多的设计和研发工作,ODM 厂商可以加强自己的技术实力和创新能力,从而提高市场竞争力。此外,与客户的密切合作也可以帮助 ODM 厂商更好地了解市场需求,并根据客户反馈进行持续改进和创新。

3.OBM 模式

OBM(original brand manufacture 的缩写)模式是指原始品牌制造商模式,也称为自主品牌制造商模式。在这种模式下,企业自己注册和推广自有品牌,通过发挥自身的设计和制造优势来创建和推广品牌。

与传统的 OEM 模式相比,OBM 模式可以使企业从简单的代工和贴牌生产转变为自主创造和运营品牌。通过拥有自有品牌,企业可以在市场竞争中获得更大的优势。品牌竞争是市场竞争的核心。随着消费者对品牌的需求越来越高,OEM 模式的市场份额逐渐被 OBM 模式所取代。OEM 模式属于低增长型的产业,而 OBM 模式则可以通过品牌建设和市场推广来实现更高的增长。

此外,OEM 模式由于需要大量的生产和转运过程,在对环境的破坏方面存在一定的影响。采用 OBM 模式可以减少环境污染,提高企业的可持续发展能力,并提升企业的国际形象。

二、市场调研

(一)观点

1.优秀企业均关注竞争对手

优秀企业应该注重竞争对手的情报,因为情报是获胜的关键。没有情报就很难在竞争中取得胜利。

2.目标不是"超出客户期望"

顾客的期望是无法永远满足的,因为人们的欲望是无穷的。企业应该将目标定为不断进步,而不是只追求超越客户期望的一次性成就。企业是长期持续发展的过程,需要不断进步和适应。

3.顾客是通过对比来评价的

顾客会通过对比来衡量企业的价值。营销的本质是要比竞争对手稍微好一点点,不需要追求完美。否则,顾客对企业的要求会不断提高,直到企业难以持续满足这些要求为止。

4.合作的本质是互补

合作在于能力的互补。产业链上的伙伴只有能力互补,才能够建立合作关系。能力不互补的情况下,只会导致竞争。

5.商业模式是竞争对手的利器

优秀的商业模式离不开竞争对手的刺激和比较。中国企业的成功往往在于能满足顾客需求,而其失败大多在于忽略竞争对手。

6.复制优秀企业

跟随、模仿和复制的成功率为 44%,而主动创新只有 11%。通过学习其他企业的优点,将它们集合起来成为自己的竞争优势,往往能较快成功。例如,可以借鉴格兰仕在成本管理方面的优势、海尔在服务管理方面的优势、格力在品质方面的优势。

(二)市场调研措施

1.成立情报搜集部门

在商业竞争中,故步自封和闭门造车是无法取得进步的。市场是一个类似于零和游戏的环境,其容量是有限的。如果一家企业独占了市场的全部容量,其他所有企业就会失去机会。因此,击败竞争对手至关重要。为此,可以成立情报搜集部门,专门负责搜集和分析与竞争对手相关的信息,及时了解市场动态和竞争对手的行动。

2.渠道调研竞争对手的方式

(1)对手的网站

浏览对手的官方网站,了解其产品、定价、销售策略等信息。

(2)媒体报道

注意关注媒体对竞争对手的报道,这些报道可能提供有关对手策略、产品创新等方面的信息。

(3)对手的员工

与对手的员工交流,特别是那些已经离职的员工,他们可能会透露一些有价值的信息。

(4)顾客体验

以顾客的身份去竞争对手处体验其产品和服务,从中了解对手的优势和不足之处。

(5)对手的顾客

调查对手的顾客,了解其需求、满意度和购买决策等信息。

(6)上下游供应商

与对手的上游和下游供应商取得联系,了解对手的供应链情况和合作关系。

(7)行业协会

参加行业协会的会议和研讨会,与竞争对手的代表进行接触和交流。

(8)市场调研公司

委托市场调研公司进行针对竞争对手的调研工作,获取专业的市场情报。

(9)对手熟人或亲属

通过人脉关系,获取竞争对手的内部信息。

(10)博览会或展会

参加博览会或行业展会,可以快速了解所有竞争对手的情况。

3.调研内容

企业在市场上需要调研的内容包括但不限于:

(1)客户资源

了解目标客户群体的需求、偏好和消费行为,以及如何吸引和保持客户的相关信息。

(2)产品系列

研究竞争对手的产品线,包括不同产品的特点、定位、品质等方面的信息。

（3）绩效管理手段

了解竞争对手的绩效管理方式，包括目标设定、绩效考核、激励机制等方面的信息。

（4）定价

研究竞争对手的定价策略和定价模式，以及其与市场需求和竞争环境的关系。

（5）渠道

了解竞争对手的销售渠道和分销网络，包括直销、代理商、电子商务等方面的信息。

（6）市场趋势

研究市场的发展趋势，包括消费者需求的变化、新兴技术的应用、法规政策的变化等方面的信息。

（7）品牌形象

了解竞争对手的品牌形象和市场认知度，包括其品牌定位、市场声誉等方面的信息。

（8）市场份额

研究竞争对手在市场上的份额和地位，包括市场份额的大小、增长趋势等方面的信息。

（9）客户满意度

了解竞争对手的客户满意度调查结果，包括客户对其产品和服务的评价、投诉率等方面的信息。

（10）创新能力

研究竞争对手的创新能力和研发实力，包括新产品的研发速度、技术实力等方面的信息。

以上只是一些常见的调研内容，具体的调研内容应根据企业的具体情况和目标来确定。调研的目的是了解市场环境和竞争对手，从而制定有效的市场策略和竞争战略。

三、客户定位与管理

（一）客户定位

1.概念

在当今信息泛滥的时代，消费者往往被大量的营销信息所困扰，过度推销的做法可能会引起客户的厌恶。因此，企业在进行改革和创新时，需要考虑自己的客户定位问题。客户定位是客户关系管理中重要的研究内容，包括确定谁是真正的客户、客户的需求和地位、客户的开放程度以及客户参与研究的意愿等。

2.客户定位属性分析

客户定位的属性分析可以从以下三个方面来考虑。

(1)外在属性

外在属性包括客户的地理分布、产品拥有情况、组织归属等。这些数据相对容易获取,但较为粗略,不能明确区分哪些客户是优质客户,哪些是较差客户。例如只知道某类客户(如大企业客户)的消费能力较强,而另一类客户(如政府客户)较弱。

(2)内在属性

内在属性指客户的性别、年龄、信仰、爱好、收入、家庭成员、信用度、性格、价值观等。通过客户的内在属性也可以进行客户定位,例如 VIP 客户等。

(3)消费属性

消费属性包括最近消费、消费频率和消费金额。这些指标需要从财务系统中获取,但并非每个行业都适用。例如在通信行业,客户定位主要基于话费使用行为特征、支付记录和信用记录等。

通过消费行为来定位客户只适用于现有客户,而对于潜在客户来说,由于消费行为还没有开始,无法定位。即使是现有客户,消费行为定位也仅能满足企业客户细分的特定目的,若要为市场营销活动找到确定的策略,需要进行更多的数据分析工作。

3.客户定位的策略

(1)确定目标客户

企业需要准确地识别谁是他们的目标客户。通过内部账目、客户服务系统、客户数据库以及其他数据来源,企业可以了解客户的身份和信息,从而开展进一步的沟通和互动。

(2)区分不同类型的客户

衡量客户对企业的价值,需要考虑客户的消费潜力和长期价值。可以通过客户的平均收益、高利润产品的使用比例、销售趋势以及支持成本等来评估客户的长期价值。最具价值客户是对企业贡献最大价值的客户群体,最具成长性客户则有潜力成为最具价值客户,而低于零点客户可能会给企业带来负面价值。

(3)与长远利益客户进行高质量互动

企业应该针对最具价值客户、最具成长性客户和低于零点客户采取不同的策略。对于最具价值客户,企业应该让他们感受到自己的重要性,并向他们提供个性化的产品和服务。可以邀请他们参与产品开发和流程设计,以满足他们的需求。对于最具成长性客户,也应提供个性化服务,帮助他们实现成长。而对待低于零点客户,需要采取适当的策略。

(4)提供个性化的服务或满足特殊需求

为了满足最具价值客户的需求,企业应该提供个性化的信息沟通、产品和服务。

企业与客户之间的互动不再局限于传统的商务模式,而是通过互联网平台建立起互动的电子关系。因此,准确的客户定位对于企业业务的开展和效益的取得至关重要。

(二)客户关系管理

1.概念

客户关系管理(customer relationship management,CRM)是指通过对客户详细资料的深入分析,来提高客户满意度,从而提高企业竞争力的一种手段。它以客户为中心,通过建立良好的客户关系,实现客户价值的最大化。

2.特点

中小企业的信息化水平普遍较低,大多只完成了基于进销存和财务管理的信息化基础建设。然而,随着市场竞争的加剧以及产品和服务同质化的趋势,中小企业开始重视客户个性化需求,因此对CRM的需求逐渐增加。中小企业希望获得低成本、高附加值、优质的咨询服务以及易于使用且能够扩展的CRM解决方案。

中小企业CRM市场具有以下特点:

(1)需求相对集中、易于满足:中小企业对CRM的需求主要集中在销售管理方面,管理流程相对简单,目标明确。

(2)数量庞大、有成长性:中国的中小企业市场潜力巨大,随着市场环境的变化和中小企业的高速发展,为面向中小企业CRM市场的供应商提供了广阔的市场空间。

(3)实施周期短、效果明显:由于产品定位和实施目标明确,中小企业能够在较短时间内看到CRM系统的实施效果。

总的来说,中小企业CRM市场需求集中、数量庞大且有成长性,实施周期较短且具有明显的效果。对于面向中小企业的CRM解决方案提供商来说,这是一个充满机遇的市场。

3.CRM的未来发展

CRM的未来发展将聚焦于数据驱动的个性化营销、社交媒体和移动技术的整合、AI和机器学习的应用、云计算和SaaS模式的普及、客户参与和反馈的重要性,以及与其他技术的融合。这些发展趋势将使CRM系统更加智能化、灵活化和个性化,为企业提供更好的客户关系管理和竞争优势。

(1)数据驱动的个性化营销

随着大数据技术的不断进步,企业将能够更好地收集、整理和分析客户数据。这将使企业能够实施更加精确和个性化的营销策略,满足客户的特定需求,并提供定制化的产品和服务。

(2)社交媒体和移动技术的整合

人们在社交媒体上的活动和使用移动设备的行为提供了丰富的客户数据。CRM系统将与社交媒体平台和移动应用程序整合,以便跟踪客户在不同渠道上的互动并提供更好的用户体验。

（3）AI和机器学习的应用

人工智能和机器学习技术将进一步改善CRM系统的功能。通过自动化和智能化的处理，企业可以更好地识别客户需求，预测购买行为，提供个性化推荐，并进行自动化的客户互动。

（4）云计算和SaaS模式的普及

云计算和软件即服务（SaaS）模式将成为CRM系统的主流部署方式。这将使中小企业能够更轻松地实施和使用CRM系统，降低成本，并随着业务增长而扩展。

（5）客户参与和反馈的重要性

客户参与和反馈在CRM系统中将扮演越来越重要的角色。企业将通过各种渠道主动获取客户反馈，并积极响应和解决问题，以提高客户满意度和忠诚度。

（6）CRM与其他技术的融合

CRM系统将与其他技术如物联网、区块链等进行融合，以实现更全面和综合的客户管理和服务。这些技术的应用将改变企业与客户之间的互动方式，带来更多的机会和挑战。

四、产品价值整体创新

（一）产品的功能

产品外延广泛，绝不仅仅局限在使用功能上，"整体产品概念"包含产品实体、服务以及感知。许多传统企业家十分注重产品功能，但他们发现竞争对手的产品虽然品质较差，却销售得比自己好。例如，星巴克公司并没有提供优质的服务、精美的装修，甚至咖啡的品质也不一定比其他咖啡厅更好，价格也不便宜，但星巴克却深受年轻人喜爱。星巴克公司成功的原因是因为它卖的是品牌文化，它传达的核心价值观是"小资生活"。

21世纪的企业家必须从产品思维转向精神需求思维。顾客的需求在变化，价值观在变化，一个时代的人很难理解另一个时代的人。任何人无法改变这些，只有顺应才能成功。例如，购买衣服时，你选择一件衣服通常不是因为其质量，而是因为它的独特性以及视觉上的冲击。

（二）包装

1.集中资源

对于中小企业来说，应该削减用于研究功能和质量的研发投入，将所有资金投入产品的外部包装和市场开发上。起初可以不进行研发，只是进行复制，等到规模发展到一定阶段再进行产品研发。

2.包装要放在战略高度

如果你没有足够的资金来建立品牌，那就先注重产品的包装。当顾客看到这个产品产生视觉效果时，他们会产生购买欲望，产品的包装价值永远超过其功能价值。

3.价值链包装

一个人的成功取决于有多少人喜欢他，喜欢的人越多，成功的速度就越快。因此，产品和服务一定要依赖包装，包装是产品价值链中除了品牌之外最重要的因素，至关重要。

(三)名称

好的名字是成功的一半，好的名字能够在第一时间吸引客户的注意力，并降低传播成本。许多成功的公司其品牌通常只有两三个字，有助于记忆。如果品牌名称超过四个字，将增加传播成本。

(四)服务

21世纪是一个产品过剩、服务不足的时代，在同质化的市场中，服务将成为最大的差异化因素。如果产品很难在战略、文化、溢价和精神享受方面取得突破，那就只能在服务上下功夫。通过提供优质的服务，创造精神享受，让客户产生持续购买力。

(五)产品卖点

卖点是顾客支付更高价格的理由，如果没有理由，顾客只会选择低价产品。例如，蒙牛的"每天一杯奶，强壮中国人"，这里健康就是其卖点。将产品卖点转化为广告语是最简单的方法。企业必须将品牌的核心价值观转化为广告语，这样有利于企业文化的传播和产品卖点的塑造。

五、定价

(一)定价误区

1."薄利多销"

"薄利多销"是一个容易产生误解的观念。因为顾客并不了解你产品的具体成本。即使你以较低的价格销售产品，顾客往往会认为你依然能够盈利，而不会给予你应有的认可。特别是当你向顾客透露了产品的成本信息后，他们很可能质疑这些信息的真实性，对你的说法持怀疑态度。因此，经营者的思维方式对于最终结果的正确与否起着至关重要的作用。

2.定价过低

许多人倾向于用价格来判断商品的价值,如果你定价过低,就会显得缺乏自信,表明对自己产品的品质不自信。

3.过度降价

过度降价会导致顾客对公司失去信心,顾客可能会认为企业不景气才会采取降价策略。如果产品真的无法销售,可以考虑重新包装旧产品并推出新品牌,或者推出新产品并以较低价格销售。顾客通常更容易接受产品价格的上涨而不是下降,所以不要轻易对老产品进行降价。

(二)定价方法

1.高定低优定价法

即采取高定价的策略,并在推广期间提供打折和优惠活动,让顾客感觉自己占了便宜。这样,即使以后涨价,顾客也能够接受。定价是利润的关键杠杆,懂得定价的企业家才是真正优秀的企业家。企业的成本基本上是固定的,稍微提高一点价格,后面的杠杆效应就会非常巨大。

顾客常常认为稀缺的产品价值更高,视高价为高贵之象。越是涨价,顾客就越愿意购买,而降价则会削弱顾客的购买欲望。顾客并不真正了解产品的内在价值,他们只用价格来评估产品的价值。顾客永远不会同情弱者,他们只会支持强者。企业越强大,顾客就越会支持;企业越虚弱,顾客越会离开。

2.目标客户定价法

根据产品想要卖给何种类型的人,制定相应的价格策略。对于非高端客户,可以采用低价策略,而对于高端客户,可以采用高价策略。在定价时要以顾客为中心,考虑顾客能够接受的最高价位,而不是传统的以产品成本和利润为中心的定价方法。只有以顾客为中心的营销策略才是真正成功的。比如 LV(路易威登)的定价理念是:"不要告诉我产品成本是多少,告诉我顾客能够承受的最高购买价格是多少。"

3.差异化定价法

当你能够找到产品之间的差异时,可以采用不同的定价策略,从而找到更大的利润来源。比如,根据包装材料的不同或产品大小的不同来设定不同的价格。

4.小数点定价法

以 99.8 元而不是 100 元进行定价更为合适。这样顾客的心理承受能力会增强,因为价格没有超过 100 元。

以上是几种定价方法,每种方法都有其适用的场景和优势,企业可以根据自身情况选择合适的定价策略。

六、赢利模式

(一)免费策略

通过免费体验或提供免费项目,降低顾客进入的门槛,使顾客感受到舒适和愉悦。顾客之所以不购买产品,不是因为他们不想购买,而是因为他们对你的了解和信任不够。通过让顾客免费体验,了解并认同我们的产品,才能促成购买和成交,逐步吸引他们走进来。

(二)复制模式

低层次的企业只复制产品的功能,而高层次的企业则会复制产品的战略和营销模式。举例来说,ZARA 成功地复制了产品的战略和营销模式,尽管它没有自己的工厂或设计师,却每年创造了 600 亿的营业额。

中小企业应该将资源集中在品牌营销上,集中所有资源展开有力的攻势,做出具有最大杀伤力的事情,以换取最大的回报。例如蒙牛在起步阶段采用设备租赁的方式,待营业额增大后,仍然选择租赁设备的方式。

(三)第三方支付模式

第三方支付模式是指除顾客之外的第三方为顾客支付运营费用,从而使顾客可以享受免费服务。这种模式通过引入广告商或其他合作伙伴的赞助来实现。例如,观众在免费观看电视剧时,广告商为电视剧提供赞助费用;百度提供免费的上网和搜索服务,而企业和广告商则支付相关费用。超市也采用低价策略来扩大人流量,超市本身可能并不是赚钱的,而是通过带动周边商铺的销售和房屋租赁来获取利润。

这种第三方支付模式的优势在于能够吸引更多的顾客,并为他们提供免费的服务,同时通过与合作伙伴的合作来获得收益。这种模式需要寻找合适的合作伙伴,并建立稳固的合作关系,以确保持续的收入来源,从而保持免费服务的可持续性。

(四)直销模式

直销模式是一种变种的分销模式。传统的销售模式中,为了加快产品销售速度,工厂会寻找代理商,但高昂的代理费用对许多人来说是无法承受的,尤其是对小公司而言,要成为全国代理商需要庞大的资金支持。

通过消费来获得分销权是直销模式的核心,即购买一些产品用于个人体验,并使用这些产品向客户进行演示和推荐。当客户购买时,分销商只需通过公司的会员系统下订单,公司可以直接发货,公司本身就拥有自己的仓库,分销商无需囤货,风险较低,只需帮助公司找到消费者。

(五)渠道模式

渠道模式可以按照有无中间商进行分类,分为直接渠道和间接渠道;也可以根据渠道的长度,即根据渠道级数进行分类,有长渠道和短渠道;此外,还可以根据渠道的宽度进行分类,包括密集分销、选择分销和独家分销等。

直接渠道指的是生产商直接将产品销售给最终消费者,没有中间商介入。间接渠道则是在生产商和最终消费者之间存在中间商,通过代理商、经销商或零售商等进行产品销售。

渠道的长度指的是在销售过程中涉及的中间环节数量,长渠道涉及的中间环节多,短渠道则相对较少。

渠道的宽度则取决于销售方在分销渠道上的策略选择,可以是让产品通过大量渠道广泛销售(密集分销),也可以选择在特定渠道或特定地区进行销售(选择分销),或者只选择一个独家渠道进行销售(独家分销)。

七、品牌战略

品牌是消费者和公众对某一特定事物的心理、生理和综合感受的结果。无论是人、景观、艺术家、企业、产品还是商标,都可以成为品牌。

(一)商标战略

根据不同的客户类型,品牌可以被细分为多个商标。在竞争日益激烈的市场中,要想生存下去,必须聚焦。即使多个产品出自同一公司,消费者也会感受到它们代表着不同的公司。因此,越是聚焦,越容易取得成功。举例来说,宝洁公司和联合利华公司在日化产品领域就采用了这种策略。

(二)文化战略

在品牌的文化战略中,通过品牌故事,消费者能够记住企业和产品。因为人们喜欢听故事,所以有着悠久历史的品牌尤其需要挖掘背后的意义。品牌文化即品牌的核心价值观,也是品牌传播的核心价值观。通过研究消费者的购买动机和需求,可以判断和提炼出品牌的核心价值观。

缺乏消费者、粉丝或支持者的品牌往往没有个性和核心价值观。品牌的核心价值观得到越多人的支持,品牌营销的速度也就越快。

（三）品牌的高度战略

品牌的高度战略是指通过文化、语言和文字表达来占据顾客心智，让顾客对公司产生尊重感。以下是三种高度战略的表达方式。

1.构建规模形象

规模代表实力，实力代表信任。因此，在介绍企业时，要强调其规模以占据顾客心智。顾客往往认为规模越大的公司越好。

2.强调速度优势

如果企业没有规模优势，就要突出速度优势。快速行动可以带来资源积累。在顾客心中，快速被视为最好的选择。对于中小企业来说，唯一的发展方式就是追求速度，因为没有速度就没有人才。

3.塑造领导品牌形象

企业需要不断告诉顾客自己是行业的领导者，或者是第一品牌。消费者喜欢第一，因此建立顾客信任感最直接的方式就是告诉顾客自己是第一。即使不是整个市场的第一，也可以找到某个细分市场的第一，并在该市场中建立起领先地位。例如使用"中国门业二十大品牌"这样的宣传语是自欺欺人的，如果确实不是第一，就要找到差异化，例如"中国榆木门业第一"，或者是利用"商务西服第一"的定位来塑造自己的品牌形象。

（四）差异化战略

差异化战略是指通过找到产品在某一方面的优势，并将其聚焦到极致，从而创造价值给顾客，将同类产品卖出不同的效果。虽然我们无法改变产品本身，但是我们可以改变顾客对产品的看法和理解。

企业可以改变人们看待产品的角度。作为企业家和营销专家，我们的目标是引领他人的思维，将产品的缺点转变为优点，并将优点发挥到极致。通过从某一角度找到并赋予产品某种差异，然后不断放大、重复，直至差异在顾客心智中形成质变，创造出产品的独特卖点。

第三节　商业模式战略

套牢：用高转换成本加强忠诚度

在这种商业模式下，客户在使用供应商的产品和服务时会陷入一种困境：如果他们想要更换供应商，将会面临巨大的成本或处罚。这里的成本并不仅指金钱成本，还包括花费时间学习和适应新选择的成本，这对客户来说同样重要。

吉列公司（Gillette）是一家美国制造商，专门生产安全剃须刀和个人护理产品。他们创造了一种一次性安全剃须刀，并成为最早成功运用套牢模式的公司之一。这种模式的原理是：只有吉列品牌的刀片才能与吉列手柄兼容。因此，顾客被迫购买吉列的刀片，从而为吉列带来了高额利润。

基于当今世界经营环境的深刻变化和企业的发展趋势，通过对大量成功案例的分析，人们归纳出商业模式核心战略的五个方面：以价值创新为灵魂，以占领客户为中心，以经济联盟为载体，以应变能力为关键，以信息网络为平台。

一、以价值创新为核心

商业模式的核心在于创造价值。企业的经营核心是实现市场价值，因此必须通过商业模式进行价值创造、营销和提供，以实现企业价值的最大化。商业模式应该回答一系列问题：为哪些顾客提供价值，提供怎样的价值，如何为顾客提供价值等。

（一）注重灵活管理资产

灵活管理资产就是科学配置各种资源，在有限资源基础上实现最大化的企业价值。企业资产包括企业的品牌、经验、规范的流程管理、治理制度、与各方的关系尤其是客户关系、人力资源等，是知识经济时代企业竞争的基础。

灵活管理资产的核心是对知识的有效管理。要求将高效的知识型员工组合成高绩效的工作小组，整合企业资源，包括顾客和供应商，利用网络技术进行有效沟通和协调，提供有价值的生产和服务。灵活管理资产的主体是企业价值链上的所有利益相关者，包括员工、供应商、客户等。灵活管理资产不仅需要战略规划和流程优化，更需要与之相适应的企业文化,并采取相应的激励措施以实现最大的价值创造。

(二)加强企业市场价值管理

加强市场价值管理需要尊重价值规律,确保股票价格与价值的有效匹配。影响股票价格的主要因素有两个:一是内在因素,即股票的内在价值;二是外部因素,即市场对股票内在价值的发现和认可。

提升企业的投资价值需要不断提高经营素质。企业应突出其主营业务,建立强势的行业地位,形成持续的盈利能力,进而不断提高企业市场价值。同时,上市公司还应通过建立严格的治理结构,培养优秀的团队,规范公司运作,增强公司的成长性、透明度和诚信度等措施,创造企业价值,促进企业市场价值的提升。

(三)构造企业价值网

在竞争日益激烈、企业联盟蓬勃发展的背景下,企业价值网成为企业创造和分享价值的关键。企业竞争模式已经不再局限于企业与企业之间的竞争,也不再是单一线性价值链之间的竞争,企业正逐渐从独自创造价值走向合作创造价值,并通过构建多条价值链来构造企业价值网,以适应不断变化的市场环境。

一个典型的成功案例是思科公司,他们运用了一种被称为"外部资源生产法"的商业模式。在这个模式下,思科公司将产品制造的整个系统委托给设计、制造和销售的合作伙伴。利用网络技术,这些合作伙伴看起来就像思科公司自己的一部分。由于无须建立新的工厂,思科公司能够将生产能力扩大 4 倍,使得新产品能够更快速地推向市场,节省了 1/3 的时间。同时,思科公司的员工数量只有传统企业的 1/4,每年节省了数亿美元的开支。

这种商业模式的成功背后是思科公司有效地整合了多方资源,构建了一个快速、可靠和便利的系统。通过将众多的合作伙伴连在一起,思科公司能够充分利用外部资源,实现产品的高效生产和销售。这种合作创造价值的方式使得思科公司能够更好地适应市场环境的变化,提升企业的竞争力和持续创新能力。

构造企业价值网是企业在竞争激烈的市场环境中成功的关键之一。通过有效整合多方资源,建立快速、可靠、便利的合作系统,企业能够更好地创造和分享价值,提高竞争力,并迎接市场变化带来的挑战。思科公司的成功案例为我们提供了一个有益的借鉴,激励着企业积极构建自己的企业价值网,实现可持续发展。

(四)为广义客户创造价值

为广义客户创造价值是企业可持续发展的基础。通过构建适应市场需求的商业模式,企业可以实现顾客价值、股东价值、员工价值和社会价值的统一,实现企业和广义客户的共同繁荣。

1.顾客价值

企业应致力于为顾客提供卓越的产品和服务,满足他们的需求和期望,从而为他们创造价值。优质的产品和服务可以增加顾客满意度、提高忠诚度,并为企业带来持续的业务增长和竞争优势。

2.股东价值

企业应该追求为股东提供持续、稳定和可观的价值回报。通过增加企业的盈利能力和股东权益,实现股东的投资增值,从而吸引更多的投资和支持,推动企业的发展。

3.员工价值

企业应该为员工创造良好的成长和发展机会,让他们能够充分发挥自己的潜力,并与企业共同成长。提供具有竞争力的薪酬和福利计划、培训和晋升机会,建立积极的企业文化和工作环境,激励员工创新和团队合作,从而增强员工的忠诚度和工作效能。

4.社会价值

企业应该承担起回报社会的责任,参与社会公益事业,积极推动可持续发展和环境保护。通过遵守法律法规、尊重人权、关注社会议题、建立良好的企业公民形象,企业可以赢得社会的认可和支持,建立和谐的利益关系,实现自身和社会共同繁荣。

二、以占领客户为中心

商业模式创新必须以客户为中心,由企业本位转向客户本位,由占领市场转向占领客户。这意味着企业需要以客户为中心,立足于为客户创造价值。只有从消费者的角度出发,认真考虑顾客所期望获得的利益,才能够进入到游刃有余的竞争空间。

(一)深入研究客户需求

以客户为中心就要精心研究客户需求。企业应该从客户的角度出发,重要的不是企业能够提供什么,而是客户希望得到什么。客户的期望值比产品本身更重要,提高客户满意度的关键在于企业必须按照客户的要求,有效地满足客户对自己产品或服务的期望。

客户的需求是多样化的,因此企业需要进行筛选,针对客户的特殊需求,实现差别化和个性化的服务。同时,企业还应该预测并引导需求,挖掘客户的潜在需求。关键在于通过前瞻性的判断、适度超前的眼光和科技手段来引导客户。通过研究客户、引导客户和服务客户,企业可以在市场上赢得先机,在竞争中取得成功。

以占领客户为中心的商业模式创新需要企业始终保持对客户需求的敏感性,并不断调整自己的战略和运营方式,以适应客户的需求变化。通过与客户建立良好的互动和沟通,企业可以更好地了解客户的需求,提供更加个性化和符合期望的产品和服务。只有真正占领了客户的心,企业才能在竞争激烈的市场中立于不败之地。

(二)锁定大客户

营销学中的漏斗理论揭示了一个现象:由于企业将管理重点放在售前和售中,导致售后服务中存在的问题得不到及时有效的解决,最终会导致现有客户大量流失。为了保持销售额,企业必须不断吸引新客户,这样就形成了一个循环。然而,争取新客户的成本显然高于留住老客户,从盈利性的角度考虑是非常不经济的。因此,对企业来说,服务好已有的高价值大客户变得非常重要。

无论是哪个行业,大客户都具有收入贡献大和业务增长潜力大的特点,他们是企业的"黄金客户",因此必须锁定大客户,并建立客户经理制度,实施专人服务、顾问服务和终身服务。

1.针对大客户实施定制服务

企业需要指派专门的客户经理与大客户建立紧密的合作关系,全程跟进客户需求,并提供个性化的服务。客户经理可以深入了解客户的业务和市场情况,帮助客户解决问题,提供定制化的解决方案,从而增加客户对企业的忠诚度。

2.实施顾问服务

除了提供产品或服务外,企业还应扮演顾问的角色,主动向大客户提供有关行业趋势、市场情报和发展方向等的信息。通过与大客户的深入沟通和合作,企业可以为客户提供更多的价值,帮助客户实现长期发展。

3.实施终身服务

企业需与大客户建立长期稳定的合作关系,始终保持与客户的密切联系,并提供持续的支持和售后服务。这包括及时解决客户的问题和投诉,并为客户提供持续的培训和技术支持,以确保客户始终满意并愿意与企业保持合作关系。

(三)实施客户互动管理

为了更贴近客户需求,企业必须加强服务,并实施客户互动管理,即将客户置于经营过程的核心位置,让他们参与产品或服务的设计、制作和定价等重要环节。只有通过这样的方式,才能创造出真正能够满足客户需求的新产品,有效提升客户的忠诚度。

例如,戴尔公司始终以客户为中心,其整个设计、制造和销售过程都紧密围绕着消费者展开。公司建立直销网络,首先通过电话拜访客户,然后进行面对面交流,如今更可以通过互联网进行沟通。这些做法使得公司能够及时获得客户的反馈,全面了解客户对产品、服务以及市场上其他产品的意见和建议,并了解他们期望公司开发何种产品。

(四)创造新的附加值

产品的价格实际上由两部分构成:产品成本和附加值。为什么同类型的产品,比如手表,有些售价仅几十元,而有些却可以卖到数万元。其中关键在于产品的附加值。在实践中,创造产品附加值主要有三条途径。

1.文化附加值

随着经济水平的提高,人们对文化消费的需求不断增长,对产品的期待不仅仅是功能,更追求视觉、听觉或其他感官上的享受,这就是所谓的"体验消费"。

2.服务附加值

在新的经营环境下,相较于产品本身,服务变得更加重要。比尔·盖茨曾表示,未来微软 80％的利润将来自产品销售后的各种升级、维修和咨询等服务,而只有20％的利润来自产品销售本身。

3.附件附加值

产品本身的利润越来越低,而附件则成为主要的盈利点。一个典型的例子是网络游戏。这些游戏通常提供免费使用,真正的盈利则是通过销售道具和附件来实现的。业内人士普遍认为,传统的价格战是在做减法,缩减行业规模和市场容量,对行业有害无益。而免费网络游戏则是在做"加法",吸引更多玩家,创造新的需求,扩大整个行业的规模。

三、以经济联盟为载体

当前科技的高速发展和产品的日益复杂化,使得企业无法单独控制所有产品和所有技术。传统的价值链中可挖掘的潜力已越来越少,因此企业需要寻找其他提高生产力的方式。据统计,目前企业创造的价值,1/3 源于企业内部,2/3 源于企业之间。因此,新的商业模式需要以联盟为载体,发展联盟经济,通过合作创造更大的价值,形成更强的群体竞争力。

要发展联盟经济,企业需要做到以下三点:

(一)强化供应链管理

供应链是从消费者的需求出发,经过产品设计、原材料供应、生产制造、批发、零售、售后服务等环节,最终将产品送到最终用户的一系列制造和商业活动的网链结构。企业可以学习香港利丰集团的供应链管理经验,以客户需求为中心,形成整体解决方案,协调各个环节,实现应市产品快速、时宜、质优、量适、价廉、利润高。

(二)打造企业核心竞争力

核心竞争力是企业在市场竞争中取得并扩大优势的决定性力量。它可以是设计能力、制造能力、分销能力、运输能力、品牌或商誉等。企业应该发掘自身的特有知识和资源,为顾客提供关键性的价值贡献,并具备独特性、持久性和延展性等特征。

(三)外包非核心业务

业务外包是供应链管理中的重要组成部分。企业应仅保留最为关键的核心业务,而将非核心业务外包给专业公司处理。应在全球范围内与合适的企业建立战略合作关系,借助外部的资源力量进行整合,以实现更大的自身价值。如耐克公司专注于核心的气垫系统制造,而将其他部分外包给外部供应商。

综上所述,随着科技的发展,企业需要通过强化供应链管理、打造核心竞争力和外包非核心业务来发展联盟经济,以提高企业的竞争力和创造更大的价值。

四、以应变能力为关键

达尔文曾言:"并不是最强壮的物种得以生存,也不是最有智慧的得以存留,只有那些最能适应变化的物种才能繁衍不断。"这个自然法则同样适用于当今经济实体。在商业竞争中,商业模式决定了企业的成败。然而,要成功执行商业模式,应变能力是关键所在。应变能力指的是企业在面对复杂多变的市场时的适应能力和应变策略,也是企业竞争力的基础。

(一)时间成本的重要性

如今,商业竞争已不仅仅是规模经济的竞争,更强调速度经济的竞争,时间成本成为首要因素。企业必须快速做出调整,根据时机、地点、竞争对手以及顾客消费心理的变化等因素,抓住机遇加以发展。为了实现这一目标,企业在搜集市场信息时需注重及时性和全面性,在应对变化时,企业则需要快速且准确地做出决策。

(二)JIT 随需而变

随着市场需求的不断变化,企业必须紧跟潮流,灵活调整策略,以有限的资源获取最大的收益。在这个背景下,准时制生产方式(just in time,简称 JIT)应运而生。JIT 是一种按照市场需求灵活变动的"拉动式"管理体系,它推动企业树立按照市场规律办事的理念,要求企业在每个环节都能准确地提供产品,达到消除浪费、节约时间、降低成本和提高物流服务质量的目标。

JIT 从顾客而非企业或职能部门的角度出发,研究怎样可以为顾客创造价值。

它根据整个价值流程确定供应、生产和配送产品所需的步骤和活动,并力求创造一条无中断、无绕道、无等待、无回流的增值活动流。通过及时满足顾客需求,JIT 实现了由顾客拉动的价值创造,使企业更加敏锐地应对市场变化。

JIT 注重消除浪费,通过不断优化流程和提高效率,追求完善。它强调将资源用在产生价值的环节上,避免资源在等待或无用环节浪费。通过精细的计划、准确的时间控制和合理的物流安排,JIT 实现了时间和成本的节约,为企业创造更高的附加值。

(三)个性化定制

随着全球经济的发展和市场竞争的加剧,传统的市场模式已不再适应动态多变的市场环境。产品的生命周期缩短、品种增加以及顾客对交货周期、价格和质量的要求越来越高,都对企业的商业模式提出了新的挑战。

个性化定制作为一种新的生产方式,全面考虑了企业的制造运作系统控制需求。它能够迅速应对产品品种的增加、批量的减小以及订单的随机性增大等问题。个性化定制具有许多优点,如能够满足客户个性化需求、更好地适应市场快速变化、降低生产成本、促进过程和产品的持续改善,同时有利于企业的长期生存和发展。正因如此,许多企业开始积极实施个性化定制,其中戴尔公司就是个性化定制的先驱者。

个性化定制的核心目标是满足客户个性化需求。在这个信息爆炸的时代,顾客对产品的期望越来越高,他们希望能够获得独一无二的产品,符合自己的个性和喜好。通过个性化定制,企业能够按照每个客户的需求量身定制产品,为客户提供独特而符合期望的体验。

随着市场环境的变化,企业需要更加灵活地适应快速变化的市场需求。传统的大规模生产往往需要长时间准备和生产周期,这无法满足市场上的即时需求。而个性化定制则能够迅速调整生产和供应链,以满足市场需求的变化。这种灵活性使得企业能够更好地应对市场的竞争和挑战。

五、以信息网络为平台

(一)构造虚拟经济的竞争力

互联网的崛起与全球经济网络化、数字化的时代主旋律成为现实。作为现代信息技术的手段,信息网络以其深刻的影响正在重塑人类经济和社会的发展。在这个时代,企业要想保持竞争力,就必须充分利用信息网络的平台。

1.信息网络:打造虚拟经济的竞争力

随着互联网技术的迅猛发展,全球上网企业和用户数量快速增长,网络虚拟空间正成为世界经济新的利润来源。企业应当高度关注自身在网络环境中的生存与发展,构建网络虚拟空间的竞争力已势在必行。

2.商机把握:从虚拟到现实的商业模式

在信息社会中,网络平台孕育出无数商业神话。一个企业如果想要在网络世界中驰骋,并与现实衔接良好,就必须具备敏锐的商业意识。通过线上虚拟食品店,游戏玩家可以选择购买真实物品,并通过专门的配送系统快速将物品送达购买者手中。买家还可选择事先信用卡付款或货到付款。这一合作开创了将传统产业嵌入网游产业的先例,在网络时代实现了"真实生活"与"虚拟生活"的无缝对接。

(二)加快企业商务电子化

随着信息技术的迅猛发展,企业的竞争力与信息化水平密不可分。传统企业管理必须与信息技术有机融合,通过推行企业商务电子化,实现物流、资金流、人员流及信息流的集成管理,进而推动全面的企业管理变革,以提高运行效率和应变速度,为企业的发展开辟新的增长空间。

传统企业管理方式已无法适应当今竞争激烈的市场环境,只有通过与信息技术紧密结合,实施企业商务电子化,才能将企业经营的物流、资金流、人员流及信息流进行集成管理,从而实现整个供应链的高效协同运作。

企业商务电子化采用全新的商业模式,通过信息技术将企业的全部商务活动实现电子化、数字化运作,从而大大提高工作效率,降低运营成本,缩短生产周期,进一步增强企业的竞争能力。通过实施企业商务电子化,企业能够彻底改变传统的管理方式和流程,从而推动全面的企业管理变革。借助信息技术的力量,企业可以实时监控和分析各个环节的数据,及时做出决策和调整,从而提高运营效益和灵活应变能力。通过大力推行企业商务电子化,企业能够不断开辟新的增长空间。在信息化领域,企业能够凭借高效的运营模式和迅捷的应变能力,更好地满足市场需求,抢占市场份额,从而提升竞争力,在激烈的市场竞争中立于不败之地。

(三)推动流程再造

随着信息技术的飞速发展,企业在信息的收集、处理和利用方面发生了根本性的变革。这种变革推动了企业形式的巨大变化,并重构了企业的组织结构。

重构企业组织结构的核心是实施流程再造。在这种结构下,一方面,计算机系统将取代中层管理和控制部门的大量职能,从而加强了决策层与执行层的直接沟通。中层管理的层次减少,机构规模也得到了削减。这样的改变使得组织更加灵活,能够更快地响应市场的变化,提高决策的效率和准确性。另一方面,企业的基本活动单位变成了各种"工作小组"。这些小组的出现改变了管理方式,从传统的控制型转向了参与型。员工在小组中得到充分的授权,能够自主决策、参与项目开发和实施,从而增强了团队合作意识和责任感。这种新的管理方式促进了创新和协作,提高了组织的整体效能。

信息技术的飞速发展还带来了其他一系列的变革。例如,电子商务的兴起使得企业可以通过互联网与全球市场进行交流和合作,打破了地理限制,促进了国际贸易的发展。大数据的应用使得企业能够更好地分析和利用海量的数据信息,提高了决策的准确性和效率。人工智能的进步开辟了新的可能性,让机器能够替代人类完成一些复杂任务,从而提高了生产力。

总之,信息技术的飞速发展对企业产生了深远的影响。通过实施流程再造和重构企业结构,信息技术改变了企业收集、处理和利用信息的方式,推动了企业组织形式的巨大变革。这种变革使得企业更加灵活、高效,并促进了创新和协作。信息技术的不断进步将持续推动企业组织形式的演变,带来更多的机遇和挑战。

 **拓展案例**

ZARA:"快时尚"突击服装业

WGSN 发布的时尚产业与消费趋势 Top10 中提到了一种新的概念——快速时尚,预测它将成为未来十年的消费趋势。现在,这个消费观念已经深受年轻人的推崇,他们的口味会随着最新的周末大片或歌星的新专辑而改变,速度成为一切。在这场与时尚的高速竞赛中,ZARA 是无可争议的佼佼者。

ZARA 拥有超过 200 名年轻的专业设计师,他们的平均年龄只有 25 岁。他们时常奔波于巴黎、米兰、纽约、东京等时尚之都的各大秀场,并以最快的速度推出仿真时尚单品。从设计、试做、生产到店面销售,ZARA 平均只需要三周的时间,甚至有时只需要一周。而相比之下,中国以快闻名的美特斯邦威完成同样的过程需要 80 天的时间。每年,ZARA 设计出近 5 万种新款,实际上投入市场销售的大约有 12000 多种,是竞争对手的 5 倍。

"速度"是 ZARA 占领市场的法宝,而背后的原因是 ZARA 高效的整合式管理。在服装行业,一个产品上市需要经过面料生产及采购、制衣企业成品制造、货品物流运输和品牌终端销售等四个环节。然而,中国大部分服装企业在这几个环节中仍然各自为政,缺乏协作。即使企业提高了运营效率,但如果上下游合作伙伴无法配合,生产过程仍然按部就班地进行。

为了确保整个运营体系的高效性,ZARA 投入大量资金建立了自己的纺织厂和服装加工厂,并在关键销售地区成立了物流运输企业。与其他百货公司或卖场加盟不同,ZARA 只通过专属零售店进行销售,以确保品牌形象和销售渠道的独特性。

与大部分品牌相比,ZARA 在广告上的投入较少,将大部分营销经费用于扩充和改造工厂设备。他们位于西班牙加里西亚省科卢纳的仓库是一座巨大的四层建筑,面积相当于 90 个足球场,连接着 14 家工厂。仓库内有机器人 24 小时待命,用于制造布料和染料的压模,以确保生产流程的高效性,并迅速响应顾客的喜好变化。

高效的治理需要 IT 技术的支持。ZARA 在每个门店都部署了 IT 系统,每个店铺都有自己的货单,店长负责监控产品销售情况,并根据下一周的需求向总部订货。总部通过互联网将这些信息汇总,发送给位于西班牙的工厂,以最快的速度进行生产和发货。店长自行决定采购哪些货品,其绩效考核取决于店铺的销售情况。如果出现库存积压,店长将自行承担这些库存的成本。

ZARA 利用自身的迅速反应能力,迅速检测到最畅销的款式。根据各个门店的销售数据,公司能够快速停止那些不畅销的时装款式的生产线,以避免在销售淡季竞争对手通过大量进货然后以低价倾销的方式获取利润。同时,设计团队与全球各地的店长保持实时电话会议,了解销售情况和顾客反馈,从而灵活调整产品设计方向。顾客购买商品时,店员会将商品特点和顾客数据输入电脑,并通过网络将数据发送回总部。这样,ZARA 能够最大程度地提高产品销售率,有效降低库存,节省成本。通过快速推出时尚且价格亲民的服装,ZARA 在全球迅速赢得了声誉。

案例思考:

(1)试分析 ZARA 服装公司的商业模式。

(2)ZARA 服装公司商业模式的核心是什么?

第五章

团队建设

 ▶ 学习目标

- 厘清团队建设的特征，掌握工作安排的步骤
- 了解如何构建高效团队并持续优化团队结构
- 学习如何有效进行工作安排与沟通

 ▶ 课程思政内容

　　企业就是一个团队，要想在竞争中立于不败之地，很大程度上取决于队伍的团队精神和价值理念。 企业思想政治工作是企业整体发展的强大精神力和思想保证，是用共同的理想教育激发员工热爱企业的热情，增强员工的责任感、使命感，充分调动广大员工的积极性和创造性。 思想政治工作是企业经济工作和其他一切的生命线，它对于凝聚人心、调动员工的积极性、增强员工主人翁责任感、促进企业改革和发展都有着十分重要的作用。

　　二十大报告原文："从现在起，中国共产党的中心任务就是团结带领全国各族人民全面建成社会主义现代化强国、实现第二个百年奋斗目标，以中国式现代化全面推进中华民族伟大复兴。"

第一节　知人善任

松下公司用人六招

一、寻求 70 分人才

松下幸之助认为，人才的雇用以适用公司为好。学历或能力过高，不见得一定有用。适当这两个字很要紧，适当的公司，招募适当的人才，虽然不能达到 100 分，但达到 70 分是不成问题的，有时候达到 70 分反而会更好。

二、人才不是捡来的，必须着意去培养

优秀的人才很难捡到，也很难控制，最好自己用心去培养。每个人都要经过训练，才能成为优秀人才。所以，只有在人心甘情愿接受严格训练时，才能达到理想的目标。相反，若一个人有再好的天赋资质，但不肯接受训练，那么他的素质终将无法发挥。一个领导者想使自己的部下发挥与生俱来的良好素质，就必须实施严格的训练。但还要留意训练方法，如果把旧时候的方法运用到现在，恐怕就会得到相反的效果。

三、培养人才最重要的是确立企业目标和经营方针

经营者如何培养人才呢？当然有种种具体的方法，但最重要的是确立企业的目标和经营方针，也就是必须有正确的经营理念和使命感。公司的经营理念如果明确，经营者和管理者就能基于这种理念和方针达成有效率的领导，员工也遵照这种理念和方针来判断是非，人才自然容易培养。如果没有经营理念和方针，领导者的政策缺乏一贯性，易于被热情和感情左右，当然不容易培养出真正的人才。

四、训练人才重在启发独立

训练人才最重要的事是要让他们多动脑筋，多思考，然后自己制订计划和策略，付诸行动，才能独立自主，才能独当一面。一位领导者最重要的工作就是要启发部属自主的能力，使每个人都能独立作业，而不是变成唯命是从的傀儡。

五、不景气之时正是育人的大好时机

显然，不景气是不受欢迎的，但在不景气时，企业不能只是干着急，而应以积极的态度去处理，可以用人为的力量使景气恢复，有时这反而是一个教育员工和强化公司体制的大好机会。

六、不可雇用朋友

想要你的朋友来公司工作或者帮忙，如果不是事先有言在先，他就会成为你公司内部的朋友,而不是你的员工。一旦出现这种情况,当彼此的意见对立时,因为你要顾及朋友之谊,本该严肃处理的事情就会无法严肃处理,甚至你决断的时候,他会不同意,进而产生对立,这样的对立比一般同事的对立更容易涣散人心,影响士气。

一、认识下属

(一)认识下属的重要性

曹操晚年曾让长史王必总督御林军马,司马懿提醒他说:"王必嗜酒性宽,恐不堪任此职。"曹操反驳说:"王必是孤披荆棘历艰难时相随之人,忠而且勤,心如铁石,最是相当。"不久,王必便被耿纪等叛将蒙骗利用,发生了正月十五元宵节许都城中的大骚乱,几乎导致曹氏集团的垮台。司马懿从王必嗜酒这一细节,预见此人日后将铸大错,以一斑而窥全豹。而曹操在任用王必这件事上犯了一叶障目的毛病,单纯就这件事而言,与司马懿慧眼识人,就有了高下之分。

一些高明细心的领导者,往往能从下属的每一个细微的动作、每一种司空见惯的习性中,窥一斑而知全豹,分辨人的本质和心志。

(二)认识下属的方法

认识下属是建立良好团队关系和有效领导的重要一步。以下是一些认识下属的方法。

1.召开见面会

召开见面会,与下属进行交流和了解。在会议中,可以询问他们的背景、兴趣爱好和职业目标,进一步了解他们的个人情况。

2.团队活动

组织一些团队活动,例如团队建设活动、午餐会或社交聚会。这样可以提供一个放松的环境,让下属更加自由地展示自己的个性和特点。

3.一对一会谈

定期安排一对一会谈,与下属进行详细的讨论和交流。在会谈中,可以详细听取下属的意见和反馈,并了解下属工作进展和需求。

4.观察和倾听

观察下属的行为和表现,注意他们的工作风格和方式。同时,要倾听他们的意见和想法,给予他们机会发表观点和提出建议。

5.建立信任

建立互相信任的关系对于认识下属非常重要。应与下属建立良好的沟通和合作关系,积极支持他们的发展和成长。

6.了解个人差异

每个下属都是独特的个体,有不同的技能、偏好和需求。了解并尊重他们的个人差异,能够更好地适应他们的需求并提供支持。

认识下属是一个持续的过程,需要时间和努力来建立良好的关系。通过有效的沟通和关注,可以与下属建立起积极和富有成效的合作关系。

(三)认识下属应遵循的五个原则

1.直接面谈

耳听为虚、眼见为实,管理者一定要跟下属面谈。这就需要管理者做好充分的准备,不能漫无目的:既要了解下属的背景情况,包括他的毕业院校、家庭基本情况,又要对员工的个人情况做到了如指掌,从而掌握谈话的主动权。通过下属的资料再听其言、观其色,你就能对下属的水平、见识、段位,有一个初步的判断,方便以后量才施用。

2.平时观察

仅凭一两次谈话就想把下属看透,那肯定是不行的。所以,平时要多多观察,发现下属的问题要及时沟通,发现下属的优点要及时给予表扬。同时,还要观察下属有哪些爱好,跟什么人交往比较频繁,下属是如何管理自己的时间、情绪、精力的,通过这些信息,来对下属做进一步的了解和判断。

3.留心观察

知道了下属的基本信息后,我们就要考察下属到底有哪些真才实学。用有针对性的工作任务,来考察他某些方面的能力。比如说,可以是一次会议的策划组织,也可以是一个饭局的安排,也可以是跟客户的拜访沟通,通过这些具体的事务,来观察下属的实际工作能力。

4.他人评价

了解一个下属,比如下属的人品,平时的性格,做事的态度,不仅要从正面了解,还要从侧面,从他周围的人那里去打听。这样了解到的信息会更多,对下属也就看得更透彻。

5.工作绩效

观察下属还可以通过观察其工作结果来了解。比如工作结果是否达到了企业要求,是否超越了工作期望,是否达到工作绩效。一个人是否优秀,工作绩效绝对是一个必须考量的因素。

(四)管理下属的四个原则

1.以身作则

说得再多,还不如亲自做一遍。部门经理要以自己的工作态度、工作方法和待人处事的原则去影响员工,用行动教育员工。

2.担当责任

有的时候为员工担当一部分责任,能够表现出对员工的爱护,激发他们的工作热情和潜力。

3.支持员工

部门经理必须了解自己的下属,知道员工的工作能力、性格等基本情况,根据员工各自的特点发挥他们的特长,做到人尽其才。对新入职的员工或者是有潜力的员工,可以考虑给他们犯错误的机会,使他们从错误中学习体会到更多的内容。当然部门经理要注意控制这个错误的成本。

4.纠正错误

不要怕员工犯错误,但是,在员工犯错误的时候要及时地指出来并纠正错误。纠正错误时要讲究方式和方法,既要让员工认识到产生错误的原因,确保不会再犯,又不能打击员工的工作积极性。

二、人尽其才

(一)人尽其才的重要性

刘备之用诸葛亮、刘邦之用萧何、秦始皇之用李斯等,方法都是"发掘对方的优点,容忍对方的缺点,使对方有被重视的感觉"。一个领导者,要做真正的"伯乐",既不能任人唯亲,重用歪才,也不能苛求全才,而对在某些方面有缺点或弱点的人弃之不用。

人尽其才、物尽其用。有才的人如果不被重用,同样会心存不满,要么怠工、要么跳槽,使公司痛失人才。人才放对地方是资源,放错地方是垃圾,看起来再不起眼的人,用对地方也会发生意想不到的用处。

(二)如何做到人尽其才

1.不嫉才,不疑才,要有肚量

美国钢铁公司创始人卡耐基就是一位善于网罗人才和使用人才的领导者。20世纪初,面对同行的竞争,卡耐基决定反击。卡耐基重用他的得力助手查尔斯·施瓦布将对手赶上绝路。施瓦布不负众望,以他独特的演说魅力,从未来世界对钢铁的需求,谈到了专业化;从关闭效益差的厂子,把精力集中在看好的行业上,谈到了提高效益必须重组机构;从一般管理费用和行政部门的开源节流,谈到捕捉国际市场信息等等,终于说服了银行大王摩根。根据摩根的建议,卡耐基把自己的公司低价出售,联合7家钢铁公司,成立了世界工业史上最庞大的钢铁托拉斯。施瓦布因其出色的才能而被委任为总裁。卡耐基不忌才、不疑才,扶持重用助手,最终成就了自己,成为

"商贾中之王者"。卡耐基仰赖他一手组建起来的智囊团的"集体智慧","点钢"成金，成为当代巨富，足以让后世的管理者引为楷模。

2.与人才建立良好的人际关系

"管理是一门艺术"，只有科学地采用适合于彼此的工作方法进行管理，才能够有效地发挥人才在企业中的作用。基层领导在管理中，想要发挥人才的作用，就需要和他们建立良好的人际关系，让人才从心理上认可领导的能力，才能投入工作中。基层领导在人才管理的过程中，一定要避免出现严重的冲突，要采取和谐互助的方式进行管理，多做相关人才的思想工作，在工作中要避免简单生硬和感情用事的管理方法，避免出现不必要的误解和纠纷，扬长避短，因势利导，进而赢得同事们的支持与配合，这对其后期工作的开展以及决策的制定和落实有着积极的影响。另外，在人际关系中，领导的语言艺术也直接影响到被管理者的接受程度，良好的语言艺术能够激励人才积极投入工作，同时也能够形成良好的信任团体，进而更大限度地发挥人才的作用。

3.人尽其才

现代科学管理要求领导必须善于区分不同才能和素质的人。世界上只有混乱的管理，没有无用的人才，领导者应重视别人能干什么，而不是不能干什么。在企业管理中，基层领导做到人尽其才，才能够有效地实现人才资源的合理配置。而在使用人才前，首先需要做好对人才的辨识，选准人才、选对人才。这要求基层领导和基层人员进行良好的沟通和交流，了解和掌握基层人员的知识和技能水平。基层领导要坚持走群众路线，树立发扬民主的管理观念，在人才的选用中，通过自身对基层人员的了解，进而和集体举荐人才的方式结合，从而选取真正具有能力的人才。同时，为了保证人才切实符合使用的要求，基层领导还需要对人才进行一定的考核，通过相应的专项调查或者实地查访，来保证人才选用的质量。

4.人无完人

古人有训，"金无足赤，人无完人"选用人才时，要坚持德才兼备，但不可要求每个人都是完人。以完人来要求人才，不仅会损害人才，也会给自己的事业带来损害。

春秋战国时期，楚庄王打了胜仗，在宫中大宴群臣，还叫出自己最宠爱的妃子许姬，轮流为群臣斟酒助兴。忽然一阵大风吹进宫中，蜡烛被吹灭，宫中立刻漆黑一片。黑暗中，有人扯住许姬的衣服想要亲近她，许姬便顺手拔下那人的帽缨并赶快挣脱离开，然后许姬来到楚庄王身边告诉楚庄王："有人想趁黑调戏我，我已拔下了他的帽缨，请大王吩咐点灯，看谁的帽缨没有就把他抓起来处置。"

楚庄王不动声色地对众人喊道："各位，今天寡人请大家喝酒，大家一定要尽兴，请大家把帽缨拔掉，不拔掉帽缨不足以尽欢。"于是，群臣都拔掉自己的帽缨，楚庄王再命人点亮蜡烛，宫中一片欢笑，众人尽欢而散。3年后，晋国侵犯楚国，楚庄王亲自带兵迎战，交战中，楚庄王发现自己军中有一员将官，总是奋不顾身冲在前，所向无敌,众将士也在他的影响和带动下,奋勇杀敌,斗志昂扬。结果晋军大败,楚军取胜回朝。

原来那位将官就是三年前那个被王妃拔掉帽缨的人,他是用生命来报答楚庄王的恩德。"水至清则无鱼,人至察则无徒",管理者应该宽容那些有瑕疵的员工,这样才能更好地发挥员工的积极性,并强化上下组织关系。

"宰相肚里能撑船"。越有能力的人,就越能宽容;一个小肚鸡肠的人根本不可能有所成就。领导者应独具慧眼,善于由显见隐,从貌似平常的事情中发现下属不凡的特质,学会由小见大,从细小的事情里透视出人才的重要特征。只有做到了这些,才会更好地发挥人才的主观能动性,为企业创造出更多的财富,为社会做出更大的贡献。

(三)情景领导模型

情景领导模型,是由组织行为学家保罗·赫塞(Paul Hersey)和管理学家肯·布兰佳(Ken Blanchard)在 20 世纪 60 年代提出的。情景领导模型是一种管理理论,用于解释和指导团队建设和领导行为。该模型认为,在不同的情景下,采用不同的领导风格会产生最佳的效果。它强调领导者应根据情景的需求和成员特点来调整自己的行为,以实现团队目标。

情景领导模型主要包括以下几个要点。

1.情景因素

情景是指组织的内外环境,包括任务要求、成员能力和动机、工作环境等。领导者需要了解情景因素对团队绩效的影响,并根据这些因素来制定适当的领导策略。

2.领导风格

情景领导模型认为领导风格可以分为任务导向型和关系导向型两种。任务导向型领导者关注任务目标的实现,强调任务分配、监督和绩效评估;关系导向型领导者关注成员的情感需求和人际关系,重视沟通、支持和社交。

3.领导行为

根据情景的要求,领导者需要调整自己的行为风格。对于高度结构化的任务和成员能力较低的情景,任务导向型领导风格可能更为有效;而对于不确定性较高、成员能力较强、需要激发创新和合作的情景,则关系导向型领导风格更加适用。

4.灵活性

情景领导模型强调领导者需要具备灵活性,根据情景的变化进行及时调整。在不同的情景下,领导者可以灵活地运用任务导向型和关系导向型领导风格,并根据团队成员的需求进行个性化的管理和激励。

5.团队发展

情景领导模型也考虑了团队的发展过程。在团队初创阶段,领导者通常需要更多地提供指导和支持;当团队成员逐渐熟悉工作和相互信任时,领导者可以逐渐转向委托和赋权,激发团队成员的自主性和创造力。

通过应用情景领导模型,领导者可以更好地适应不同的团队建设情景,最大限度地发挥团队成员的潜力,促进团队的合作和绩效提升。

三、团队优化

(一)团队优化的重要性

团队建设的好坏象征着一个企业后继发展是否有实力,也是这个企业凝聚力和创造力的充分体现。通过合理的激励考核、系统的学习提升,全面提升团队的核心创造力,企业才能战无不胜,产生聚集效应,从而获得更大的市场份额。

(二)如何进行团队优化

1.选好对的人

想要优化团队,让一个团队变得高效,首先要做到的就是选对人。团队是由个人组成的,个人在团队中的作用不容忽视,团队需要不同技能和性格的人才。所以,一个管理者要做的第一件事,就是让合适的人才不断被吸引进来,通过合适的激励机制,让有能力的人愿意在组织中努力学习、不断进步并发挥出自己的力量。

2.设计合理的组织结构

当人才进入到团队之后,管理者需要通过合理的组织结构,将优秀的个人有机地组织起来。团队成员相互支持,相互依赖,在完成共同任务的过程中形成共同目标,逐渐找到共同的规范和做事方法,达到团队"1+1>2"的集体效能。

3.设定阶段性目标,缩短完成周期

设定目标是任何项目工作的第一步,也是最重要的一步。如果一开始的目标和任务是不确定的、模糊的,那么团队中的成员就都会以自己的方式理解目标和任务,这就很容易导致纠纷和错误。

为了鼓励员工成长和进步,我们应该以结果为导向,设定短期目标,以增强团队凝聚力和使命感。如果把目标设置得太长,就很容易使团队成员感到劳累。

(三)团队优化的基本原则

1.认同性原则

认同性是主体内在感情的一种外在表现形态。它要求领导班子成员之间在团队管理活动中,必须尊重其他成员的感情,在对一些重大的事件与原则问题上,都保持共同的认识或评价。这种认同性,是相互间以诚相待的结果。古人说"同德则同心,同心则同志"。团结的领导班子有一个共同特点，就是大家"同命运、共呼吸、心连心"，发扬团队精神，争取"团队冠军"，一荣俱荣，一辱俱辱。

2.平等性原则

成员要用平等的观点处理相互关系。不管是领导者，还是被领导者，在政治、法律、经济和人格上，都是平等的，都享有同等的权利和义务。中国工农红军被誉为"创造了一个个奇迹的伟大团队"，在艰难困苦中取得了长征的胜利，官兵平等是其中的一个重要原因。红军在井冈山建立之初，就坚持实行民主制度，军官不准打骂士兵，开会时士兵有发表意见的权利和自由，所有人一律平等。井冈山初期，朱德和战士们一样扛着扁担下山去挑军粮，长征途中，领导们和战士们一起挨饿，延安时期，周恩来也有自己的一辆纺车，和大家一起纺线织布。这些事情虽然小，却从细节中表现出红军官兵内心的平等观念，这正是他们战胜困难，永远团结，立于不败之地的重要法宝。

3.和谐性原则

和谐性是指领导班子成员在工作中心情舒畅、配合默契的特征。和谐是以情感为基础的，而情感是客观事物是否满足人的内心的体验。情感具有的两极特性，决定了它对管理人员的活动具有强大的动力性和制约性，从而在人的工作和交往中常常表现为积极或消极的心态。战国时吴起有句名言："不和于军，不可以出阵；不和于阵，不可以进战；不和于战，不可以决胜。"至今传为佳话的"刘邓不可分"，就是这样的真实写照。从抗战初期开辟太行山到解放大西南，"刘邓"并肩战斗了13年，共同导演了许多惊天动地的战争。"刘邓"善于团结共事的高尚风格，在今天仍是各级领导的表率。

4.相容性原则

相容性是指领导班子成员之间相互容纳、气氛融洽的心理状态。它能创造一种愉悦的心理气氛，增进彼此之间的友谊，从而促进团结，发挥个体的心理潜能，提高管理效能。团队领导班子成员在处理工作和人际关系中，要从事业的大局出发，大事讲原则，小事讲风格，宽容别人的傲慢，宽容别人的狭隘，求大同存小异，遇事多商量。

5.互补性原则

所谓互补性是指领导班子成员之间扬长避短、相得益彰、密切合作的心理状态。由于个体的禀赋条件、后天努力程度及其他环境影响的不同，班子成员之间必然存在着性格、气质和能力上的区别。为尽可能发挥各自的优点和特长，组合成最优化的团队，取得管理的最佳效能，团队必须进行心理上的互补性建设。

刘邦平定天下后，说了一段千古流传的佳话：运筹于帷幄之中，决胜于千里之外，我不如张良；指挥百万之军，战必胜，攻必取，我不如韩信；筹饷粮于后方，接万里之军营，我不如萧何。"此三者，皆人杰也，吾能用之，此吾所以取天下也。"由此看来，互补的领导班子成员帮助刘邦在长达五年的楚汉之争中，打败了"勇冠三军"的项羽，开创了汉代基业。

第二节　工作安排

竞选经理

王大有是某公司行销部门的六位课长之一,最近该部门经理职位出缺,王大有是三位被考虑提升补缺的人选中最被看好的一位,这三位人选在工作推动及协调上关系极为密切。从去年开始,营销部门员工业绩已呈下降趋势,员工缺勤及流动率偏高,面对这些恶劣情况,外加上级主管的压力,行销部门原任经理不得不请辞,行销部门的现况是,虽不至于到达存亡关头,但却值得高度警惕。该部门的员工已认识到情况的严重性,他们经常公开讨论部门经理之缺究竟该由谁来填补,甚至在私底下预测新任的经理能待多久。某天,公司总经理约王大有共进午餐,向他透露,他已被内定为行销部门代经理,并指出倘若他能在未来半年内化解行销部门危机,将升任经理职位。

请思考:假如你是王大有,你会不会接任代经理一职? 原因何在?

一、目标和计划

(一)目标和计划的含义

目标是对活动预期结果的主观设想,是在头脑中形成的一种主观意识形态,也是活动的预期目的,为活动指明方向,具有维系组织各个方面的关系,构成系统组织方向核心的作用。

广义的计划是指制订计划、执行计划和检查计划执行情况三个紧密衔接的工作过程。狭义的计划则是指制订计划,即根据实际情况,通过科学的预测,权衡客观的需要和主观的可能,提出在未来一定时期内要达到的目标,以及实现目标的途径。通常我们这样描述:计划就是5W1H——做什么? 为什么做? 何时做? 何地做? 谁去做? 怎么做?

(二)目标和计划的重要性

管理者的成效往往是决定组织工作成效的最关键因素。并不是只有高级管理人员才是管理者,所有负责行动和决策而又有助于提高组织工作效能的人,都应该像管理者一样工作和思考。

如何才能成为卓有成效的管理者？彼得·德鲁克的《卓有成效的管理者》一书阐明了"卓有成效的管理者"的五大法则——时间管理、注重贡献、用人所长、要事优先、有效决策。

如果把这五大法则比作珍珠，目标就是把这五大法则串联成精美项链的那根线。没有目标，时间管理只能是一句空话，贡献根本没有方向，人的所长无从谈起，事的优先和重要性也不可估量，决策的选择没有价值的准则。

（三）目标的三大层次

第一层：操作目标，也称为短期目标，时效一般为 1 年。它的制定须满足SMART(目标管理原则)，其中 S 为具体的，M 为可测量的，A 为可实现的，R 为相关的，T 为有明确的截止时间的。这也是目标管理在操作意义上最重要的内涵。

第二层：战略目标，也称为中长期目标，时效一般为 3～5 年。和操作目标不同，战略目标的制定没有固定"算法"，不能通过简单的趋势外推，否则将扼杀"人之为人"所应拥有的创造力与创新潜能。战略目标应该通过高标定位（bench marking），寻找到理想状态的现实表现，以此来引领方向，鼓舞斗志，明确组织朝哪里去。因此，心怀战略目标对管理者而言至关重要。

第三层：终极目标，这里涉及愿景、使命和价值观的概念。所谓愿景，是终极目标在不同发展阶段上的表达。所谓使命，是愿景和终极目标所产生的更广泛的社会意义。所谓价值观，是围绕着终极目标展开的一整套"什么重要，什么不重要；什么对，什么错；什么好，什么坏"的衡量标尺。

（四）制定目标和计划需要注意的事项

1.目标不一定合理

目标是对未来的预测。计划的起点是目标，同样，目标也是计划的重点。因此目标对于计划而言是非常重要的。很多时候，人们总是希望目标合理，但是目标是对未来的预测，而预测往往无法合理。为什么目标要基于对未来的预测呢？因为目标解决的是未来的问题，而不是现在的问题。设定目标的时候，并不是看企业自身具有什么资源，具有什么能力，更重要的是要判断发展的趋势以及所面对的竞争。如果不能够基于这些来设定目标，而是基于自身的能力和资源来设定，也许目标合理，能够实现，但是当目标实现的时候，也许你的企业已经被同行和市场淘汰。所以，在管理中，不要去探讨目标的合理性，因为它一定是不合理的。对于目标而言，不是探讨合理性，而是探讨必要性。

2.一定要在意行动

计划的一个主要特性是行动，而且必须保证行动是合理的。计划最真实的含义，就是确保行动合理，能够找到资源，以实现不合理的目标。计划从本质上讲是寻找资源的计划，即不断地寻找资源以实现目标。这就要求我们特别注意两个问题：一是不要和上司探讨目标的合理性问题，另一个是要与上司探讨资源的问题。好的管理者，一定是承担目标，但是寻求资源，只有主动承担目标而又不断地寻找资源的人，才能够体现出经理人的本色。

因此，目标并不是关键，关键的是实现目标的行动，也就是寻找资源的行动要合理，只有行动合理了，目标才会实现。某种意义上讲，计划就是行动的安排。没有行动的计划是无效的，没有计划的行动是致命的。在实际工作中确保计划是有行动的，而行动是有计划的。

很多管理者对于目标非常在意，每一天都在分解目标，每个月都在检讨目标是否实现，每个季度都在分析目标达成或者没有达成的原因，每一年都在做目标的总结。表面上看这没有什么错误，但事实上是错了。如果如此在意目标，不断地分析目标达成的影响因素，对于目标实现而言是没有多大帮助的。如果把目标放在一边，花费所有的时间来讨论、分析和总结实现目标的行动的合理性、资源的安排以及时间的控制，则目标一定更容易达成。

3.找到实现目标的关键

我们可以把目标称之为理想状态，理想状态和现实之间一定有一个差距，这个差距可以用来作为确定行动合理与否的出发点，只要行动可以缩小和消除这个差距，行动就是合理的，这就是制订计划的关键。

20世纪90年代，日本儿童用品生产商打算全面进入中国市场，而在这之前并没有在中国市场取得好的竞争位置。他们决定用3年的时间，让日本儿童用品在中国市场获得前10名的地位。为了这个目标他们开始制订计划。他们发现理想与现实差距非常大，现实中，日本儿童用品在中国没有影响和市场优势，而理想目标是进入前10位，差距是从"0"到"10"。他们决定寻找缩小这个差距的策略点。在反复分析中国的市场情况之后，他们的选择是以拍摄动画片的方式进入中国市场。之后，一部部日本动画片在中国市场播放，那些动画片上的故事和品牌深入小孩子的心，3年后，中国儿童用品市场前10位有8个是日本产品，排在第一的就是"Hello Kitty"。

拍摄动画片就是这个计划的行动安排，虽然设定3年做到中国市场前10名是一个非常具有挑战的目标，但是因为寻找到缩小差距的策略点，行动的合理性保证了目标的实现。所以，最关键的就是找到解决差距的策略点，围绕着这个策略点展开资源和行动，目标就会实现。

大部分人制订计划的时候，并没有关注到这个问题，只是分解目标，探讨目标实现的可能性，而没有了解理想和现实之间的差距，更加没有根据两者之间的差距来确定行动的方向和资源的获取。在做工作计划的时候，一定不要只关注怎么样实现目标，而是要关注目标和现实有多大距离，经过反复讨论就会得到可行的行动计

4.计划的有效性

计划作为管理职能，是否能够发挥作用，取决于计划是否有效。大部分情况下，企业在制订计划的时候，往往采用从下往上的方式，即先让下面的分公司或者部门确定本部门或者分公司的计划，再汇总到总公司来确定总的计划。这种方式下产生的计划，其有效性就大打折扣，因为人们确定计划的出发点不同。如果考核时完成计划就给予奖励，分公司就会想尽办法让自己的计划目标小一些；而如果匹配资源时和计划目标值挂钩，分公司就会想尽办法提高自己的计划目标，不管最后能否实现，先获得资源再说。因此这样制订计划的方式是非常错误的，需要纠正过来。

保证计划的有效性，有三个最重要的因素：

（1）管理人员对计划的态度

在下达计划和确认计划的时候，安排正式的场合，不要简单或太过随意，而是要隆重和正式，如正式地签订目标责任书，这样会从形式上给管理人员一种认知："计划不是说说而已的。"从而，管理人员对待计划的态度也自然认真起来。

（2）不要用原来的方法解决问题

计划为什么失效？主要是外部环境改变的时候，人们还是采用原来的方法来解决问题。

（3）上司的支持不够充分

计划得以实现的前提条件是上司支持下属去实现计划。计划的实现需要资源，只有上司可以解决资源的分配问题，因此，获得上司的支持是保证计划得以实现的条件，也就是计划有效性的一个来源。

5.目标管理

目标管理是由彼得·德鲁克提出来的重要理论。目标是成就的标准、成功的尺度、行为的诱因。彼得·德鲁克指出，管理成效取决于目标设置和目标协调。通过目标设置可以激发动机：既为共同事业而奋斗，又为个人需要而努力。目标必须具体、明确、适当且要事先制定。每个人的需要可以通过个人目标的实现得到满足。更重要的是，积极性的调动是重视目标和追求目标的过程，组织的领导人要使各级人员都能看到实现个人目标的可能性，这是调动积极性的关键。目标使人努力，努力使人取得成绩，成绩使人自信自尊，自信自尊使人有更大的成绩。

二、布置任务

（一）如何布置任务

1.明确布置任务的目的

布置任务绝不是单纯为了保质保量地完成工作任务。除此以外，还有几个目的：

激发下属的潜力,让他能超常发挥;发现人才;培养人才;营造氛围。想要达到这些目的,有两个前提:

第一,对工作任务进行分析并分类。要对任务的重要性、紧急性、困难程度,所需的能力等有一个基本的判断。

第二,充分了解下属的能力、意愿。也就是要知人善任,对下属的优劣势、心态、能力等等,做到心中有数。

2.明确任务类型

任务按照不同的特质可以划分为多种类别:

第一种,最常规的方法是时间四象限法,按照重要和紧急程度划分为重要紧急、重要不紧急、紧急不重要、不重要不紧急四类。

第二种,按照重复性(突发)划分为突发性与常规性。

第三种,按照任务所需的能力划分为开创性与例行性。比如开拓新的市场、开发新产品、组建新团队等,都是属于开创性的任务。按部就班的例行工作,如编制报表、采购等有一套成熟的运作流程,只需按流程去完成即可,因此属于例行性工作。

第四种,按照时间长短划分为长期性与临时性等。

第五种,按照难易程度划分为艰难型、中等难度、普通型等。

3.明确责任人

前提是要知人善任。知人善任,就是给任务找到合适的人,指的是能达成目的,不仅仅是能完成任务,还有可能是为了考察下属,也可能是为了培养下属。要知人,就要了解他们的能力、性格、处事风格,以及喜好、价值观、优势等。

常用的分类方法也是四象限法,用能力与意愿进行分类,划分为高能力高意愿、高能力低意愿、高意愿低能力,低意愿低能力这四大类。

4.明确资源

即明确完成任务所需的资源以及可提供的资源,如人、财、物等。布置任务时,最容易犯的错,是往往低估了完成任务所需的时间、人员、财力、物力、权力等,而下属由于各种原因,往往不会主动提出来,最后管理者只能被动接受不好的结果,却把责任归咎于下属。

5.明确完成任务的期限

没有期限就会导致可做可不做。应提前告诉下属完成任务的期限,让其在规定时间内完成。

6.明确标准

即明确任务完成的质量标准以及关键节点、奖惩标准。

7.再次确认任务

即确保下属理解了任务,避免出现混乱不清的情况。

（二）布置任务的后续

1.追踪与检查

对于各项任务要进行追踪检查,随时纠正,对于关键节点更要高度重视。检查分为过程检查和结果检查。

过程检查有三种方式:一种是抽查,一种是投诉,一种是到现场查看。随着管理层级的增加,因为精力有限,过程检查应当逐渐减少。

结果检查有三种方式:一是查看报表,二是开会当面听取进度,三是例会汇报。由于管理者的时间与精力有限,因此应当以重要的事情作为重点检查对象。非重要或常规性工作,只需抽查或其他方式检查就可以了。

2.奖惩与复盘

针对过程及结果实施奖惩,组织重点任务的总结复盘。

三、工作汇报

（一）工作汇报的重要性

在市场变化莫测、竞争激烈的环境下,企业的领导常常遇到困难或者面临该做出何种决策的难题,这个时候就需要下属提供正确的信息,而工作汇报就是为了让领导能够获得准确有效的资料,以便做出决断。因此,一个优秀的员工必然是一个善于汇报工作的人,因为在汇报工作的过程中,他能得到领导最及时的指导,因而他也能得到更快的成长,也因为在汇报工作的过程中,他能够与主管建立起牢固的信任关系,得到主管的赏识,进而获得更多展现自我的机会。

（二）工作汇报的程序

工作汇报程序分为一般程序和特殊程序。一般程序是公司所规定的常规程序,比如,通过各种会议进行专题汇报和每月的工作汇报等。特殊程序就是针对企业在运行管理中存在的亟待解决的问题,临时向上级主管或公司进行汇报;对待公司高层管理临时交办的工作,也应采用特殊汇报程序。特殊汇报程序最显著的特点就在于汇报的及时性。

（三）工作汇报的注意事项

1.注意汇报对象和场所。

不同的汇报对象和场所,应运用不同的汇报方式。一般汇报程序,如每周例会汇报时,汇报的场合和对象都是公开公众型,此时的汇报应严格按会议汇报的要求进行,控制汇报的有效性(主题明确、时间控制);在每月的书面工作汇报时,汇报的对象是公司最高管理者,重点就是工作思路和工作建议,此时成绩和问题都要实事求是地谈到,不可只谈自己的工作业绩,而回避工作中存在的问题,向最高管理者提出自己的建议时,应有充分的论据和解决问题的思路。特殊程序汇报时,在面对只有最高管理者一人进行交流汇报时,可以畅谈个人的看法,不要刻意回避问题,尤其在汇报自己不同的工作思路时,不要诋毁别人的意见或想法。

2.注意汇报的主次

重点问题重点汇报,次要问题次要汇报,无关问题不要涉及。对主要问题可以着重进行阐述,尽可能使汇报对象了解缘由。在书面工作汇报时,如提出新的工作方案时,必须有工作目标、完整计划和实施方法,不能只谈问题,不谈解决方案。

3.注意汇报过程的自我控制

一是情绪上的控制,尤其在问题汇报时,保持平静的心理状态,便于交流和沟通;二是内容的控制,做到突出重点、条理清楚;三是时间控制,这是汇报非常关键的一个问题,过长的汇报会让人产生疲劳感,要注意汇报对象的反应,如果对方表现出比较感兴趣,可以扩展一些,如果对方表现出精力不集中,应尽量缩短汇报时间。

4.注意汇报效果反馈和上级意见

在汇报过程中,汇报对象可能会提出一些意见和看法,这个时候,应认真听取,而不要过多地辩解或打断汇报对象的话语。在汇报结束时,一般情况下,汇报对象会就相关问题进行讲评,汇报者要认真思考,进行必要的分析,有疑问的可以及时提出,进行交流。

(三)工作汇报的六个要点

1.给选择题

在日常工作中,向领导汇报提出问题的时候,同时也要给出几种解决方案,还要分析方案的优劣势,最后说明合理的建议和理由,供领导选择和决定。

2.突出重点

在和领导谈话前要先想好谈话的目的和核心点,把重要的事情放在第一位,言简意赅,第一时间指出报告的重点,以引起领导的重视。

3.先讲结论再具体说明

先给出一个结论,让领导知道我们的态度和想法,然后领导才有可能带着问题去听接下来关于细节的具体介绍并开展讨论。

4.重要的汇报须事先排练

一定要提前针对汇报的内容做模拟练习,从时间的控制、语言的运用、逻辑框架等方面做好准备,熟悉于心。

5.先了解领导的意图

为了避免返工,最好在开始工作之前多问一些问题,以了解领导的期望。在领导给了明确的方向后再工作,这样最后任务的完成与领导的想法也更容易接近。

6.及时弥补不足和错误。

在向领导汇报工作时,经常会犯一些错误,比如,对一些情况把握不了,描述得不够准确,或者遗漏了部分内容,或者总结得不够,显得比较零散等。对于这样的错误,一旦发现,应及时利用其他机会与领导联系、沟通,补充修正,努力补救,使工作报告更加完善。

(四)工作汇报应遵循的四个原则

1.第一时间汇报

时效性在工作中非常重要,只有把握好时间,才可能把工作做到位。员工在向领导汇报工作时,也应该把握好时间,重要信息第一时间反映给领导,让领导知悉所发生的事情,随时调整措施,以保证工作顺利完成。若员工拖泥带水,事情发生了几天,才想起汇报,很可能错过最佳挽回时机,导致事情不断恶化。

2.主动汇报

一些员工总是等到领导提出了要求,才会不情不愿地去向领导汇报工作进度。在领导心里,不主动汇报工作就意味着该员工缺乏积极性,对工作不够重视。主动汇报工作的员工大多责任感很强。

3.实事求是

在职场中一定要做到诚实。在向领导汇报工作时,不要夸大事实,不要刻意隐瞒事实,不要无中生有,不要颠倒黑白。员工的一言一行都影响着领导的判断及决策。如果一个员工明明闯了很大的祸,但怕被领导批评,在汇报工作时,藏着掖着不敢说,结果必定导致事情越闹越大,当领导知道时,已经无力回天。

4.突出中心思想

汇报工作就像写作文一样,需要有一个中心思想,这样的汇报更有目的性、针对性,领导就知道你要表达什么。而散乱无章、东拼西凑,想到什么说什么,缺乏条理性的汇报,领导一定不喜欢。所以,在向领导汇报工作时,一定要有条理有思想,不要考验领导的理解力。

通过经常性的汇报,员工和领导之间的联系往往会变得更加紧密,彼此之间的交流也更加顺畅,工作效率自然得到全面提高。

第三节　有效沟通

失败的沟通

2020年12月,作为分管公司生产经营的副总经理赵某,得知一较大工程项目即将进行招标,于是向总经理汇报。但电话简单汇报后未能得到明确答复,赵某误以为总经理默认。由于时间紧迫,赵某在情急之下便组织业务小组投入相关时间和经费跟踪该项目,但最终因准备不充分而成为泡影。事后,在办公会上陈述有关情况时,总经理认为赵某"汇报不详,擅自决策,组织资源运用不当",并当着众人面给予赵某严厉批评,赵某反驳,认为自己已经汇报,而领导重视不够、故意刁难。由于双方信息传递、角色定位、有效沟通、团队配合、认知角度等存在意见分歧,致使企业内部人际关系紧张、工作被动,恶性循环,公司业务难以稳定发展。

沟通是人与人之间传递信息、交换信息、交流思想、说明观点、表达需求、阐明意愿、增进理解、融合情感、达成共识的过程。沟通是一项工程,它在人们的心与心之间填平沟壑、铺路架桥。沟通还是一种工具,它可以扫平人与人之间的障碍,是打开人们心灵之锁的钥匙。

在工作中,有效沟通的重要性表现在可以及时获取信息和传递信息,增强相互之间的了解,奠定互相帮助的基础,及时发现问题和化解管理矛盾,有助于提升员工工作的协调性,调动下属的工作积极性。

一、有效倾听

(一)倾听的重要性

有个心理学家做了个小试验。心理学家问一个小朋友:"长大后你的梦想是什么?"小朋友不加思索地回答:"长大我要当一名飞行员。"这时心理学家问:"如果你正载着乘客在天空中飞行时,突然飞机没油了,你应该怎么办?"小男孩大声说:"我会打开降落伞第一个跳下飞机。"这时大家都笑了,开始议论纷纷:这个小家伙,居然不顾飞机上其他同伴的死活,自己一人背着降落伞逃生了。小男孩委屈地哭了。这时心理学轻声问小男孩:"你为什么一个人独自跳降落伞,丢下其他同伴呢?"小男孩抽泣着说："我想打开降落伞跳下飞机去拿机油,然后再回来救他们。"

通过这个故事不难看出,如果不是心理学家认真倾听,将会误解小朋友的本意。所以我们在生活中一定要学会有效倾听别人的想法。

(二)如何有效倾听

1.给说话人一个示意

首先要成为一名好的听众,不能只是盲目点头,而要根据对方说话的内容,主动给予一些相应的示意,比如回答一个字或者做一个动作,一个点头、一个微笑,这样不仅能够表示你在听,而且能够表示你在很用心地听,这样对方能够感觉到你的理解和尊重。同时,在跟别人交流的时候,眼睛要看着对方,但是不要用眼睛直接盯住对方的眼睛,这样会显得咄咄逼人。最佳的方法是用眼睛注视对方的鼻尖或前额,这样能让对方觉得你的眼神比较柔和。

2.别人讲话时集中注意力

当你在倾听的时候,尽量不要想其他的事情,眼睛看着对方,随时能够注意对方说话的重点,在对方话说得正兴奋的时候,可以用点头示意或打手势的方式鼓励他继续说下去,让对方知道你正在倾听,这样对方也会很开心。如果你心里想着其他事,那么一定会心不在焉地去听别人说话,对方则一定会认为你在敷衍他,从而感到不满。

3.不要轻易打断别人讲话

很多人在遇到问题的时候,是不会自我开导的,所以一般都会把自己的烦恼说给朋友听。在这个时候,要多点耐心,要理解对方,鼓励他说下去,而且一定不要轻易打断他的讲话。打断别人讲话是一种没有教养的行为,是非常不礼貌的。

(三)倾听过程的六要素

1.观察

冷静细心地观察沟通对象的态度、表情、肢体动作等,作为倾听的基础,并且通过观察,集中注意力,做好沟通的前期准备。倾听中的观察包括观察沟通环境及观察一切与沟通相关的事物。通过观察我们不仅可以排除一定的环境干扰,而且可以营造和谐的沟通气氛。对沟通对象的观察,在帮助我们做出初步判断的同时,也可以让我们的头脑更加理智而富有条理。

2.耐心

沟通不是一个简单的过程,必须耐心倾听,才能够分辨出有益和无益的信息。对沟通对象来说,耐心会带给他们正面的肯定,使对方更有信心与我们沟通。倾听中的耐心是一种正向能量,不仅是对沟通对象,也是给自己的正向能量。耐心对沟通对象来说,在获得认同的同时,也充分肯定了自我,对方一定会在放松而愉快的情绪中与我们进行沟通。对我们自身而言,耐心更是倾听的重要因素之一,它可以让我们丢掉成见和个人好恶,排除负面情绪的困扰。

3.公正

公正的倾听需要理智而静心,需要从客观的角度看待沟通及沟通中所遇到的问题。在大多数情况下,倾听都是关系到沟通成败的关键因素,如果只听自己想听的,不听与自己观念相左的意见,不仅是一种不负责任的倾听,更是不公正的倾听。因此,仅仅倾听是远远不够的,沟通对象不可能完全按照我们的意思表达,公正的倾听就是要听得到对方全部的表达,无论这些表达是顺耳还是逆耳的。保持开放的姿态倾听,才能听到真实的声音和思想。

4.积极

积极,包括积极倾听和积极回应两方面。积极倾听需要全身心投入,不仅要集中全部的注意力,还要保持乐观的心态,从而获得更有利于自己的信息和思想。积极回应会让沟通中的有利因素循环起来,在回应沟通对象的思考和问题的时候,也会让对方产生对我们的信任和尊重。

5.理解

要理解沟通对象的真实意思,一定要听清楚全部信息,拒绝心不在焉,也不要匆匆忙忙下结论,理解了全部含义后,再继续沟通以及提出问题。倾听中的理解就是要用心对待沟通对象的表达,不仅要将对方的表达听完整,而且要倾听到对方的情绪变化,用理解来分析沟通内容,以及对方的感情色彩。

6.鼓励

倾听的过程中,要用鼓励的态度对待沟通对象。特别是在对方不那么自信的时候,鼓励就会成为打开对方心门的一把金钥匙,也会成为沟通进程的助推器。要多使用鼓励性语言和表情,让对方尽可能多地表达自己,尽量将真实的感受全部说出来,如此一来,我们会收获更多、更完整的信息和思想,也会整理出更有针对性的策略和指令。

倾听过程六个要素之间的关系是相辅相成的,而不是做到其中的一两个要素就可以了。这六个倾听要素不可偏废,要在沟通的不同环节中,充分发挥六个要素的作用,从而让倾听更加有效,也更加能够为沟通服务。

二、信息互通

(一)信息互通的重要性

《易经》有云:"天地交而万物通也,上下交而其志同也。"意思是天地相交而万物沟通,上下相交而志向相同。诸葛亮也曾说过:"为政之道,务于多闻,是以听察采纳众下之言,谋及庶士,则万物当其目,众音佐其耳。"意思是管理之道是多听建议,了解全面情况。

未来学家约翰·奈斯比特说过:"未来的竞争将是管理的竞争,竞争的焦点在于每个社会组织内部成员之间及其与外部组织的有效沟通上。"在工作中,充分重视内外部环境信息的交流,理解信息互通的重要性,对任何职场人士来说都至关重要。

(二)信息不互通的危害

1.反馈不及时

一项任务的完成最怕的就是不反馈或者反馈不及时,面对提出需求者,一定要及时反馈,不要到最后的时间点却说完成不了,然后再抛出一堆理由。

2.需求不确定

在很多需求都不确定的情况下,就开始动工,导致后面对接部门反复提需求修改,信息也没得到及时更新,导致你的任务被延缓甚至不能完成。

3.评估不达标

如果投入开发的时间和成本远远高于预期,这对于创业公司来说是致命的错误。

4.目标不明确

战略目标是否高度统一意味着大家是否都在为同一个目标奋斗。一旦战略决策失误,则会将公司推入无法转型的困境,因为之前招的人都是为了与这个决策所匹配的人,这就会导致裁员或者公司直接倒闭。

(三)信息传递中出现失真的原因

1.信息来源需要有自己的判断,不能全盘接受

信息来源是否正确,需要有自己的独立判断和对业务的了解,如果全盘接受,就会陷入被动,导致项目推进不了,一直在改进。

2.沟通表达信息不到位

沟通表达不到位,会导致对需求的理解错误。为了更清晰地了解需求者的目的,要建立需求文档,保证需求的完整性。

3.每个层级的传递有偏离

从高层到中层、中层到员工,难免会有信息传递的错误。高层可能不会管太多的细节,以至于基层执行中会遇到很多问题。所以反馈一定要及时,以保证信息的对称,确保大家沿着正确的路径工作。

(四)信息互通的两种团队

1.信息链接型赋能团队

团队定期召开会议,所有人都简要汇报上一周工作进度、下一周工作安排和所需申请的资源,组长进行问询、点评,传达上级意见,分享其他部门信息,并安排其他任务。

优点：

（1）组长对于各项任务的关键进度都有较为全面、及时的了解。

（2）各组员都知道其他组员在做什么，了解整个团队甚至公司在做什么，便于做出符合组织要求的准确反应。

（3）定期的会议沟通，便于形成团队监督的氛围，及时推进各项任务的完成。

（4）迅速增强新员工对部门各工作事项的了解，让其快速融入新的工作环境。

（5）在汇报工作的过程中，增强员工的成就感，激励组员持续地认真工作。

（6）长期的组织活动中，形成组内共识，每个组员对于团队的共同目标、重要目标都会放在心上。

缺点：

（1）需要定期安排一个时间段召开会议，会占用一定的时间。

（2）需要有专人记录会议纪要，以便后续分发，推进各任务进度。

2.信息条块型管控团队

各组员根据默认的分工，自行接取任务并向组长汇报或由组长分配任务，各组员完成各自的KPI，较少交流业务信息。

优点：

（1）减少管理成本，在满足分工完善的前提下，各组员各尽其职能够较好完成日常任务。

（2）便于管理层通过信息差控制负面信息的影响范围。

缺点：

（1）组长对于任务的具体完成情况没有掌控，无法推进组织工作的高效完成。

（2）上下级沟通不充分、不及时，会导致信息积累在上下级之间，上级不了解下级、下级不理解上级，信息鸿沟的蔓延，最终导致上下级的互信缺失，进而导致组长在关键决策上犹疑，组员的工作积极性受挫。

（3）缺乏正式的组织生活，没有不间断地共享团队信息，难以形成团队合力，应对突发性、跨分工、跨部门事件的能力下降。

（4）信息沟通的缺乏，加深了由于分工导致的工作方向的差异，削弱了团队凝聚力。

（5）对组员的自觉性要求较高，缺乏正式的团队监督必然导致有人放任自流，自行其是。

三、安抚情绪

（一）员工情绪管理的重要性

一般而言，情绪管理是指员工在工作中表示出令组织满意的情绪状态，是与情感有关的一个概念。相关的研究在 20 世纪 70 年代就已经开始进行,由于工业社会的形成,工厂和企业的迅速发展催生了大量的工作岗位。英国的圈地运动迫使大量农民将本身的身份转变为工人,从此人类社会从传统的小农经济逐步迈入了工业社会,由此带来的工作情绪对劳动生产率的影响研究也渐渐引起了学者们的广泛关注。

1924 年,霍桑试验的结果使人们对于工人情绪对于生产率的巨大影响产生了兴趣,工人们因为被实验组所关注而迸发出了几倍于平时工作的效率,远远超过了科学家的预期。从此以后,关注人的主观能动性的思想开始被大多数企业所接受,学术界也开展了一系列有关企业员工心态与情绪的研究,以期确保企业的高效运转。

进入 21 世纪后,社会化分工发展已经达到了相当的高度,人力资源研究体系也日趋完善,但大多数企业出于利益的考虑,不太关注员工的情绪问题。他们认为员工的情绪和企业工作没有多大关系,仅仅是私人的生活情绪调整,不属于企业的关注范畴。但事实上,企业作为商业社会的构成主体之一,从社会责任的分担到企业中长期利益来看,员工个体的心理健康和情绪都事关企业的基业长青。

卓别林曾在电影里,对于工业化过程中,工人因为专业分工而从事单一的工作内容而导致的古怪行为也做了辛辣的讽刺。人成为企业中运转的机器,失去了工作本身所应该带来的尊严和快乐。随着现代社会人性独立主体意识的强化、社会福利保障机制的完善、企业竞争的加剧,工作不再是人生活中的唯一,员工在选择企业的时候更多倾向于个体价值的表现和成就感,以个体为中心的价值导向越来越得到年轻人的推崇,情绪化管理的重要性也在企业人力资源管理中凸显出来。

(二)如何处理员工情绪问题

1.培养开放的企业文化

每个员工都有不同于他人的情感问题,都有不同于他人的情绪处理方式。企业首先要以开放的文化容纳他们及他们的情感问题,不能"一刀切"。对情绪出现波动的员工,首先要接纳他,而不是讽刺与排挤。

2.管理者不能放任自流,要进行情绪管理

要引导员工的动力情绪,消除和转化负面情绪。管理者首先要了解和确认员工负面情绪产生的根源,例如员工关系是否和谐、工作设计是否合理、利益分配是否公平等。找到其背后真正的原因,才能对症下药,化解负面情绪,使之变成一种可控的、能够使企业稳定发展的积极因素,从而提高组织的工作效率。

3.设计独特的缓解负面情绪的方式

例如,柯达公司建造了平抑员工情绪的"幽默房"。该公司在纽约为 2 万多员工建造了 4 个"幽默房":一个是图书馆,内有各种笑话书、卡通书以及幽默内容的光盘、录像带和录音带;一个是能容纳 200 人的会议厅,厅内布置了幽默大师卓别林和笑星克罗麦克斯的许多剧照;一个是玩具房,里面有各种各样宣泄压力的器具,比如,仿照某人形象设计的吊袋,员工在里面摔东西可不必赔偿;一个是高科技房,配有各种计算机软件和供私人使用的计算机。这些设施可以帮助员工放松神经,缓解压力。

通用电气公司则在员工中推行"静默沉思"的方式保持心理宁静,还聘请了静默辅导员来指导员工苦练这种方法。结果,公司的精神疾病治疗费用减少了27%,员工的工作效率得以大大提高。

4.制定自己的员工帮助计划

企业应提供包括压力管理、职业心理健康、裁员心理危机、灾难性事件、健康生活方式、法律纠纷等方面的咨询和服务,旨在全面帮助员工解决个人情绪问题,减轻员工的情绪压力,维护其积极的心态。

(三)如何安抚员工情绪

1.稳定员工的情绪

作为一个管理者,要学会让员工的情绪稳定下来,给予他们足够的尊重和耐心,让他们慢慢地把事情讲完。

2.以温和的方式关心员工

使用询问式的语言和友好的肢体语言会在很大程度上安抚员工的心理。

3.耐心倾听员工的诉说

一个人情绪化的时候,容易语无伦次。此时,作为一名管理者,我们必须耐心、仔细地倾听整个事件,并适时地提出自己的一些疑问和不清楚的地方,当员工情绪平复时再进行询问。

4.锁定问题

将员工的问题控制在一定范围内,不要牵扯出与员工问题无关的其他问题,避免扩大这个问题。

5.与员工产生共鸣

当员工向你抱怨时,他们最想得到的,是你的心理感应和共情心,然后找到解决方案。

6.员工的问题要马上解决

作为管理者,应该及时为员工的问题提供解决方案和渠道,不应该模棱两可、犹豫不定、故作神秘,找借口搪塞或敷衍。

7.给员工吃一颗定心丸

如果员工的问题在你的职责范围内,要给员工一个承诺。

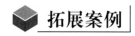 **拓展案例**

鼎力建设公司管理咨询案例

鼎立建筑公司原本是一家小企业,仅有10多名员工,主要承揽一些小型建筑项目和室内装修工程。创业之初,大家齐心协力,干劲十足,经过多年的艰苦创业和努力经营,发展成为员工过百的中型建筑公司,有了比较稳定的顾客,生存已不存在问题,公司走上了比较稳定的发展道路。但公司仍有许多问题让经理胡先生感到头疼。

创业初期人手少,胡经理和员工不分彼此,大家也没有分工,一个人顶几个人用,拉项目、与工程队谈判、监督工程进展,谁在谁干,大家不分昼夜、不计较报酬,有什么事情饭桌上就可以讨论解决。胡经理为人随和,十分关心和体贴员工。由于胡经理的工作作风以及员工工作具有很大的自由度,大家工作热情高涨,公司因此得到快速发展。然而,随着公司业务的发展,特别是经营规模不断扩大之后,胡经理在管理工作中不时感觉到不如以前得心应手了。首先让胡经理感到头痛的是那几位与自己一起创业的"元老",他们自恃劳苦功高,对后来加入公司的员工,不管现在公司职位高低,一律不看在眼里。这些"元老"们工作散漫,不听从主管人员的安排。这种散漫的作风很快在公司蔓延开来,对新来者产生了不良影响,公司再也看不到创业初期的那种工作激情了。其次,胡经理感觉到公司的沟通经常不顺畅,大家谁也不愿意承担责任,一遇到事情就来向他汇报,但也仅仅是遇事汇报,很少有解决问题的建议,结果导致许多环节只要胡经理不亲自去推动,似乎就要"停摆"。另外,胡经理还感到,公司质量意识开始淡化,对工程项目的管理大不如从前,客户的抱怨也正逐渐增多。

上述感觉令胡经理焦急万分,他认识到必须进行管理整顿。但如何整顿呢?胡经理想抓纪律,想把"元老"们请出公司,想改变公司激励系统……他想到了许多,觉得有许多事情要做,但一时又不知道从何处入手,因为胡经理本人和其他"元老"们一样,自公司创建以来一直一门心思地埋头苦干,并没有花太多心思琢磨如何让别人更好地去做事,加上他自己也没有系统地学习管理知识,实际管理经验也欠丰富。出于无奈,他请来了管理顾问,并坦诚地向顾问说明了自己遇到的难题。顾问在做了多方面调研之后,与胡经理一道分析了公司这些年取得成功和现在遇到困难的原因。

归纳起来,促使公司取得成功的因素主要有:

(1)人员少,组织结构简单,行政效率高;

(2)公司经营管理工作富有弹性,能适应市场的快速变化;

(3)胡经理熟悉每个员工的特点,容易做到知人善任、人尽其才;

(4)胡经理能够及时了解公司的经营活动,并快速做出决策。

对于公司目前出现问题的原因,管理顾问归纳为:

(1)公司规模扩大,但管理工作没有及时跟进;

（2）胡经理需要处理的事务增多，对"元老"们疏于管理；

（3）公司的开销增大，资源运用效率下降。

对管理顾问的以上分析和判断，胡经理表示赞同，并急不可耐地询问解决问题的"药方"。

案例思考：

（1）分析一个小企业从创业向稳定发展转变过程中所遇到的管理问题。

（2）请你代替这位管理顾问向胡经理提出具体可行的改进建议。

第六章

战略管理

 ▶ 学习目标

- 厘清战略管理、企业使命、企业愿景等相关概念
- 了解如何使用内部与外部环境分析法进行战略分析
- 学习战略分类以及如何制定、实施战略

 ▶ 课程思政内容

　　战略管理在当代企业经营中扮演着至关重要的角色，它不仅关系到企业的长远发展，更是实现高质量发展的必由之路。企业战略管理的核心不仅仅是追求经济效益的最大化，更应致力于社会责任和可持续发展。这要求企业在制定战略时，充分考虑到社会、经济与环境三者的平衡，坚持绿色发展理念，助力构建人与自然和谐共生的现代化。企业应积极响应国家战略，深入实施创新驱动发展战略，通过科技创新提高核心竞争力，为社会提供更多优质的产品与服务，同时为实现全面建设社会主义现代化国家贡献力量。

　　二十大报告原文："我们要坚持以推动高质量发展为主题，把实施扩大内需战略同深化供给侧结构性改革有机结合起来，增强国内大循环内生动力和可靠性，提升国际循环质量和水平，加快建设现代化经济体系，着力提高全要素生产率，着力提升产业链供应链韧性和安全水平，着力推进城乡融合和区域协调发展，推动经济实现质的有效提升和量的合理增长。"

第一节 战略管理概述

俄亥俄州牛排包装公司

在牛排包装行业,传统的成本链包括:在分布很稀疏的各个农庄和农场饲养牛群,将这些活牛运到劳动密集型的屠宰场屠宰分解,然后将整块牛排送到零售商处,它们的屠宰部再把牛排砍得小一些,包装起来卖给购物者。俄亥俄州牛排包装公司采用了一个完全不同的战略改造了传统的价值链:公司建立大型的自动化屠宰场,并将屠宰场建在便于经济运输牛群的地方,在加工厂将部分牛肉砍成更小一点从而数量会随之增多的牛肉块,装盒然后再装运到零售商那里。牛群运输人工费用在传统价值链下是一个主要的成本项,但现在公司因减少了长途运输而大大减少了成本。同时,不再整块运送牛肉也减少了高额的牛肉废弃所带来的成本提升,大大降低了出厂成本。该公司采取的战略非常成功,从而取得了美国最大的牛肉包装公司的地位,一举超越了先前的行业领先者。

一、战略管理的定义

战略管理,是制定、实施以及评价多功能决策的一门艺术和科学,这些决策可以保证一个组织实现其目标。这一定义揭示出,战略管理注重通过整合管理、营销、财务与会计、生产与运作、研究与开发以及计算机信息管理系统谋求组织取得成功。在本书中,战略管理和战略规划的内涵基本一致。在商界,"战略规划"使用得更广一些,而学术界多使用"战略管理"。战略管理指战略制订、实施和评价,而战略规划仅指战略制订。战略管理的目的是为企业的美好明天探索和创造新的机会,而长期规划相对而言侧重于对企业未来发展趋势进行规划。

战略规划最早在20世纪50年代提出,在20世纪60年代中期到70年代中期广为流传。最近几年,战略规划被用于各种问题的解决方案中,美国的许多公司都热衷于战略规划。但是,随着经济的增长,各种各样的战略规划模型并不能为企业带来较高的回报,战略规划在20世纪80年代受到冷落。进入20世纪90年代之后,战略规划再次复活,并被今天的商界广泛应用,现今很多公司都有一位首席战略执行官。

如今,战略管理一词在许多高等院校被用于工商管理专业的总结性课程的名称。

该课程将所有的商科课程综合在一起,并介绍一些公司战略规划中广泛使用的、崭新的战略管理概念和技术。

二、战略管理的步骤

战略管理包括战略制定、战略实施和战略评价三个阶段。

(一)战略制定

战略制定包括拟订公司远景和使命,确定公司所面临的外部机遇与威胁,决定内部优势与劣势,建立长期目标,提出战略以及选择具体的战略方案。战略制定涉及的问题包括:决定企业进入哪些新产业,放弃哪些业务,是否扩大经营范围或实行多元化,是否进入国际市场,是否进行并购或组建合资企业,如何避免恶意收购等。

由于任何一个组织拥有的资源都不是无限的,战略者必须决定哪一个战略方案将为企业带来最大收益。战略制定将使企业在相当长一段时间内致力于特定的产品、市场、资源和技术。企业高层管理人员应当高瞻远瞩,充分了解战略制定决策的分歧,并有权调配战略实施需要的资源。

(二)战略实施

企业确定年度目标、制定政策、激励员工和配置资源,以保证制定的战略能够得到有效贯彻。战略实施包括塑造支持战略的企业文化、建立有效的组织结构、规划营销活动、制定预算、开发和使用信息管理系统以及将员工报酬与公司业绩挂钩等内容。

战略实施经常被称为战略管理的行动阶段,意味着动员员工及管理人员将已制定的战略付诸行动。战略实施常常被看作战略管理过程中最艰难的一个阶段,该阶段要求个人具备纪律性、责任心和奉献精神。成功的战略实施依赖于管理人员激励员工的能力,这既是一门科学,更是一门艺术。如果战略制定得很完备但不能付诸实施,企业将达不到预期目标。

战略实施活动会影响到企业的全体员工和管理人员。每个分部或职能部门,都必须对诸如"为了实施企业战略中属于我们的那一部分,我们必须做些什么""我们能把工作做好到何种程度"等问题做出回答。战略实施的挑战性激励着企业的全体管理人员和员工以高度的自豪感和热情投入实现既定目标的活动中。

(三)战略评价

战略评价是战略管理的最后阶段,管理人员需要知道战略在何时出了问题,战略评价是获得这一信息的基本手段。战略评价有三项基本活动:检查作为当前战略基础的外部环境和内部条件;衡量战略实施的业绩;采取纠正措施。战略评价是必需的,因为今天的成功并不能保证明天的辉煌。成功通常带来新的、不同的问题,自满的组织必然走向毁灭。

三、战略管理方法——直觉与分析相结合

战略管理不是一门纯粹的科学,不能自发地给出一个灵巧的、简洁的、按部就班的方法。根据以往的经验、判断和感觉,大多数人认为直觉是做出战略决策的基础。在环境具有很大的不确定性或者几乎没有什么先例可循时,直觉对于做出决策非常有用。在变量之间高度相关或必须从多个难以清晰判断的方案中做出抉择时,直觉同样很有帮助。一些企业的管理人员声称在单靠直觉做出决策方面卓尔不凡。例如,阿尔弗雷德·斯隆曾经这样形容管理过通用汽车公司的威尔·杜兰特:"他是一位仅靠直觉的灵感火花引导行动的人,我能得出的结论就是这些。他从不强迫自己机械地搜寻事实依据。然而,在很多时候,他总是神奇地做出正确的判断。"爱因斯坦也承认直觉的重要性,他说:"我相信直觉和灵感。有时,我确信自己是正确的,可是我不知道其中的原因。想象力比知识更重要,因为知识是有限的,而想象力涵盖整个世界。"

即使今天,仍然有一些组织靠天才的直觉管理获得了生存和发展,但大部分企业没有这么幸运,绝大多数企业在直觉和分析有机结合的战略管理中受益。在决策时靠直觉判断还是靠分析,不是非此即彼的选择,企业中不同层次的管理人员,都应当将直觉和判断融入战略管理分析中,分析思维与直觉思维互相补充。

第二节　环境分析

美的集团收购德国库卡

2017 年 1 月 6 日,美的集团发布公告称,公司已完成要约收购德国库卡机器人公司的交割工作,并已支付完毕本次要约收购涉及的款项。收购交割完成后,美的集团持有库卡集团 3 760.57 万股股份,约占库卡集团已发行股本的 94.55%。德国库卡是全球四大工业机器人制造商之一,拥有百年历史。收购后,美的集团将继续保持库卡的独立性,维持库卡集团管理层及核心技术人员的稳定,支持其目前的业务战略、人才基础和品牌发展,保持库卡集团在德国法兰克福证券交易所的上市地位。作

为一家成立40多年的中国大型家电企业集团,为何美的集团会收购德国库卡？其给出的理由有四点:(1)全面深入布局机器人产业,将与库卡集团联合开拓广阔的中国机器人市场。(2)库卡集团将帮助美的进一步升级生产制造与系统自动化,使其成为中国制造业先进生产的典范。美的集团与库卡集团合作将促进行业一流的自动化制造解决方案向全国一般工业企业的推广,并拓展B2B(企业对企业)的产业空间。(3)美的集团子公司安得物流将极大受益于库卡集团子公司瑞士格领先的物流设备和系统解决方案,提升物流效率,拓展第三方物流业务。(4)与库卡集团共同发掘服务机器人的巨大市场,提供更加多样化与专业化的服务机器人产品。

2010年以后,中国家电行业的增长速度明显放缓,中国家电企业纷纷推进转型升级,寻找新的增长点。美的集团选择的是"智慧家居＋智能制造"的"双智战略"。美的集团董事长方洪波表示,美的集团在做好家电的同时要进入新产业,"要和硬件相关,不能是劳动密集型,要做资本、技术混合密集型"。自2015年国务院发布《中国制造2025》将机器人产业作为重点发展行业,2016年我国工业和信息化部、国家发展和改革委员会、财政部等三部委联合发布《机器人产业发展规划(2016—2020年)》后,中国机器人产业出现了爆发式增长,预计2018年中国的机器人安装量占比将超过世界的1/3。美的集团在此时选择进入机器人产业,不失为一个明智之举。

库卡集团是全球领先的机器人开发、制造供应商,拥有先进的技术,但对中国市场的开拓力度欠缺。中国是全球最大的制造业大国,对能提升工业生产自动化程度、提高生产效率的工业机器人的需求量与日俱增,是世界上最大的工业机器人销售和增长市场。收购德国库卡并帮助其拓展中国市场,能帮助美的集团快速跻身机器人产业的前列。美的集团董事长方洪波在完成收购德国库卡交割时表示:"我们期望通力合作,协助库卡把握中国及其他地区机器人市场的机遇,并进一步扩大投资。"

为应对近年来"招工难"和人力成本上升的问题,为了提高生产效率,2012年美的集团开始大规模推进生产自动化,建设现代智能工厂,投入超50亿元、近千台机器人,实现了订单、供应、研发、生产、配送的全过程智能化、数据化和实时监控,大幅提高了生产的自动化率,大幅减少了人力和生产成本。美的机器人部门总经理甄少强表示,机器人短期内以服务内部客户为重心,快速提升自动化专业能力,并逐步拓展外部业务,计划通过三到五年时间的努力,成为全球领先的机器人集团公司。

2017年,美的集团致力于从家电企业蜕变成领先的消费电器、暖通空调、机器人及工业自动化系统的全球化科技企业集团。美的集团具备丰富的产业链整合经验,与德国库卡的强强联手,不仅是市场与技术的完美结合,更是其战略推进的关键一步。

一、外部环境分析

企业战略是企业为应对外部环境重大、长期和根本性的变化而采取的一系列以建立、保持和发挥竞争优势为目的决策或行为。企业在战略上所采取的每一个决策、行为的依据或者出发点都来自外部环境分析,因此,企业战略管理的逻辑起点就是外部环境分析。任何企业都是处在一个特定的外部环境中的,例如,特定的区域、特定的行业、特定的市场、特定的时间。在这个特定的外部环境中,需要实现资源转换,需要实现输出并获得收益。外部环境的不断变化是不以企业的意志为转移的,这种变化会以机会和威胁两种不同的性质给企业的发展带来重大的影响,有的企业因为有效地把握住重要的发展机会而变成"独角兽"企业,有的企业则因为无法有效地避免重大威胁而丧失生存或者发展的根基。有效地实施企业战略管理要求企业战略管理者熟悉企业外部环境的构成、外部环境因素的作用机制以及外部环境分析的有效性。

(一)外部环境分析要点

企业外部环境是指在特定时期所有处于企业之外而又将对企业的生存和发展产生影响的各种因素的总和。这个定义从字面上非常容易理解,但实际操作时却相当复杂。企业战略管理者在理解和把握企业外部环境的构成之前必须解决好两个前提。

1.注意外部环境分析的时限

所谓"特定时期"就是与企业战略制定的时间跨度密切相关的时间概念。如果一个企业决定制定未来 3 年、5 年甚至 10 年的战略,那么这个所谓的"特定时期"就是指未来的 3 年、5 年甚至 10 年。企业战略管理者需要特别注意的是:一些在"特定时期"之前的外部环境因素有可能因为不再产生影响而被排除在企业外部环境构成之外;另一些因素由于将要对企业的生存和发展产生影响而进入"特定时期"的范围。企业战略管理者必须动态地把握我国经济转型和对外开放的进程,并且依据这种判断识别哪些外部环境因素将成为"历史",哪些外部环境因素可能会变得越来越重要。

2.注意外部环境分析的边界

外部环境分析的边界取决于企业所在国家的开放程度和企业活动的范围。经过 40 多年的改革开放,我国的开放程度大大增强,我国与其他国家的市场边界日益模糊化,国内外企业之间的合作越来越密切,使得我国几乎所有企业的外部环境分析都不能只看国内。例如,人民币与美元的汇率进入 2018 年以来的波动就足以导致一个出口加工企业的净利润率下降 2%～3%。处在这个环境之中的我国绝大多数企业,包括那些完全不需要进行国际营销的企业,也没有办法摆脱全球化的影响。比如中兴集团在 2018 年上半年所面临的困境就是因为其企业战略管理者忽视了外部环境分析中的边界问题,没有预测和分析到企业对外贸易的操作会被美国政府惩罚,而且这种惩罚并不是直接作用于中兴集团,而是通过其上游的芯片供应商间接实现的。

(二)外部环境构成

在上述两个前提的基础上,企业战略管理者才有可能基于对企业发展的历史、目前的处境和未来环境变化趋势的分析确定企业外部环境的构成因素。为了使企业战略管理者能够在有限的时间里以正确的方法准确识别和分析外部环境因素及其对企业的影响,企业战略管理学者提出了外部环境的基本构成因素,并且将这些因素划分为三个不同的层次。

第一层次是企业的宏观环境,主要包括影响企业战略选择的政治与法律、经济、社会文化、技术、人口、自然六个方面的因素。

第二层次是企业的市场与行业环境,主要包括顾客诉求、消费方式、市场结构、商业模式等与市场相关的因素,以及由供应商、购买者、潜在进入者、替代产品、行业内部的竞争者组成的行业环境。

第三层次是竞争与合作环境,主要包括战略群、企业竞争对手以及合作环境等因素。

企业战略管理者应该基于对外部环境分析因素时限和边界的确定,把握企业外部环境的构成因素(宏观环境、市场和行业环境、竞争与合作环境)是否需要并在多大程度上打破国家边界,将更广泛的全球化因素纳入企业外部环境分析之中。

(三)外部环境因素的影响机制

在展开企业外部环境分析之前,企业战略管理者还必须从以下几个方面理解外部环境因素对企业生存和发展的影响机制,从而更好地了解和应对各种外部环境因素对企业的影响。

1.产生影响的主体

虽然企业外部环境的各种因素被划分为宏观环境、市场和行业环境、竞争与合作环境,但是这些环境对企业的影响主要是通过政府、社区、供应商、顾客、竞争者、所有者、债权人以及其他相关利益者影响和作用于企业的,因此,企业战略管理者必须根据企业所处国家、行业以及企业的特征和性质等来动态掌握谁是企业的关键利益相关者,以及他们的需求是什么,他们能够以何种方式影响和作用于企业。例如,对于转型期的我国非竞争性行业的国有企业来说,政府是企业最重要的利益相关者,企业外部环境对企业的影响主要是通过政府影响和作用于企业的。

2.产生影响的方式

外部环境对企业生存和发展的影响方式存在很大的差异。市场因素的影响主要取决于企业与相关利益者相互关系的程度和讨价还价能力的大小。例如,顾客、供应商、员工、债权人甚至所有者对企业的影响取决于市场供求关系或者企业与这些利益相关者讨价还价的能力。政府、社区、竞争者对企业的影响也取决于他们之间相互关系的程度,受到国家政治和经济体制的制约。制度因素的影响取决于影响的性质。强制性制度的影响一般来自政府,如具有政府背景的行业组织所制定的法律、规章或者政策,企业拒绝接受这种制度安排将会受到惩罚。规范性制度的影响也来自政府,如具有政府背景的行业组织所制定的扶持或者优惠政策,企业拒绝接受这种制度安排会损失享受扶持或者优惠政策的机会。认知性制度的影响一般来自与企业相关的利益团体所认同的价值观念或者道德规范,企业拒绝接受这种制度安排将会影响利益相关者对企业的支持。

如今,经济全球化对我国经济的影响已经相当巨大,因此,我国企业战略管理者在外部环境分析中必须高度关注以下两个方面的制度影响:一是转型期我国制度环境的复杂性及其对企业产生的制度影响;二是基于全球经济治理的相关制度安排,分析全球价值链体系对中国企业产生的制度影响。

3.产生影响的途径

外部环境通过两种方式影响企业战略行为:一是直接方式,即企业外部环境不同层次上的因素都可以直接影响企业的战略行为;二是间接方式,即宏观环境的变化首先会导致和决定市场和行业环境的变化,市场和行业环境再导致和决定竞争与合作环境的变化,最后通过竞争与合作环境影响企业的战略行为。

了解企业外部环境的层次结构和影响关系,将有利于企业战略管理者提前了解和预测外部环境的变化,迅速洞察外部环境对企业战略行为的影响,从而领先对手,对外部环境,尤其是市场和行业环境的变化做出战略性反应。

4.企业对外部环境的反作用

在企业外部环境,尤其是企业利益相关者的作用下,行业领导型企业并不是完全被动的。企业有可能通过自己长期或者创新性的战略行为推动竞争与合作环境、行业和市场环境甚至一般环境的变化。例如,美的集团正是通过实施"双智战略"引领了中国家电行业的转型升级,促进了自己与上下游和相关企业的合作,带动了国内家电需求侧和供给侧的升级,引发整个国家和社会对发展智能制造的重视。杰出企业战略管理者的社会责任感和对事业的追求来源于他们对企业战略力量的深信不疑,了解企业战略行为与企业外部环境的相互作用关系和机制。将有利于企业战略管理者了解和相信企业战略的力量,并且能够通过自己的战略行为去影响和引领竞争者行为、行业结构的优化和企业经营环境的变化。

二、内部环境分析

在完成企业外部环境分析之后,企业战略制定工作在逻辑上就进入企业内部环境分析。企业外部环境分析主要揭示了企业（基于现有的优势和劣势）未来将面临的机会和威胁，使企业能够根据"趋利避害"的原则掌握企业发展面临的各种可能的战略选择。采取产业组织模式的战略管理者在战略决策中更重视外部环境分析。企业内部环境分析则将重点揭示（针对上述机会和威胁）企业未来具有的优势和劣势，使企业能够根据"扬长避短"的原则了解企业发展面临的各种现实的战略选择。采取资源基础模式的战略管理者在战略决策中更重视企业内部环境分析。随着企业经营环境的动态化和复杂化，企业内部环境分析在重要性上已经超越了企业外部环境分析，在企业战略选择上发挥着决定性作用。有效实施企业战略管理不仅要求企业战略管理者更加重视企业内部环境分析，而且要求企业更加深刻地理解内部环境分析。

（一）内部环境分析的目的和特点

企业经营环境的动态化和复杂化导致企业准确判断机会和威胁的难度加大，机会和威胁的转换越来越快。企业战略管理者越来越深刻地认识到：建立、发挥和强化竞争优势不仅仅是把握行业发展机会，而是已经成为有效制定和实施企业战略的关键。企业内部环境分析的主要目的就是通过全面、深入和客观地分析企业内部资源和能力，提高企业外部环境分析的有效性，更准确地判断企业所面临的机会与威胁，提高企业战略选择的科学性，更合理地做出企业的战略选择，提高企业战略实施的有效性，更合理地制定实施战略转型的策略。

格力电器曾经是中国空调行业的后动者，变成领先者的根本原因就是当时格力电器的战略管理者更重视内部环境分析，尤其是针对自身的劣势进行资源能力建设。为了有效地说明内部环境分析的目的和作用，本文将依据内部环境分析的两种不同结果和企业战略管理者的两种不同意图分别展开论述。

1.保持原有战略

如果企业战略管理者决定继续实施企业原有的战略，那么企业内部环境分析的主要目的就是要决定，如何通过对企业现有和有限的资源进行某种形式的配置和整合，构建、发挥和强化竞争优势，为顾客创造更大的价值。重点关注以下几个关键问题。

（1）基于继续实施原有战略的需要，企业内部环境分析的主要目的就是要把握现有业务的经营有什么资源与能力，判断这些资源与能力的优势与劣势，以及这些优势与劣势的重要性和可保持性。

（2）在保持现有战略不变的前提下，现有的资源配置和整合存在什么问题，应该如何改进才能够克服劣势或者构建、发挥和强化竞争优势，以更有效地为现有的顾客创造价值。

（3）如果企业需要适当地调整原有战略（例如，增加产品或者扩大区域市场），企业现有的资源与能力能否在新的产品或者新的市场上构建、发挥和强化核心专长,从而为潜在或者未来的顾客创造更大的价值。

2.改变原有战略

如果企业战略管理者决定对现有战略进行重大改变,那么内部环境分析主要围绕经营方式、竞争定位、行业范围或者市场范围等方面展开。这时,企业内部环境分析的主要目的或者作用具体表现在以下三个方面。

(1)企业内部环境分析的结果将在一定程度上决定企业外部环境分析,特别是发现机会和威胁的范围。比如格力电器在中国乃至全球家用空调行业都具有重要的竞争优势,家用空调的过度依赖和家用空调市场的饱和是格力电器实施多元化发展的合理动因。格力电器在进行外部环境分析之前就应该对自己的内部环境,尤其是关键竞争优势或者核心专长有一个基本的判断,并基于关键竞争优势或者核心专长的发挥和强化去进行外部环境分析。

(2)企业内部环境分析的结果将在很大程度上影响企业对现实机会和威胁的看法,从而成为企业战略选择的主要依据。每当企业战略管理者把增长目标定得太高或者在经营上遇到困难的时候,行业多元化就可能成为企业战略管理者最优先的选择,但也可能是最容易犯错误的选择。无论是过高还是过低评价企业的优势,都将导致企业战略管理者在外部环境分析中对机会与威胁的认识产生偏差。因此,全面、深入和客观地分析内部环境,就是要让企业战略管理者准确判断哪些是可能的机会,哪些是现实的机会,并且依据竞争优势的发挥和强化做出最终的抉择。

(3)企业内部环境分析的结果将在很大程度上帮助企业有效实施新战略。有效的内部环境分析不仅明确了自己的优势和核心专长,更重要的是也明确了自己的劣势和自己实施新战略可能面临的核心障碍,这对于有效实施新战略尤其是行业多元化战略具有至关重要的作用。如果说格力电器进入手机或者新能源汽车行业的战略可以勉强接受,那么导致其在新行业发展上越努力越失败的根本原因就是格力电器太强调发挥自己在家用空调行业中形成的竞争优势,没有对新行业的特点予以足够的重视,更没有采取有效的策略去抑制或者克服自己发展新行业上存在的核心障碍。

(二)内部环境分析的过程

企业内部环境是指企业内部拥有的与企业经营活动有关的各种要素的总和,既包括各种资源也包括各种能力。无论外部环境发生了什么样的变化,企业战略管理者必须先了解企业内部资源和能力的形成、现状以及水平,然后判断外部环境变化对企业的影响,做出能够有效扬长避短和趋利避害的战略选择。有效的内部环境分析应该围绕以下四个方面的内容有序展开。

1.企业历史与现行战略分析

企业是在特定的历史中逐步发展起来的,历史分析有利于企业战略管理者了解企业资源和能力的形成以及竞争优势和劣势的来源,掌握企业的管理传统、行为模式和价值观。

2.企业资源分析

企业的战略选择首先受制于其所拥有的资源和能够整合的资源。因此,企业战略管理者需要理清自己的资源类型、数量和质量等信息。通过与竞争对手的比较来确认自己在资源上的优势和劣势,评价资源优势的价值创造力和可保持性。资源分析的核心是了解自己是否具有实施现有和新战略的资源优势,以及如何通过资源的重新配置和整合来形成所需要的资源优势。

3.企业能力分析

企业战略选择还受制于企业所拥有的能力以及对能力的整合。战略管理者需要理清自己的能力类型、数量和质量等信息,通过与竞争对手的比较来确认自己在能力上的优势和劣势,评价能力优势的价值创造力和可保持性。能力分析的核心目的是要了解自己是否具有实施现有和新战略的能力优势,以及如何通过能力的发挥和整合来形成所需要的能力优势。

4.企业核心专长分析

企业战略选择还受制于其核心专长的发挥和强化。企业战略管理者需要根据企业即将实施的战略和核心专长的标准,判断企业资源和能力的优势是否构成了企业的核心专长。企业的核心专长实际上就是企业的目标市场、市场定位或者商业模式与其所具有的资源、能力优势的匹配,而且这种匹配具有很高的价值性、稀缺性、难以模仿性和不可替代性。

(三)企业内部环境分析的挑战

内部环境分析的结果(优势和劣势)以及在此基础上所做的战略决策会对企业资源配置和人员升迁等产生更加直接的影响。因此,相对于企业外部环境分析来说,企业内部环境分析面临更大的困难。有效实现企业内部环境分析将面临以下三个方面的挑战,需要在工作团队的构成、工作方法的选择和工作中的人际关系处理上做出一些特殊的安排。

1.不确定性

企业内部优势和劣势是相对于企业所面临的外部机会和威胁而言的。在做出经营范围、目标市场、市场定位、商业模式等战略选择之前,企业战略管理者很难有针对性地判断企业的优势和劣势,从而使企业内部环境分析的过程和结果充满不确定性。而且,企业战略管理者的知识结构、价值取向和思维模式也会在很大程度上影响企业对内部优势、劣势的判断和认识,并放大这种不确定性。有效克服不确定性的影响就需要企业战略管理者尽量安排同一个团队既负责分析企业外部环境,又负责分析企业内部环境,要充分认识到机会、威胁与优势、劣势之间的相对和匹配关系。

2.复杂性

企业内部的各种资源和能力都是相互关联和共同作用的,准确判断一种具体资源或者能力是优势还是劣势对于企业战略管理者来说非常困难。为应对内部环境分析的复杂性,战略管理者不仅需要熟悉企业过去和将要选择的行业与市场的特殊性,能深度把握企业经营方式和商业模式的特点,还需要掌握相应的分析方法和技巧。

3.利益冲突性

企业内部环境分析其实就是对过去和现在各个管理部门和管理者表现的评价,其结果将在很大程度上决定企业未来的资源配置和人事任免。因此,在判断企业竞争优势与核心专长的过程中,战略管理者会受到来自内部各个利益团体的压力、干扰或阻挠。为保证内部环境分析的客观性和有效性,企业战略管理者需要为内部环境分析营造良好的氛围,包括形成新的愿景、营造危机意识等,同时,需要尽可能采用客观的数据、具体的案例和科学的分析方法。

第三节　战略分类与实施

小米:在风口持续转型

2013年,小米创始人雷军的一句"站在台风口,猪也飞上天"传遍大江南北,同年与董明珠在一场盛会上的10亿豪赌也将雷军推上风口浪尖。2014年小米跃居国内智能手机市场份额第一,但是,2015年因为在全球市场出现多起产品质量等问题事件,小米手机的销量和占有率急剧下降,遭遇了前所未有的危机。内忧外患中,小米于2017年成功实现逆转,手机销量突破9 000万台,销售额超千亿元,市场份额重返全球市场前五。小米曲折的发展过程反映了小米在雷军的"顺势而为"理念下,面对剧烈变化的外部环境,不断调整与改变、谋求持续发展的过程。

为了迅速进行规模扩张,特别是基于忠实顾客群体(称为"米粉")的业务扩张,小米在2013年一年内陆续推出电视盒子、路由器、智能电视、平板电脑。与此同时,小米先后进军我国香港和台湾市场,并布局新加坡、马来西亚、印度尼西亚、泰国等华人为主的国家/地区,在多个亚洲国家/地区全面铺开业务。然而,小米的境外市场扩张并不顺利,因为专利等知识产权问题遇到了较大的挫折。路由器、智能电视、平板电脑等产品拓展也并未获得预期的成功。2014年初,小米经历了创立以来最大的一场公关危机——"小米3换芯门",这也成为小米随后陷入困境的前兆。从2015年开始,小米在全球范围内出现了"台湾销量造假""印度专利禁令""净化器抄袭""4C虚假营销"等负面事件。2015年,小米手机出货量的增速和市场占有率都迅速下降,销量增速仅约6％,市场占有率降至全国第四。

多元化和国际化的快速推进给小米带来的困局,使雷军意识到小米亟须变革。2016年雷军提出了小米新"铁人三项",小米正式开始向"新零售"转型,打造"小米生态链":从原先以自有品牌推进多元化扩张转变为以投资方式控股或参股非核心科技产品业务,围绕小米品牌构建"米家"生态链。其中"小米"品牌专注于手机、电视、路由器三大核心业务并继续主打低价优质战略,而小米生态链上的众多产品则归入"米家"旗下,独立运营,主打生活品质,满足用户消费升级需求,并通过自负盈亏提高生态链公司的积极性。至此,小米科技便成了一家由"小米"和"米家"双品牌驱动的电子百货零售商。通过生态链,小米逐渐实现了线上线下的有效整合、多产品之间的供应链协同、多市场多顾客群体的覆盖。小米在名义上进行了更大程度的多元化,实质是集中资源投入手机等核心业务,这样更有利于提高小米核心业务的竞争力、品牌价值和顾客满意度以及整体市场规模。

一、战略分类

(一)企业战略分类依据

企业战略的表现形式和具体选择呈现出多样性特点,通过对企业战略类型的分类,可以明确企业战略的选择空间,以及形成战略选择的基本理由。一般情况下,可以按照战略实施主体、战略实施时间以及企业战略功能进行分类。

1.从战略实施主体角度

从战略实施主体角度,可以将企业战略划分为两个层次:(1)公司层战略,是拥有多个子公司的母公司战略;(2)业务层战略,是单一行业/产品/市场企业,或者集团公司下属的子公司所采用的战略。

下一小节将具体介绍这一分类方法。

2.从战略实施时间长短

从战略实施时间角度,可以将企业战略划分为三种类型:(1)短期战略,一般指时间跨度在1年以内的战略,有时也称为战略行动计划;(2)中期战略,指时间跨度在1年以上5年以内的战略;(3)长期战略,指时间跨度在5年以上10年以内的战略。

3.从企业战略功能的角度

可以将企业战略划分为四种类型:(1)增长型战略,包括强化战略、一体化战略、多元化战略;(2)稳定型战略,包括无变化战略、利润维持战略、暂停战略、谨慎实施战略;(3)收缩型战略,包括重组战略、剥离战略、清算战略;(4)组合型战略,即在集团内部的各个子公司综合使用上述各种战略。

(二)从战略实施主体角度进行的分类

1.公司层战略

公司层战略是行业多元化和市场多元化企业的总部所制定的战略,其主要目的是投资收益率最大化。行业多元化战略,简称多元化战略,是公司层战略的核心内容。

总部必须创造价值而不是损害价值,总部要为业务单位带来价值。作为独立的实体,业务单位有总部(处于多元化企业内)是否比没有总部(独立经营)有更好的绩效?为此,总部必须创造出大于自身运行成本的"净价值"才能证明其存在的理由,这种价值就体现在总部进行公司层战略决策时所创造的组合优势上,简而言之就是1＋1必须大于2。所以公司层战略的性质就是:多元化企业的总部为建立和发挥多行业组合优势而采取的一系列决策和行动,这些决策和行动的主要目的是实现行业组合效益的最大化,即多个行业性经营单位组合管理的经济效益要大于它们独立经营的经济效益之和。

2.业务层战略

业务层战略,也称经营级战略或竞争战略,它是指一个企业为了在一个特定业务领域中发挥竞争优势或建立新的竞争优势,并为顾客创造最大价值所采取的一系列决策和行动。按照其定义,业务层战略具有以下特点:

(1)业务层战略的主要决策与行动都与一个特定或者具体业务的经营和管理有关,其目的是能给顾客持续创造最大的价值。在市场竞争相对不激烈的时候,业务层战略聚焦要求不高,业务层战略也被看成单一行业企业战略。而在市场竞争相对激烈的情况下,"行业"这个概念可能会过于宽泛(尤其对中小企业而言),所以业务层战略还是应该回归其原本的含义,应该被看成单一业务企业的战略更为合适。例如世纪金榜公司的成功首先在于其业务的选择或者定义取舍清晰,志向高远,致力于成为图书出版行业产品和服务方面的标杆。

(2)业务层战略与一个特定或者具体的业务有关,目的是持续获得高于平均水平的收益,因此业务层战略必须体现出强烈的顾客导向、业务特点和竞争指向,又称竞争战略。例如世纪金榜公司需要的不是一般顾客对图书产品和服务的需求,而是具有个性化的顾客的需求;需要符合的不是一般图书行业的特点,而是特定目标顾客的特点;需要指向的不是一般图书,而是从小学到高中阶段教辅图书产品。

(3)为了在业务竞争中持续获得高于平均水平的收益,业务层战略要紧紧围绕不断发现、满足和保持顾客需求,并不断建立、强化和发挥企业竞争优势而展开;要不断发挥企业过去和现在的竞争优势为顾客创造价值,从而带来利润的增加;要不断建立新的竞争优势,因而需要将今天的利润投放于建立新的竞争优势,从而提高市场占有率的扩大。企业如果单纯追求利润最大化,将会导致其未来利益受损;如果单纯追求市场占有率最大化,则会导致企业没有未来。

（4）为了能够在一个特定的业务领域中不断建立、强化和发挥自己的竞争优势，业务层战略所包括的一系列主要决策和行动之间必须保持一致性和稳定性。业务层战略的制定、实施和控制不是一次性的，而是由一系列决策和行动构成的，有些决策和行动是速度或者创新优先，有些决策和行动则是理性或者科学优先。

二、战略实施

（一）战略实施概述

安索夫将战略实施定义为"管理层为贯彻战略计划所采取的行动"，此定义简明扼要地指出了战略实施的核心。战略实施可广义地理解为通过战略性措施，辅以严密的控制手段，将高阶战略细化为低阶战略并落地到价值链增值活动的各环节之中，达成战略计划所要求的绩效，最终实现战略规划的动态过程。简言之，战略实施过程是指在战略既定的前提下，执行、评价和控制战略及战略反馈过程的总称。美国战略管理学家戴维对战略制定与实施进行了比较，二者的关系如表 6-1 所示。

表 6-1　战略制定与战略实施的比较

战　略　制　定	战　略　实　施
在行动之前部署力量	在行动之中驾驭力量
注重效益	注重效率
主要是思维过程	主要是操作过程
需要良好的直觉与分析能力	需要特殊的激励和领导能力
需要对某些个体进行协调	需要对众多个体进行协调

（二）价值链基本活动与战略实施

生产系统管理是运作管理的核心，其目的是运作资源，将输入转化为理想的输出。先进的制造系统与方法包括准时化生产系统、全面质量管理和柔性制造系统等。

1.准时化生产系统（JIT）

准时化生产系统的实质是保持物质流和信息流在生产中同步，实现以恰当数量的物料在恰当的时候进入恰当的地方，生产出恰当质量的产品。这种方法可减少库存、缩短工时、降低成本、提高生产效率。准时化生产系统是一种拉动式生产管理模式，看板管理是准时化生产的重要工具之一，通过看板管理来控制生产和物流，可达到准时生产的目的。

从本质上讲，准时化生产系统是一种生产管理技术，也是一种现代经营观念和先进的生产组织原则，它追求的是生产经营全过程的合理性、高效性和灵活性。它是包括经营理念、生产组织、物流控制、质量管理、成本控制、库存管理、现场管理等在内的完整的生产管理技术与方法体系。准时化生产系统在生产数量与生产浪费两方面的控制降低了生产各环节的成本，对实施低成本战略有重要意义。

2.全面质量管理

20世纪50年代末，美国通用电气公司的费根堡姆和质量管理专家朱兰提出了"全面质量管理"的概念，认为全面质量管理是为了能够在最经济的水平上，考虑到充分满足客户要求的条件下进行生产和提供服务，把企业各部门研制质量、维持质量和提高质量的活动构成为一体的一种有效体系。60年代初，美国一些企业开展了依靠员工"自我控制"的"无缺陷运动"，日本在工业企业中开展质量管理小组活动，使全面质量管理迅速发展起来。推行全面质量管理对实施差异化战略意义更为重大。

3.柔性制造系统

与准时化生产系统类似，柔性制造系统也是一系列思想和活动的集合。该系统由统一的信息控制系统、物料储运系统和一组数字控制加工设备组成。柔性制造系统的初步尝试可追溯到1967年，该系统具有设备利用率较高、生产周期缩短、维持生产的能力、生产具有柔性、产品质量高、加工成本低等优点。柔性制造系统由加工系统、储运及管理系统和计算机控制系统三部分组成，在不增加成本的情况下，由一套系统进行多种产品的生产。柔性制造系统可服务于多元化战略与国际化战略，在业务层战略中，可对差异化战略形成有效支持。

（三）营销活动

所谓营销，就是企业为了从顾客身上获得利益回报，创造顾客价值和建立牢固顾客关系的过程。营销的本质是创造和交换产品及价值，对企业与消费者来说都具有重要意义。营销活动主要通过"4P"（产品、价格、渠道与促销）的组合即营销组合展开。

1.产品组合策略

产品组合策略包括产品属性、品牌管理等方面，其中产品属性包括产品特征、产品风格与设计等。企业可通过增加产品特征来创造更高水准的产品样式，进而形成与竞争对手产品的差别，有效支持自身的差异化战略。同时，企业在执行国际化战略时，需考虑不同市场中消费者的差异与法律政策的不同，有针对性地调整产品风格和设计，提升企业在不同市场的销售绩效。在品牌管理方面，企业可根据企业战略选择品牌策略：当企业实施差异化战略且产品差异较大时，可选择多品牌策略；当企业实施国际化战略且东道国市场与原品牌不适应时，也应采取多品牌策略；当企业执行国际化战略且企业知名度较高时，则应采取单一品牌策略。

2.价格组合策略

价格组合策略包括定价与付款条件等方面，对消费者的购买行为具有决定性作用。在定价策略方面，主要有基于顾客价值的定价法、基于成本的定价法与基于声望的定价法等。其中基于顾客价值的定价法以消费者对价值的感知为定价基础,适用于业务层面执行差异化战略或聚焦战略的企业(奢侈品行业尤甚)。在此方法下,企业可为产品制定较高价格,获得高额利润。基于成本的定价法则以产品实际生产成本作为定价的基础,比较适合实行成本领先战略的企业。基于声望的定价法往往适用于品牌溢出价值较高的产品,始终要考虑其象征性价值、符号价值、身份价值等,比较适合实行差异化领先战略的企业。

3.渠道组合策略

渠道是制造者把产品卖给终端用户的整个过程。一般而言,企业可选的营销渠道组合主要包括垂直营销系统与水平营销系统两种。垂直营销系统是通过股权控制、特许经营或自身影响力整合分销渠道上下游的各个环节而形成的。在垂直营销系统下,由于整个渠道控制力度大,可很好地降低渠道成本,对实施成本领先战略有重要意义。水平营销渠道则是指同一层次公司进行联合,合作者既是竞争者,也是非竞争者。水平营销渠道的建立既是合作战略(战略联盟)的体现,也可推动合作战略的进一步深化,合作战略有助于实施差异化战略。

4.促销组合策略

促销策略包括广告、销售推广、人员销售、公共关系等方面。根据对象的不同,广告可分为告知性与劝说性等类别。当企业实施成本领先战略时,消费者对于购买此类产品的必要性往往并无疑问,可设计劝说性广告,鼓动购买;当企业实施差异化战略或聚焦战略时,消费者可能不清楚企业产品的特点,故应设计告知类广告,向消费者介绍产品特殊用途与价格等。

(四)服务活动

服务活动是指可增加或保持产品价值的各种服务,如安装、维修、培训等。不同业务层战略应匹配的服务策略也有所不同。在实行成本领先战略时,企业应着力减少服务活动的成本来降低整体成本,如尽量提供标准化的服务,适当减少现场服务。在实施差异化战略的情况下,为突出本企业产品的特色,可采取将无形产品有形化、将标准产品定制化、降低感知风险、重视员工培训并控制服务质量等措施。当企业实施聚焦战略时,要考虑与成本领先战略或差异化战略的不同搭配。当实施成本领先聚焦战略时,由于市场较小,企业应充分利用学习曲线与规模经济优势,尽量降低服务成本;当实施差异化聚焦战略时,企业应充分利用所提供的服务集中于细分市场的优势,以彰显特色。

(五)采购活动

采购是指企业在一定条件下从供应市场获取产品或服务作为企业资源,以保证企业生产和经营活动正常开展的一项企业运营活动。采购活动的关键控制点包括采购组织管理制度、采购团队或部门、采购计划、采购规范与流程、供应商、采购范围、采购周期、采购方式、采购预算以及采购效果评估等。下面择要介绍。

1.采购组织与团队管理

对于实施多元化战略的企业,在充分考虑采购协同的前提下,其子公司可保留较大的自主管理权,以便按照符合自身产业特点的方式进行采购;对于追求成本领先战略的企业,则应设立统一管理的采购部门,以便降低采购成本;对于实施差异化战略的企业,采购管理可适度分权。

2.采购计划、规范及流程

实施成本领先战略的企业,其采购计划应尽量考虑避免库存积压与控制物料成本两个方面,采购流程也应设计严格精确的步骤;实施差异化战略的企业,应制定兼顾高速、高质且少积压的采购计划,设计能够保证采购品质的采购流程与规范。

3.采购范围、周期及方式

对于实施成本领先战略的企业而言,要以总成本最低为目标,侧重集中采购、公开招标或竞争性谈判等方法进行采购。对于实施差异化战略的企业,公司总部应将各产品部门所需的共性物料列入集中采购目录,对于特性物资,总部可通过采购限额的管理方式控制总成本。同时,公司总部应根据各产品部门需求差异,将特性物资采购周期与方式的权力适当下放到产品部门,以便其自主灵活地进行采购。

(六)研发管理

研发管理是指通过自主开发或外部引进等手段使企业获得所需技术,提高自身竞争能力的活动。企业应根据自身战略选择技术开发模式,包括独立研发、技术引进与合作开发等模式。一般而言,通过独立研发模式取得的产品,具有难以模仿(或仿制成本高)的特点,可与差异化战略匹配。企业若在工艺改进环节进行独立研发,也可降低产品生产成本,有利于实施成本领先战略。技术引进模式(广义上也包括仿制)成本低、见效快、风险较低,可与低成本战略匹配。合作开发模式则是由企业与其他主体共同进行技术开发的一种模式,其优点在于分散研发风险与费用,增加及时掌握新技术的机会,可参与行业统一标准的建立,对实施成本领先战略和差异化战略都有重要意义。

 拓展案例

宜家出走马甸变脸

宜家在马甸 15 000 平方米的店面,创造出 5.4 亿元/年的销售额。世界 500 强将在明年年初搬离马甸,引起了媒体和社会的广泛关注——既关心宜家的前景,也关心

马甸的发展趋势。

马甸曾经被北京市商委规划为北京市十个商业中心的一个。马甸经历过两次辉煌,一次是在亚运会期间,马甸是亚运会商品集散地,那时大众和社会对马甸作为商业中心有了初步认识。第二次是在马甸被大规模开发以后,特别是宜家进驻以后,形成了马甸商业上真正的繁荣。

据了解,宜家在选址上有两点必备的条件。第一,必须处于交通要道。马甸地区有四通八达的交通,马甸立交桥交通流量巨大。第二,宜家在世界各国的发展,物业都是自己的,不采取租用的办法。宜家初进北京,在马甸破例采取了租赁的方式来开店,也证明了马甸的商业价值。

宜家出走可能基于三个原因:(1)15 000平方米营业面积已不能满足经营需求;(2)宜家失去了在马甸的定价权,成本为王的经营理念使宜家难以接受马甸区域日益成熟带来的租金上涨的成本压力;(3)马甸由纯商业向商业与商务结合的大势,已使宜家失去了小资定位的环境土壤。

商业和商务应该是互为表里、相辅相成的,不同的业态,对商务的支持也各不相同。从这个角度来说,宜家"出走"也许意味着这个区域的商业或商务价值的新陈代谢。宜家搬走不一定是坏事,通过马甸商业的重新整合和洗牌,让市场来检验马甸区域真正的商务和商业价值。

案例思考:

(1)根据宜家在选址上的两个条件,谈谈你对企业战略的认识。

(2)根据上述资料谈谈你对战略实施的认识。

第七章

市场营销

 ▶ **学习目标**

· 厘清市场营销、市场分析、产品服务与品牌等相关概念

· 了解如何进行市场分析，如何提出产品策略与服务策略

· 学习品牌营销等系统性知识，掌握品牌与定价策略

 ▶ **课程思政内容**

　　践行社会主义核心价值观，在营销实践中彰显经世济民的家国情怀。将营销的核心和宗旨上升到中国梦以及新时代我国社会主要矛盾的解决上，追求经济价值与社会价值同构；传递正能量、公平公正、诚实守信、合作共赢等；引导学生了解世情、国情、党情、民情，培养学生对于国家的热爱和对于社会民生的关怀。

　　二十大报告原文："我们确立和坚持马克思主义在意识形态领域指导地位的根本制度，社会主义核心价值观广泛传播，中华优秀传统文化得到创造性转化、创新性发展，文化事业日益繁荣，网络生态持续向好，意识形态领域形势发生全局性、根本性转变。"

第一节　市场营销

霍利菲尔德之耳

　　世界拳击史上的一场闹剧在泰森与霍利菲尔德之间展开,泰森的"世纪之咬"使老霍少了半个耳朵。比赛后的第二天,在美国的各大型超市竟然出现了许多叫"霍利菲尔德之耳"的巧克力,其栩栩如生的耳朵形状,使好奇幽默的美国市民们争相购买,将老霍的"耳朵"带回家中"一咬为快"。该巧克力生产商利用比赛中出现的轰动性新闻效应,突发奇想,超乎寻常地分析了顾客的心理需求,及时开发出外形新颖的产品,因此而美美地赚了一回顾客口袋中的钞票,大捞一笔。

一、市场营销

　　"市场营销"英文为"marketing",我国在引进这门学科的过程中,对其翻译的方法有好几种,一些翻译恰恰反映了当时人们对市场营销在理解上的偏差与局限。曾经有人将 marketing 翻译为"销售学",译者可能认为这门学科主要研究的是企业如何将生产出来的产品更好地销售出去,而我们在以后的分析中会看到,这种认识是很不全面的,销售只是营销活动的组成部分之一。后来又有人将 marketing 翻译为"市场学",但是这种译法也会使人产生误解,以为 marketing 只是单纯从客观的角度研究市场的,同企业的经营决策活动关系不大。而"市场营销学"的译法,则比较准确地反映了 marketing 这门学科是企业以市场为导向,以实现潜在交换为目的,去分析市场、进入市场和占领市场这样一种基本特征。

(一)定义

　　不少人将市场营销仅仅理解为销售,从我国不少企业对营销部的命名中就可以看到这一点,他们往往只是要求营销部门通过各种手段设法将企业已经生产的产品销售出去,营销部门的活动并不能对企业的全部经营活动发挥主导作用和产生较大影响。事实上,市场营销的含义是比较广泛的,它重视销售,但它更强调企业应当在对市场进行充分分析和认识的基础上,以市场需求为导向,规划从产品设计开始的全部经营活动,以确保企业的产品和服务能够被市场所接受,从而顺利地销售出去并占领市场。

美国著名的营销学者菲利浦·科特勒对市场营销的核心概念进行了如下的描述:"市场营销是个人或群体通过创造,提供并同他人交换有价值的产品,以满足各自的需要和欲望的一种社会活动和管理过程"。在这个核心概念中包含了"需要、欲望和需求""产品或提供物""价值和满意""交换和交易""市场、关系和网络""营销和营销者"等一系列的概念。

1.需要、欲望和需求

实际上,这里"需要""欲望""需求"三个看来十分接近的词汇,其真正的含义是有很大差别的。"需要"是指人们生理上、精神上或社会活动中所产生的一种无明确指向性的满足欲,而当这一指向一旦得到明确,"需要"就变成了"欲望"。对于企业的产品而言,有购买能力的"欲望"才是有意义的,才真正能构成对企业产品的"需求"。

当我们看到有一个消费者在市场上寻找钻头时,以一般的眼光来看,这个人的"需要"似乎就是钻头。但若以市场营销者的眼光去看,这人的需要并不是"钻头",而是要打一个"洞",他是为了满足打一个洞的需要购买钻头的。区别在于,如果只认为消费者的"需要"是钻头,企业充其量只能在提供更多更好的钻头上去动脑筋,这样并不能保证企业在市场上占有绝对的竞争优势。而如果认为消费者的"需要"是打"洞",那么企业也许就能创造出一种比钻头打得更快、更好、更便宜的打洞工具,从而就可能使企业在市场上占据更为有利的竞争地位。所以,要从本质上认识到消费者购买的是对某种"需要"的"满足",而不仅仅是产品。

2.产品或提供物

任何需要的满足必须依靠适当的产品,好的产品将会在满足需要的程度上有很大提高,从而也就能在市场上具有较强的竞争力,实现交换的可能性也更大。产品不仅是指那些看得见、摸得着的物质产品,也包括那些同样能使人们的需要得到满足的服务或是创意。我们把所有可通过交换以满足他人需要的事物统称为"提供物"。例如人们会花几千元的钱去购买一架大屏幕的彩电来满足休闲娱乐的需要,也可以花费同样的代价去进行一次长途旅游,以达到休闲娱乐的目的。为顺利地实现市场交换,企业经营者不仅要十分重视在市场需要引导下的产品设计与开发,还应当从更广泛的意义上去认识产品(或提供物)的含义。

3.价值和满意

人们是否购买产品不仅仅取决于产品的效用,同时,也取决于人们获得这效用的代价。人们在获得使其需要得以满足的产品效用的同时,必须支付相应的费用,这是市场交换的基本规律,也是必要的限制条件。市场交换能否顺利实现,往往取决于人们对效用和代价的比较。如果人们认为产品的效用大于其支付的代价,再贵的商品也愿意购买;相反,如果人们认为代价大于效用,再便宜的东西也不会要,这就是人们在交换活动中的价值观。

市场经济的客观规律告诉我们,消费者只会去购买有价值的东西,并根据效用和代价的比较来认识价值的实现程度。人们在以适当代价获得了适当的效用情况下,才会有真正的满足,而当感到以较小的代价获得了较大的效用时,则会十分满意。只有在交易中感到满意的顾客才可能成为企业的忠实顾客,所以企业不仅要为顾客提供产品,更必须使顾客感到在交换中价值的实现程度较高,这样才可能促使市场交易的顺利实现,建立企业的稳定市场。

4.交换和交易

交换是市场营销活动的核心,可以通过四种方式获得所需的东西:自行生产,获得自己的劳动所得;强行索取,不需要向对方支付任何代价;向人乞讨,同样无须做出任何让渡;进行交换,以一定的利益让渡从对方那里获得相当价值的产品或服务。

需要的产生使交换成为有价值的活动,产品的产生使交换成为可能,而价值的认同才能使交换最终实现。我们所讨论的前几个市场营销概念的构成要素最终都是为交换服务的,因交换而有意义的,所以说交换是市场营销概念中的核心要素。如何通过克服市场交换障碍,顺利实现市场交换,进而达到实现企业和社会经济效益的目的,是市场营销学研究的核心内容。交换不仅是一种现象,更是一种过程,只有当交换双方克服了各种交换障碍,达成了交换协议,我们才能称其为形成了"交易"。交易是达成意向的交换,交易的最终实现需要双方对意向和承诺的完全履行。所以如果仅从某一次交换活动而言,市场营销就是为了实现同交换对象之间的交易,这是营销的直接目的。

5.市场、关系和网络

市场是交易实现的场所和环境,从广义的角度看,市场就是一系列交换关系的总和,市场主要是由"卖方"和"买方"两大群体构成的。在市场营销学中,对"市场"的概念有一种比较特殊的认识,往往用来特指企业的顾客群体。这种对"市场"概念的认识是基于一种特定的视角,即站在企业(卖方)角度分析市场,此时市场就主要是由顾客群体(买方)所构成的了。

在现代市场营销活动中,企业为了稳定自己的销售业绩和市场份额,都是希望能同自己顾客群体之间的交易关系长期保持下去,并得到不断的发展。企业市场营销的目标不能仅仅停留在一次交易的实现上,而应当通过营销的努力来发展同自己的供应商、经销商和顾客之间的关系,使交易关系能长期稳定地保持下去。

生产者、中间商以及消费者之间的关系直接推动或阻碍着交易的实现和发展。企业同与其经营活动有关的各种群体(包括供应商、经销商和顾客)所形成的一系列长期稳定的交易关系构成了企业的市场网络。在现代市场营销活动中,企业市场网络的规模和稳定性成为形成企业市场竞争力的重要方面,从而成为企业营销的重要目标。

6.营销和营销者

从一般的意义上认识,市场交易是买卖双方处于平等条件下的交换活动,市场营销学则是站在企业的角度研究如何同顾客实现有效交换的学科,所以说市场营销是一种积极的市场交易行为,在交易中主动积极的一方为市场营销者,而相对被动的一方则为营销者的目标市场,市场营销者采取积极有效的策略与手段来促进市场交易的实现。营销活动的有效性既取决于营销人员的素质,也取决于营销的组织与管理。

(二)发展历程

市场营销学是一门应用性很强的学科,其产生是基于企业经营活动中大量实践经验的提炼和总结。企业经营实践的发展是同一定区域内的社会和经济环境条件的变化密切相关的,并且推动了市场营销学理论的发展。19世纪末到20世纪初在美国发展起来的市场营销学和市场营销理论就是以美国社会与经济的发展变化为背景的。

1.市场营销的萌芽期

人们一般将19世纪中叶至20世纪20年代称为市场营销的萌芽时期。从19世纪开始,随着工业革命对生产力的解放,西方的资本主义有了很大的发展。从1879年到1929年,美国的制造业得到了飞速的发展,制造业的从业人数几乎增加一倍,实际产出则翻了一番。以名义货币价值计算,产值增加近600%,工资增加500%,工业增长的速度是人口增长速度的两倍。日益发达的生产力使社会商品供应日益丰富,导致部分产品出现供过于求。1825年,西方世界爆发了第一次以"生产过剩"为特征的大规模经济危机,之后约每十年左右就要出现一次周期性的经济危机,从而使产品销售成为企业所关心的问题。一些企业开始重视市场的研究,并着手开展一些以市场为导向的营销活动。如美国国际收割机公司从19世纪中叶起,就开始了对于市场的分析和研究,建立了市场定位的观念,确定了企业的定价政策,组织推销队伍,采取了对售出的产品"包退包换"等售后服务措施,从而大大提高了其市场竞争能力。随着企业对产品销售活动的重视,广告已成为企业促进产品销售的重要手段,1865年美国工商界的广告费用总额约为8万美元,1904年就已经超过8亿美元,至1920年更高达30亿美元。

2.市场营销的成形期

20世纪的20年代至40年代是市场营销理论逐渐成形的时期。在此之前,市场营销尽管已经开始受到一部分企业的重视,但是由于市场资源短缺,产品总体上供不应求的基本状况并没有大的改变,所以大多数企业对于市场营销的理论与实践并不十分关注,企业经营行为本身尚未为市场营销理论的成形奠定基础。进入20世纪以后,随着西方垄断资本集团的逐步形成,生产力出现了高度的发展,产品供应越来越丰富,不少产品出现供过于求的现象。市场供应的迅速增加和有效需求的不足,使社会经济矛盾日趋尖锐,终于在 1929 年导致了世界性的经济大危机。从 1929 年到 1933 年的经济危机造成整个西方世界商品积压、企业倒闭、市场萧条、失业率上升,各资本主义国家的工业生产量下降了 37%,世界贸易额减少了 2/3。严酷的现实使越来越多的企业感受到竞争的压力,体会到市场营销活动的重要性,从而使市场营销活动在二三十年代的西方企业中迅速普及,市场营销理论体系基本确立。

这一时期,作为市场营销活动趋于成形的显著标志是各企业纷纷成立了专门的市场营销研究机构,开始了理性化的市场营销活动。其中最早的是美国的柯蒂斯出版公司,于 1911 年就建立了商业研究部门,对市场营销活动进行专门的研究。之后,越来越多的企业成立了类似的机构。至 1931 年,美国市场营销协会成立,对市场营销的研究活动趋于社会化。当时的美国总统委员会关于"美国经济新动向"的报告中指出,企业"过去只关心满足需求的数量,而现在则关心产品的销售活动"。

3.市场营销的成熟期

市场营销学的理论与实践在 20 世纪 50 年代之后进入成熟阶段。第二次世界大战虽然是人类历史上一次惨绝人寰的浩劫,但是由于战争的需要,一大批新的科技成果也在这次战争中诞生。战争结束以后,一大批新技术、新材料、新能源由军用转向民用,促使社会生产力水平大大提高,新产品不断涌现,市场供应十分丰富;战后的社会相对稳定,使社会消费的质量也不断提高,消费需求的多样化、层次化趋势日益明显;战后世界势力范围的划分基本确定,各国谋求市场进一步扩张的欲望只能通过新的商业竞争来实现。这一背景条件决定了企业必须提高自身的经营素质,进一步深化对市场营销的研究,加强营销方面的努力,提高自身的竞争实力。于是,市场营销的理论和实践在二次大战以后有了迅速的发展。越来越多的企业开始由单纯研究产品的宣传和销售,开始转向对市场潜在需求的发现和研究,并开始研究如何以市场需求为导向,指导企业的生产和经营活动,组织有系统的市场营销活动。美国的可口可乐公司、商用机器公司、通用电气公司等跨国公司和企业集团都在实践中创造出了一整套的市场营销策略和技术,为市场营销理论上的研究奠定了基础。

这一阶段,市场营销学的理论和实践已经开始由美国向全球扩散、传播,成为世界各国企业界和学术界所关注和接受的学说。市场营销学在全世界的广泛传播和应用,使其进一步融入世界各国的国情与文化,丰富了其内涵,也增强了其适应性。

在此期间对市场营销的一些规律性问题的研究日益深入,一些新的概念和原理不断涌现,市场营销的研究领域也逐渐扩大。美国著名营销学者菲利浦·科特勒于 1981 年在美国市场营销协会成立三十周年的大会上指出,从 50 年代以来,几乎每十年中都会产生五六个营销的新概念,从而使市场营销学的理论体系日趋完善。在此期间,出现了一批对于市场营销学说的发展具有重要贡献的营销学者,其中,最值得推崇的是杰罗姆·麦卡锡和菲利浦·科特勒。1960 年,麦卡锡和普利沃特合著的《基础市场营销》第一次将企业的营销要素归结为四个基本策略的组合,即著名的

"4P"理论,这一理论取代了此前的各种营销组合理论,成为现代市场营销学的基础理论。菲利普·科特勒于 1967 年又出版了《营销管理——分析、计划与控制》一书,从企业管理和决策的角度,系统地提出了包含营销环境、市场机会、营销战略计划、购买行为分析、市场细分和目标市场以及营销策略组合等在内的市场营销的完整理论体系,成为当代市场营销学的经典著作,使市场营销学理论趋于成熟。

随着营销实践的不断发展,市场营销学的理论的发展也十分迅速。麦卡锡和科特勒的著作都是每隔三年左右就重版一次,在理论上不断有所创新,如菲利普·科特勒在 1991 年《市场营销学》的第七版中增加了"营销计划背景分析""竞争者分析""服务营销"等内容;在 1994 年的第八版中讨论了"营销近视"的问题,并提出了"通过质量、服务和价值来建立顾客满意度";在 1997 年的第九版中,又讨论了"21 世纪营销"的新内容——"网上营销";而在 2000 年出版的"千禧版"中则对网络营销、电子商务等因高科技的推动而发展起来的新的营销方式作了更为全面而深入的分析。正如科特勒本人所提出的,市场营销的概念不是太多而是远远不足。随着市场营销实践的发展,市场营销学的理论将会变得越来越丰富。

(三)中国的市场营销

从 20 世纪 70 年代末开始,我国发生了巨大的变化,开始走全方位改革开放的道路。西方一切对于发展经济有益的思想观点、理论方法和实践经验开始逐步被介绍进来,随着市场环境的变化和企业意识的增强而被企业所接受。市场营销学的理论就是在这一时期开始传入我国的。

1.市场营销的导入

准确地说,在 20 世纪 70 年代之前,我国台湾、香港等地就已经开始了对市场营销的研究和实践,菲利普·科特勒的《营销管理——分析、计划与控制》在 70 年代中期就已被台湾的学者翻译为中文版。而在我国大陆地区,直至 1978 年,市场营销学才被正式引入。最早开设市场营销学课程的是广州的暨南大学,主要是应一批港澳学生以及东南亚地区华侨子弟的需要而开设的。之后,北京和上海的一些大学也开设了类似的课程,并对市场营销学进行了较为系统的研究。

1980 年,国家经委、国家科委和国家教委同美国政府合作在大连建立了高级管理干部培训中心,主要由美国的大学教师前来授课,市场营销学作为一门主要课程在该中心讲授。1982 年,国内正式公开出版和发行的市场营销学著作已有近十种,一部分高等院校陆续开始将"市场营销学"列为正式课程,中国人民大学、上海财经大学等少数院校开始招收"市场营销学"方向的硕士研究生。市场营销理论的研究先于其实践在我国得到了普及。正是由于理论先于实践,因此这一时期我国对市场营销学的研究主要是以全面、系统地介绍国外的市场营销理论为主。

在市场营销的实践方面,起步较早的是广东等南方地区。那里毗邻香港,在贸易等方面同港澳地区的联系很密切,在企业的经营思想上有很大程度受境外企业的影响,所以在企业的经营活动中较早地融入了一些市场营销的观念和做法。例如,20世纪80年代中期中国第五届全运会在广州举行时,广东的一些企业就表现出了强烈的市场竞争意识,出资几百万在全运会上展开广告宣传,这对当时中国内地的许多企业来讲,简直是不敢想象的。

2.市场营销的普及与发展

1982年5月,有24所财经类院校参加的市场营销学教材研讨会在湖南长沙市举行,在这次会议上首次提出了成立类似美国市场营销协会之类的学术研究推广机构的设想。1983年10月在西安召开了市场营销学教学研究会的筹备会议,1984年1月中国高等院校市场营销学教学研究会终于在长沙正式成立。这一学术团体的成立,标志着市场营销学的学术地位在我国正式得以确立,这对于市场营销学在我国的发展具有里程碑的意义。在此以后,全国各省市也纷纷成立市场营销学的学术团体和研究机构,并同企业界联合,共同开展市场营销学的理论研究和实践活动。1991年3月,在全国各地纷纷成立市场营销学会(协会)的基础上,中国市场学会在北京正式成立。中国市场学会的成立,标志着我国市场营销学的发展已开始走理论与实践相结合的道路,并逐渐被各阶层和各方面所接受。

从1985年开始,中国各高等学院和科研机构陆续派出访问学者、留学生、研修生等去美国、日本、加拿大、澳大利亚等在市场营销学研究方面比较领先的国家学习和研究。一些人首次在国外取得了市场营销学的博士学位,这些出访人员将国外市场营销学的最新理论和发展信息带回国内,进一步推动了市场营销学的理论研究和实践应用向深度和广度发展。

进入20世纪90年代,我国的各高等院校(包括一部分理、工、农、医甚至军事院校)都已普遍开设市场营销的课程,部分院校还设立了市场营销学专业,在本专科、硕士和博士研究生等各个层次中都已有了市场营销学的研究。在各种类型和层次的经济管理干部培训班中,"市场营销学"也都是一门不可缺少的必修课程。与此同时,大量国外市场营销学的教材和论著被引进中国,翻译出版。我国的学者们也在对市场营销学进行悉心研究的基础上,编著了大量市场营销学方面的教材和专著。

我国普遍接受和应用市场营销理论应当说还是始于20世纪90年代。这一结论并不完全是从应用面的大小上来考虑的,而主要是根据市场营销应用所必须具备的背景条件来考虑的。如前所述,市场营销观念只有在企业面临巨大的市场困境和竞争压力的环境条件下才会被企业真正接受,而我国的大多数企业一直到20世纪90年代才真正面临这样的环境。大面积的供大于求和"买方市场"的局面是到20世纪90年代中期才真正形成的。这时我国的大多数企业才真正认识到了研究市场、研究需求的重要性,市场营销在此时才真正被作为一种经营思想,而不是一种时髦的标签被中国的企业所接受。更为重要的是,在20世纪80年代,我国的大多数企业,特别是国有企业,实际上还称不上是真正的"企业",它们并不具备企业经营所必需的法人财产,缺乏独立自主的经营权,无法根据市场的变化去自主地调整自己的经营,因此他们也根本无法成为市场营销活动的主体。在大多数企业还不能成为营销主体的情况下,市场营销理论的普及和应用当然无从谈起。进入20世纪90年代,随着现代企业制度的建立和推广,我国企业真正成为产权明确、独立自主的营销主体。所以说,只有到20世纪90年代,市场营销理论才在我国进入了应用阶段。到20世纪90年代末,在我国已有了一批在市场营销活动中取得显著成效的大型企业,它们富有创新意识的营销实践已经引起了海内外企业界和学术界的重视。如海尔集团的营销实践就被美国的哈佛大学商学院编成教学案例。这意味着进入21世纪,我国市场营销的发展有可能进入一个更新的阶段——营销理论本土化及创新阶段,我国的企业界和学术界将会对市场营销理论的发展做出自己独特的贡献。

3.中国市场营销有待走向成熟

至今为止,虽然企业界已对市场营销学的学习和应用表现出浓厚的兴趣和高度的重视,但是在推广和应用上仍表现出明显的不成熟。

首先,大多企业仍然停留在推销阶段,以推销的意识和心态来学习和接受市场营销理论。而在实践活动中,仍以企业和自我为中心,以促进企业已有产品的销售为目的,在促销技巧上做文章,在很大程度上对市场营销本质观念认识不深。社会公众往往把"营销"等同于"推销"。

其次,市场营销在不少企业内并没有被看作经营者的经营理念和指导思想,并没有被看作一种管理职能,而只是作为一种部门职能在发挥作用。企业的营销部(或市场部)往往难以对整个企业的经营活动产生重大的影响,营销部的功能不明确,作用受到很大限制,有的甚至形同虚设,或成为杂务部。

最后,很少有企业具有营销策划的意识和行为,经营的战略性很差。大多数企业仅注重短期利益而忽视长期的发展,很看重销售和利润,而忽视市场份额的占有,主要依靠自身经验进行决策,而忽视市场调研和市场分析。

因此,市场营销理论与实践要在我国得到进一步的发展,除了通过大规模的宣传和培训,使更多的人理解和接受这一当代的经营管理哲学之外,还有待于我国市场经济体制的进一步完善。市场环境的变化,会使得市场营销的观念很快被越来越多的企业所接受。事实上,从20世纪90年代开始,我国改革开放的步伐加快,大量外资企业和国外产品的进入,使国内市场开始趋于国际化。进入21世纪,我国成功地加入了世界贸易组织,中国市场进一步同国际市场接轨,这将迫使我国企业更快地掌握和应用市场营销的理论和方法,否则就会在无情的竞争面前被挤垮、被淘汰。

二、营销管理

(一)市场营销战略

1.市场营销战略的内涵

市场营销战略是指企业在现代市场营销观念下,为实现其经营目标,对一定时期内市场营销发展的总体设想和规划。其主旨是提高企业营销资源的利用效率,使企业资源的利用效率最大化。由于营销在企业经营中具有突出的战略地位,使其连同产品战略组合在一起,被称为企业的基本经营战略,对保证企业总体战略的实施起关键作用。

市场营销战略具有五大特点:市场营销战略的第一目的是创造顾客,获取和维持顾客;要从长远的观点来考虑如何有效竞争,立于不败之地;注重市场调研,收集并分析大量的信息,只有这样才能在环境和市场的变化下做出正确的决策;积极推行革新,其程度与效果成正比;在变化中进行决策,要求其决策者有很强的能力,尤其是洞察力、识别力和决断力。

2.市场营销战略创新

(1)强化产品质量和服务品质的竞争观念

在信息技术及全球经济的不断发展下,企业营销环境也产生了重大变化。各企业产品的质量、价格、品种都无太大差别,利润率都明显降低,价格竞争也基本到达了极限。此时,企业竞争就转为服务的竞争,只有优质的服务才能赢得顾客、抢占市场。相对于传统竞争模式,服务竞争是非价格竞争,为消费者提供更具特色、更优质、更符合其需求的服务或产品是竞争的核心。

(2)建立高效的营销网络

任何营销模式,其最终目的都是促进产品在市场上流通。商品流通的一个重要渠道就是营销网络。要建立起高效的营销网络,不仅需要计算机技术的架构,更重要的是对企业整体资源的合理调配,做好硬件、技术、人力等多方面资源的协调配置。对于营销网络,还要不断进行创新,进行营销网点的开拓,覆盖更广的客户群,构建一个多层次、全方位、有效、立体的营销网络。

(3)创新营销组织

市场营销工作是一项综合性极强的工作,它需要企业各方面资源的协调配合。在该项工作的具体操作执行中,营销组织是其中最重要的部分。目前,企业市场营销的组织作用并未得到有效的发挥,市场营销工作也并未真正落到实处,营销组织不合理、不科学是这一现象产生的主要原因。在当前的网络环境中,营销组织应当具有灵活应对和快速反应的能力,逐步淘汰传统的各部门(分销部门、推销部门、广告部门、公关部门)分散作业的方式。因为分散的营销模式不利于现代企业营销工作的开展，所以需要建立一个结构精简、高效便捷、富有弹性的营销组织，这也是企业创新的重要内容之一。

（4）创新营销渠道

一些有实力的企业，应在企业原有的营销渠道上拓宽通路，这具有十分重大的创新价值。目前，兴起了一种被称作超级终端的新型零售终端，其目的就是通过拓宽通路，建立起强大的整体规模，并凭着该优势抢占渠道控制权。

一些实力有限的企业，应当缩短通路、提高效率。对大部分实力有限的企业来说，通过缩短通路和减少渠道环节，能够有效减少通路的费用，从而提高与顾客的沟通效率，强化终端控制，进而达到扩大市场份额的目的。

为了保证分销商与企业之间能进行有效、快速的信息沟通，进而企业及时掌握市场动态，要求信息不仅能单向传递，还能逆向传递。通过逆向渠道的建立，在保持渠道系统灵活性的同时，还能避免企业组织出现僵化现象。

（二）营销管理组合

市场营销组合是指企业根据目标市场的需要，全面考虑企业的任务、目标、资源以及外部环境，对企业可控制因素加以最佳组合和应用，以满足目标市场的需要，实现企业的任务和目标的一系列活动。

市场营销组合是企业市场营销战略的一个重要组成部分，这一概念是由美国哈佛大学教授尼尔·鲍顿于 1950 年最早采用的，它是制定企业营销战略的基础，可以保证企业从整体上满足消费者的需求。此外，它也是企业对付竞争者强有力的手段，是合理分配企业营销预算的依据。

1."4P"理论

营销组合"4P"理论指的是产品（product）、渠道（place）、价格（price）、促销（promotion）以及它们的组合。"4P"理论被中国企业经营者广泛运用，甚至影响了企业的组织结构，纷纷设立了主管营销的副总和营销企划部或市场营销部，使得中国企业的市场营销行为也真正有目的有计划成体系地展开。"4P"理论虽然为企业的营销策划提供了一个有用的框架，但是是站在企业立场上的，而不是站在客户的立场上，所以有它的局限性。

2."6P"理论

"6P"理论与"4P"理论的不同是在"4P"理论的基础上增加了两个"P"：政治这一理论权力（political power）和公共关系（public relationship）。科特勒认为，企业能够而且应当影响自己所在的营销环境，而不应单纯地顺从和适应环境。在国际与国内市场竞争都日趋激烈，各种形式的政府干预和贸易保护主义再度兴起的新形势下，要运用政治力量和公共关系，打破国际或国内市场上的贸易壁垒，为企业的市场营销开辟道路。同时,他还发明了一个新的名词——"大市场营销",来表示这种新的营销视角和战略思想。

3."4C"理论

在经历了20世纪70年代初期的"黄金阶段"之后,1973年由于石油危机的爆发,主要的发达国家进入了"滞胀阶段",经济发展停滞不前。与此相反的是在拉丁美洲和亚洲出现了一些新兴工业国家和地区,并且形成了一支新兴的经济力量,这些国家的企业开始积极参与国际竞争。发达国家的消费者对价格变得敏感,需求呈现出多样性,更为注重产品或服务的质量,也因内部市场容量有限,国内企业之间的竞争也变得异常激烈。

在这种背景下,美国著名学者劳特朋教授在1990年率先提出"4C"理论,即消费者(customer)、成本(cost)、便利(convenience)与沟通(communication),根据消费者的需求和欲望来生产产品和提供服务,根据顾客支付能力来进行定价决策,从方便顾客购买及方便为顾客提供服务来设置分销渠道,通过企业同顾客的情感交流、思想融通,使顾客更好地理解和认同企业、产品或服务,以寻求企业同顾客的契合点。

由此可见,"4C"理论坚持以顾客为导向,始终围绕"顾客需要什么"与"如何才能更好地满足顾客"两大主题,进行持续的改进活动,以追求顾客的满意。它是一种由外而内的拉动型营销模式,它宣传的是"请消费者注意",而非"消费者请注意"。与传统的营销模式相比,以顾客为导向的企业,认为,顾客是企业存在的唯一理由,顾客是企业利润的最终来源,当前线人员与顾客发生互动时,互动的瞬间就决定了企业的命运。中层管理者和高层管理者一方面要为前线人员提供支持活动,另一方面也要保持和顾客不断接触,及时响应顾客需求。但是,这一理论也不可避免存在缺陷:由于考虑了顾客这一外部不可控因素,在实践操作性上较之"4P"理论显得较弱;过分以顾客为导向将会使企业的营销活动显得被动,实际上企业可以驱动市场而不仅仅是被市场驱动;此外,该理论未考虑竞争对手的营销策略及反应,且容易遭到模仿。

4."4R"理论

美国的唐·舒尔茨提出了关于"4R"策略的营销新理论,阐述了一个全新的营销四要素:与顾客建立关联(relevancy)、反应(reaction)、关系(relationship)和回报(reward)。

与顾客建立关联是指在竞争性市场中,企业通过某些有效的方式在业务、需求等方面与顾客建立关联,从而形成一种互助、互求、互需的关系,把顾客与企业联系在一起。顾客是具有动态性的,顾客忠诚度也是变化的,要提高顾客的忠诚度,赢得长期而稳定的市场,避免其忠诚度转移到其他的企业,必须与他们建立起牢固的关联,这样才可以大大减少顾客流失的可能性。

反应是指企业市场反应,在相互影响的市场中,对经营者来说最现实的问题不在于如何控制、制定和实施计划,而在于如何站在顾客的角度及时地倾听顾客的希望、渴望和需求,并及时答复和迅速做出反应,满足顾客的需求。对于企业来说应该建立快速反应机制,了解顾客与竞争对手的一举一动,从而迅速做出反应。

关系是指通过不断改进企业与消费者的关系,实现顾客固定化。同时,企业要注意对与每一位不同顾客的不同关系加以区分,这其中包括从一次性顾客到终生顾客之间的每一种顾客类型,在进行市场营销时分清楚不同的关系才不至于分散营销力量。与顾客建立起良好的关系,从而获得顾客的满意和忠诚感,才能保持顾客,进一步还能把满意的顾客变成亲密的顾客。

回报是指任何交易与合作关系的巩固和发展,都是经济利益问题,因此,一定的合理的回报既是正确处理营销活动中各种矛盾的出发点,也是营销的落脚点。

5.“4S”理论

“4S”市场营销策略主要强调从消费者需求出发,建立起一种“消费者占有”的导向。它要求企业在针对消费者的满意程度方面对产品、服务、品牌不断进行改进,从而达到企业服务品质最优化,使消费者满意度最大化,进而使消费者对企业产品产生一种忠诚。“4S”是指满意(satisfaction)、服务(service)、速度(speed)和诚意(sincerity)。

满意是指顾客满意。企业强调要以顾客需求为导向,以顾客满意为中心,要站在顾客立场上考虑和解决问题,把顾客的需要和满意放在一切考虑因素之首。

服务包括几个方面的内容:首先精通业务工作的企业营销人员要为顾客提供尽可能多的商品信息,经常与顾客联络,询问他们的要求;其次对顾客要亲切友善,用体贴入微的服务来感动用户,要将每位顾客都视为特殊和重要的人物,要以最好的服务、优质的产品、适中的价格来吸引顾客多次光临;最后要为顾客营造一个温馨的服务环境,这要求企业对文化建设加大力度,在整个服务过程中需要服务人员用眼神表达对顾客的关心,用眼睛去观察,用头脑去分析,为顾客提供体贴入微关怀的服务。

速度是指不让顾客久等,能迅速地接待、办理,有最快的速度才能迎来最多的顾客。

诚意是指要用以他人利益为重的真诚来服务客人。要想赢得顾客,必先投之以情,用真情服务感化顾客,以有情服务赢得无情的竞争。

6.“4V”理论

进入20世纪90年代以来,高科技产业迅速崛起,高科技企业、高技术产品与服务不断涌现,互联网、移动通信工具、发达交通工具和先进的信息技术,使整个世界面貌焕然一新,人类俨然成为“地球村”。企业和消费者之间的信息不对称状态得到改善,沟通的渠道多元化,越来越多的跨国公司开始在全球范围进行资源整合。在这种背景下,营销观念、方式也不断丰富与发展,并形成独具风格的“4V”营销理论。“4V”是指差异化(variation)、功能化(versatility)、附加价值(value)、共鸣(vibration)。

4V营销理论首先强调企业要实施差异化营销,一方面使自己与竞争对手区别开来,树立自己独特形象;另一方面也使消费者相互区别,满足消费者个性化的需求。

其次,4V 理论要求产品或服务有更大的柔性,能够针对消费者具体需求进行组合。最后,4V 理论更加重视产品或服务中的无形要素,通过品牌、文化等以满足消费者的情感需求。

(三)营销环境

市场营销环境可分为微观环境和宏观环境。微观市场营销环境是指与企业紧密相连、直接影响企业营销能力和效率的各种力量和因素的总和,主要包括企业自身、供应商、营销中介、消费者、竞争者及社会公众。由于这些环境因素对企业的营销活动有着直接的影响,所以又称直接营销环境。宏观市场营销环境是指企业无法直接控制的因素,是通过影响微观环境来影响企业营销能力和效率的一系列巨大的社会力量,它包括人口、经济、政治法律、科学技术、社会文化及自然生态等因素。由于这些环境因素对企业的营销活动起着间接的影响,所以又称间接营销环境。微观市场营销环境和宏观市场营销环境之间不是并列关系,而是主从关系。微观市场营销环境受制于宏观市场营销环境,微观市场营销环境中的所有因素均受到宏观市场营销环境中的各种力量和因素的影响。

1.宏观市场营销环境

宏观市场营销环境变化对企业产生的影响可以从两个方面进行分析。一是宏观市场营销环境的变化对企业的市场营销活动产生有利的影响,这对企业是一种环境机会。二是宏观市场营销环境的变化对企业市场营销活动产生不利的影响,这对企业是一种环境威胁。面对市场机会吸引力和威胁程度不同的营销环境,需要通过环境分析来评估市场机会与环境威胁,进而提出相应的对策。通常,企业可采用"机会分析矩阵图"和"威胁分析矩阵图"来分析、评价营销环境。

(1)人口环境

人口是构成市场的第一位因素。人口的多少直接决定着市场的潜在容量,人口越多,市场规模就越大。而人口的年龄结构、地理分布、婚姻状况、出生率、死亡率、密度、流动性及其文化教育等特性会对市场格局产生深刻影响,并直接影响企业的市场营销活动。对人口环境的分析可包括人口总量、人口结构、地理分布、家庭组成、教育和职业等因素。

(2)经济环境

经济环境是指影响企业市场营销方式与规模的经济因素,主要包括收入与支出水平、储蓄与信贷及经济发展水平等因素,包括收入与支出状况以及经济发展水平。

(3)自然环境

营销学上的自然环境,主要是指自然物质环境,即自然界提供给人类各种形式的物质财富,如矿产资源、森林资源、土地资源、水力资源等。自然环境也处于发展变化之中:自然资源日益短缺,能源成本趋于提高,环境污染日益严重,政府对自然资源的管理和干预不断加强,这些都会直接或间接地给企业带来威胁或机会。因此,企业必须积极从事研究开发,尽量寻求新的资源或代用品。同时,企业在经营中要有高度的环保责任感,善于抓住环保中出现的机会,推出"绿色产品"及"绿色营销",以适应世界环保潮流。

(4)政治与法律环境

政治与法律是影响企业营销活动的重要宏观环境因素。政治环境是指企业市场营销活动的外部政治形势和状况以及国家的方针和政策。企业对政治环境的分析,就是要分析政治环境的变化给企业的市场营销活动带来的影响。法律环境是指国家或地方政府颁布的各项法规、法令和条例等。法律环境对市场消费需求的形成和实现具有一定的调节作用。政治与法律相互联系,共同对企业的市场营销活动发挥影响和作用。

(5)科学技术环境

科学技术是社会生产力最活跃的因素,作为市场营销环境的一部分,科技环境不仅直接影响着企业内部的生产和经营,还与其他环境因素互相依赖、相互作用,尤其与经济环境、文化环境的关系更为紧密,如新技术革命既给企业的市场营销创造了机会,同时也造成了威胁。

(6)社会文化环境

文化环境所蕴含的因素主要有社会阶层、家庭结构、风俗习惯、宗教信仰、价值观念、消费习俗、审美观念等。

在企业面临的诸多环境中,社会文化环境是较为特殊的,它不像其他环境因素显而易见,却又时时刻刻影响着企业的营销活动。任何人都在一定的社会文化环境中生活,存在于特定社会文化环境中的个体,其认识事物的方式、行为准则和价值观等都会异于生活在其他社会文化环境中的人们。因此,无论在国内还是在国际上开展市场营销活动,企业都必须全面了解、认真分析所处的社会文化环境,这样才有利于准确把握消费者的需要、欲望和购买行为,正确决策目标市场,制定切实可行的营销方案。对于进入国际市场和少数民族地区的企业来说,这样做尤为重要。

2.微观市场营销环境

微观市场营销环境是指与企业紧密相连、直接影响企业营销能力和效率的各种力量和因素的总和,主要包括供应商、营销中介、顾客、竞争者及公众、内部环境等。这些因素与企业有着双向的运作关系,在一定程度上,企业可以对其进行控制或施加影响。

(1)供应商

供应商是指向企业及其竞争者提供生产经营所需资源的企业或个人。供应商所提供的资源主要包括原材料、零部件、设备、能源、劳务、资金及其他用品等。

（2）营销中介

营销中介是指为企业融通资金、销售产品给最终购买者提供各种有利于营销服务的机构，包括中间商、实体分配公司、营销服务机构（调研公司、广告公司、咨询公司）、金融中介机构（银行、信托公司、保险公司）等。它们是企业进行营销活动不可缺少的中间环节，企业的营销活动需要它们的协助才能顺利进行。

（3）顾客

顾客是企业服务的对象，也是营销活动的出发点和归宿，它是企业最重要的环境因素。按照顾客的购买动机，可将顾客市场分为消费者市场、生产者市场、中间商市场、政府市场等。

（4）竞争者

竞争者是指与企业存在利益争夺关系的其他经济主体。企业的营销活动常常受到各种竞争者的包围和制约，因此，企业必须识别各种不同的竞争者，并采取不同的竞争对策。

（5）公众

公众是指对企业实现营销目标的能力有实际或潜在利害关系和影响力的团体或个人。所有公众，均对企业的营销活动有着直接或间接的影响。处理好与广大公众的关系，是企业营销管理的一项极其重要的任务。

（6）内部环境

所有从内部影响公司的因素都称之为"内部环境"。内部环境可以归纳为员工、资金、设备、原料与市场。对于应对市场变化而言，内部环境和外部环境同样重要。作为市场营销人员，我们把应对市场变化的过程称为"内部市场营销"。

3.市场营销环境对企业营销的影响

（1）市场营销环境对企业营销带来的影响是双重的

营销环境中会出现许多不利于企业营销活动的因素，由此形成挑战。如果企业不采取相应的规避风险的措施，这些因素会导致企业营销的困难，带来威胁。为保证企业营销活动的正常运行，企业应注重对环境进行分析，及时预见环境威胁，将危机减少到最低程度。

营销环境也会滋生出对企业具有吸引力的领域，带来营销机会。对企业来讲，环境机会是开拓经营新局面的重要基础。为此，企业应加强对环境的分析，当环境机会出现的时候善于捕捉和把握，以求得企业的发展。

（2）市场营销环境是企业营销活动的资源基础

市场营销环境是企业营销活动的资源基础，企业营销活动所需的各种资源，如资金、信息、人才等都是由环境提供的。企业生产经营的产品或服务需要哪些资源、多少资源、从哪里获取，都依赖于营销环境因素分析，以获取最优的营销资源，满足企业经营的需要，实现营销目标。

(3)市场营销环境是企业制定营销策略的依据

企业营销活动受制于客观环境因素,必须与所处的营销环境相适应。企业在环境面前绝不是无能为力和束手无策的,而是能够发挥主观能动性,制定有效的营销策略影响环境,从而在市场竞争中处于主动地位并占领更大市场的。

第二节　市场分析与竞争战略

情侣苹果

元旦,某高校俱乐部门前,一老妇守着两筐大苹果叫卖,因为天寒,问者寥寥。一教授见此情景,上前与老妇商量几句,然后走到附近商店买来节日织花用的红彩带,并与老妇一起将苹果两两一扎,接着高叫道:"情侣苹果哟! 两元一对!"经过的情侣们觉得甚为新鲜,用红彩带扎在一起的一对苹果看起来很有特色,因而买者甚众。不一会儿,苹果尽数卖光,老妇感激不尽。

这是一个成功进行目标市场定位营销的案例。市场营销首先要分清众多细分市场之间的差别,并从中选择一个或几个细分市场,针对这几个细分市场开发产品并制定营销组合。

那位教授对俱乐部门前来往的人群进行的市场细分可谓别出心裁,占比例很大的成双成对的情侣给了他灵感,他觉察到情侣们将是最大的苹果需求市场,而其对产品的定位更是奇巧,用红彩带两个一扎,唤为"情侣"苹果,对情侣非常具有吸引力,即使是在苹果不好销的大冬天,情侣苹果也变得畅销了。

一、市场分析

(一)消费者市场购买行为分析

消费者市场是指为了生存或享受的需要,购买或准备购买消费类产品或服务的个人和家庭。市场营销学中所谓的消费者市场或产业市场,是以购买目的和动机为依据来划分的,而不是以所购产品的自然属性来划分的,因为许多产品在上述两个市场中都可以被消费。例如,煤炭既可以出售给个人消费者,也可以出售给生产者,很难根据产品本身来断定它是属于哪一种市场。

1.消费者市场的特点

（1）购买者多而分散

每个人、每个家庭都是消费者，相对于产业市场，消费者市场购买人数众多，而且由于消费者所处的地理位置不同、闲暇时间不一致，造成购买地点和时间的分散性。

（2）少量购买，多次重复购买

消费者购买是以个人和家庭为购买和消费单位的，由于受到消费人数、需要量、购买力、储藏空间、商品保质期等诸多因素的影响，消费者为了保证自身的消费需要，往往每次购买批量小且重复购买。

（3）购买的差异性大

因受消费者年龄、性别、职业、收入、文化程度、民族、宗教、消费习惯等方面的影响，消费者市场消费需求有很大的差异性，对商品的要求也各不相同，而且随着社会经济的发展，消费者的消费习惯、消费观念与消费心理不断发生变化，从而导致消费者购买差异性大。

（4）大多属于非专家购买

绝大多数消费者在购买商品时缺乏相应的专业知识，尤其是对某些技术性较强、操作比较复杂的商品，更是如此。在多数情况下，消费者很容易受广告宣传、商品包装以及其他促销方式的影响，从而产生冲动购买。

（5）购买的流动性大

由于购买力相对有限，消费者对所需要的某些产品会慎重选择，在市场经济比较发达的今天，商品和服务的选择余地越来越大，加之人口在地区间的流动，导致消费者经常在不同产品、不同地区及不同企业之间流动。

（6）购买的周期性

从消费者对商品的需求来看，有些商品消费者需要常年购买、均衡消费，如食品、副食品、牛奶、蔬菜等生活必需品；有些商品消费者需要季节购买或节日购买，如一些时令服装、节日消费品；有些商品消费者需要等商品的使用价值基本消费完毕才重新购买，如家用电器等。由此可见，消费者购买有一定的周期性可循，从而使消费者市场呈现一定的周期性。

（7）购买的时代特征

消费者购买不仅受到消费者内在因素的影响和制约，还常常受到时代精神、社会风俗习惯的影响，从而产生一些新的需求。如上海的 APEC 会议以后，唐装成为时代的风尚而流行起来；又如社会对知识的重视，对人才的需求量增加，从而使人们对书籍、文化用品的需求明显增加，这些都显示出消费者购买的时代特征。

（8）购买的发展性

消费者购买是在不断变化的，随着社会的发展和人们消费水平与生活质量的提高，消费需求也在不断改变。过去只要能买到商品就行，现在则要追求品牌；过去不敢问津的高档商品,现在也属于大众消费;过去由自己承担的劳务,现在也可由劳务从业人员承担。这种新的需求不断产生,而且是永无止境的,从而使消费者购买具有发展性。

2.消费者购买行为模式

消费者购买行为模式有价格型购买行为、理智型购买行为、冲动型购买行为、想象型购买行为、习惯型购买行动与随意型购买行为。有些客户习惯在反复考虑、认真分析、多方选择的基础上采取购买行为。

3.影响消费者购买行为的因素

影响消费者购买行为的因素有文化因素、社会因素、个人因素、心理因素等。

(1)文化因素

文化和社会阶层等文化因素对消费者的行为具有最广泛的影响,文化是人类欲望和行为最基本的决定因素,而人类行为大部分是学习而来的,这也影响了他们的购买行为。

(2)社会因素

消费者购买行为也会受到诸如相关群体、家庭、社会角色与地位等一系列社会因素的影响。

(3)个人因素

消费者购买决策也受其个人特性的影响,特别是受生命周期阶段、职业、经济状况、生活方式、个性以及自我观念的影响。生活方式是一个人所表现出来的有关其活动、兴趣和看法的生活模式。个性是一个人所特有的心理特征,它导致一个人对其所处环境的相对一致和持续不断的反应。

(4)心理因素

消费者购买行为要受动机、感觉、信念和态度等主要心理因素的影响。动机是一种升华到足够强度的需要,它能够及时引导人们去探求满足需要的目标。感觉是人们通过各种感官对外界刺激形成的反应。信念和态度是人们通过学习或亲身体验形成的对某种事物比较固定的观点或看法,信念和态度影响着人们未来的购买行为,一旦形成就很难改变,它们引导消费者习惯地购买某些商品。

4.数字化革命对消费者行为的影响

(1)拥有更大的权力

数字经济时代,消费者能非常容易地接触到更多的商品信息。他们充分应用"智能代理"来寻求产品或服务的最佳价格,对各种营销提供物进行出价,绕过分销通道和中间商,根据家庭生活的便利全天候地在全球购物。

(2)提供更多的产品和服务

信息的数字化使卖方可以定制他们出售的产品和服务并以一个可观的价格将它们卖出去。这也使市场营销者可以定制面向大多数消费者的促销信息。例如,亚马逊向已购图书的消费者发送个性化的电子邮件来预告最新出版的图书信息,这些建议是基于目标消费者的兴趣而给出的,而这些目标消费者又是根据他们先前的购买情况而区分的。

(3)交换具有更强的交互性

数字化沟通开辟了双向交互式的交换,消费者可以通过点击网站上的链接或者离开这个网站等方式来对市场营销者传达的信息迅速做出反应。因此,市场营销者可以迅速衡量促销信息的有效性,同时还可以追踪消费者在线的行为,通过要求消费者在享受网站的特性之前先进行注册和提供一些个人信息来收集信息。因此,市场营销者可以有效而又廉价地构建与更新他们的消费者数据库。

(二)生产者市场购买行为分析

生产者市场购买行为分析是提供生产资料与产品的企业营销研究的重点,只有了解了生产者购买行为的特点,掌握生产者购买行为的规律性,才能制定相适应的市场营销组合策略,在满足生产者需求的同时,实现企业自身的营销目标。

1.生产者市场购买特征

生产者购买商品是为了进行再生产并取得利润。因此,生产者购买与消费者购买有很大的差别。生产者购买具有以下特征。

(1)购买者数量少,购买规模大

在生产者市场上,购买者是企业单位,购买者的数量必然比消费者市场小得多,但每个购买者的购买量都较大。在现代经济条件下,许多行业的生产集中在少数大公司,所需原料、设备的采购也就相对集中,买者有限,但购买数量相当巨大。

(2)购买者区域相对集中

购买者区域上相对集中是由产业布局的区域结构决定的。由于历史和地域资源的原因,各地产业布局结构各不相同。如传统上,我国东北是重工业集中地,华东是纺织、电子、机械加工业发达地区,产业布局形成了生产者购买较为集中的目标市场。

(3)需求受消费品市场的影响

企业对生产资料的需求,常常取决于消费品市场对其需求的情况,因而被称为"衍生需求",即生产者购买需求归根结底是从消费者对消费品的需求中衍生出来的。

(4)需求缺乏弹性

在生产者市场上,购买者对产品的需求受价格变化的影响不大。在工艺、设备、产品结构相对稳定的情况下,市场资料的需求在短期内尤其缺乏弹性。例如,皮鞋制造商既不会因皮革价格上涨而减少对皮革的需求量,也不会因为价格下降而增加需求量。

(5)需求波动太大

生产者对于生产资料的需求比消费者对消费品的需求更容易发生波动。消费者需求的少量增加能导致生产者购买的大大增加。这种现象被称为"加速原理"。生产者购买变化很大,企业营销往往实行多元化经营,以减少风险,增强应变能力。

(6)购买人员较为专业

生产者购买必须符合企业再生产的需要,对产品的质量、规格、型号、性能等方面都有系统的计划和严格的要求,通常需由专业知识丰富、训练有素的专业采购人员负责采购,这便要求企业营销时向采购员提供技术资料和特殊的服务。

(7)购买多为直接购买

购买者多数希望直接与供应者打交道。一方面,供应商能够保证按照自己的要求提供产品,另一方面又能与供应商保持密切关系,保证在交货期和技术规格上符合自己的需求。

(8)特殊购买方式——租赁

许多生产者以租赁的方式取得设备。这种方式一般适用于价值较高的机器设备、交通工具等。租赁已成为近年来生产者获得生产资料,特别是生产设备的一种重要形式。租赁的形式主要有服务性租赁、金融租赁、综合租赁、杠杆租赁、供货者租赁、卖主租赁等。

2.影响生产者市场购买决策的因素

(1)环境因素

企业外部环境因素,包括政治、法律、文化、技术、经济和自然环境等,会影响生产者购买决策。

(2)组织因素

企业本身的因素,如企业的目标、政策、业务程序、组织结构、制度等,都会影响生产者购买决策。

(3)人际因素

主要指企业内部人际关系。生产者购买决策过程比较复杂,参与决策的人员较多,这些参与者在企业中的地位、职权、说服力以及他们之间的关系都会影响他们的购买决策。

(4)个人因素

各个参与购买决策的人,在决策过程中都会掺入个人感情,从而影响参与者对要采购的产品和供应商的看法,进而影响购买决策。

二、市场竞争战略

在现代市场经济条件下,企业必须根据市场需要配置资源,制定战略,安排供应。根据波特竞争理论,每个行业都有优秀竞争者和低劣竞争者,明智的企业应善于支持、团结前者,进攻、制约后者。即与优秀竞争者结成相互配合、密切合作的战略联盟,共同对低劣竞争者展开攻击,以便实现企业的战略目标。总而言之,只有了解竞争者的动向,才能赢得市场,维系顾客,进而在激烈的市场竞争中立于不败之地。

(一)分析竞争者

1.识别竞争者

竞争者一般是指那些与本企业提供的产品或服务相类似,并且有相似目标顾客和相似价格的企业。通常可从产业和市场两个方面来识别企业的竞争者。

(1)从产品方面分析

从产业方面来看,提供同一类产品或可相互替代产品的企业,构成一种产业,如汽车产业、医药产业等等。如果一种产品价格上涨,就会引起另一种替代产品的需求增加。例如,咖啡涨价会促使消费者转而购买茶叶或其他软饮料,因为它们是可相互替代的产品。企业要想在整个产业中处于有利地位,就必须全面了解本产业的竞争模式,以确定自己的竞争者的范围。对供给和需求基本条件进行分析,供求情况影响产业结构,产业结构影响产业行为(包括产品开发、定价战略和广告战略等),而产业行为又影响产业绩效(例如产业效率、技术进步、盈利能力、就业状况等)。

(2)从市场方面分析

从市场方面来看,竞争者是那些满足相同市场需要或服务于同一目标市场的企业。从产业观点来看,打字机制造商以其他同行业的公司为竞争者;但从市场观点来看顾客需要的是"书写能力",这种需要用铅笔、钢笔、电子计算机也可满足,因而生产这些产品的公司均可成为打字机制造商的竞争者。以市场观点分析竞争者,可使企业拓宽眼界,更广泛地看清自己的现实竞争者和潜在竞争者。

2.判定竞争者的战略与目标

每个竞争者都有侧重点不同的目标组合,如获利能力、市场占有率、现金流量、技术领先和服务领先等等。企业要了解每个竞争者的主要目标是什么,才能正确估计他们对不同的竞争行为的反应。例如,一个以"低成本领先"为主要目标的竞争者,对其他企业在降低成本方面技术突破的反应,要比增加广告预算的反应更加强烈。

企业还必须注意监视和分析竞争者的行为,如果发现竞争者开拓了一个新的细分市场,那么,这可能是一个市场营销机会;如果发觉竞争者正试图打入属于自己的细分布场,那么就应抢先下手,予以回击。

3.评估竞争者的实力和反应

各企业采取的战略越相似,它们之间的竞争就越激烈。在多数行业中,根据所采取的主要战略的不同,可将竞争者划分为不同的战略群体。例如,在美国的主要电器行业中,通用电器公司、惠普公司和施乐公司都提供中等价格的各种电器,因此可将它们划分同一战略群体。

企业需要估计竞争者的优势及劣势,了解竞争者执行各种既定战略是否达到了预期目标。为此,企业需搜集过去几年竞争者的情报和数据,如销售额、市场占有率、边际利润、投资收益、金流量、发展战略等等。有时要通过间接的方式取得二手资料,如别人的介绍或别人的经验等。企业可以对中间商和顾客进行调查,以问卷调查形式请顾客给本企业和竞争者的产品在一些重要方面分别打分,通过分数可了解竞争者和自己的长处和劣势,进一步采取对策。

(二)竞争战略

1.市场领导者战略

市场领导者在整个市场中占有最大的市场份额,在价格变动、新产品开发、销售渠道、分销渠道、促销战略等方面对行业内其他公司起着领导作用。市场领导者的战略一般可分为三个方面。

(1)扩大市场需求总量

当一种产品的市场需求总量扩大时,受益最大的是处于主导地位的企业。一般说来,市场主导者可从三个方面扩大市场需求量:一是发掘新的使用者;二是开辟产品的新用途;三是刺激使用者增加使用量。

(2)保护市场份额

为了保护市场份额,可建立以下几种防御战略。

阵地防御。即在现有阵地周围建立防线。这是一种静态的防御,是防御的基本形式,但不能作为唯一的形式,如果将所有力量都投入这种防御,最后很可能导致失败。

侧翼防御。指市场主导者除保卫自己的主阵地外,还应注意保卫自己较弱的侧翼,防止对手乘虚而入。例如,20世纪70年代美国的几大汽车公司就因为没有注意侧翼防御,遭到日本小型汽车的无情进攻,失去了大片阵地。

先发防御。这是一种"先发制人"式的防御,即在竞争者尚无足够能力进攻之前,先主动攻击它。具体做法是:当竞争者的市场占有率达到某一危险的高度时,就对它发动攻击;或者是对市场上的所有竞争者全面攻击,使得人人自危。

反攻防御。当竞争对手无视市场主导者的侧翼防御和先发防御措施而发动进攻时,市场主导者可采用反攻防御策略,可实行正面反攻、侧翼反攻,或发动钳形攻势以切断进攻者的后路。

收缩防御。在所有市场阵地上全面防御有时会得不偿失,在这种情况下,最好是实行战略收缩,即放弃某些本企业实力较弱的市场阵地,把力量集中用到实力较强的市场阵地上去。例如,美国西屋电器公司将其电冰箱的品种由40个减少到30个,撤销了10个品种,竞争力反而增强。

(3)提高市场占有率

市场主导者设法提高市场占有率,也是增加收益、保持主导地位的一个重要途径。美国的一项研究表明,市场占有率是与投资收益率有关的最重要的变量之一,市场占有率越高,投资收益率也越大。市场占有率高于40％的企业其平均投资收益率相当于市场占有率低于10％者的3倍。因此,许多企业以提高市场占有率为目标。例如,美国通用电气公司曾要求它的产品在每个市场上都占据第一位或第二位,否则便撤出该市场。

2.市场挑战者战略

战略目标与进攻对象密切相关,对不同的对象有不同的目标和策略。一般说来,挑战者可在下列三种情况中进行选择。

(1)攻击市场主导者

这种进攻风险很大,挑战者必须具有确实高于主导者的竞争优势。同时,挑战者必须有办法将主导者的反攻限制在最小范围内,否则所获得的利益不会长久。

(2)攻击与自己实力相当者

挑战者对一些与自己势均力敌的企业,可选择其中经营不善者作为进攻对象,设法夺取它们的市场阵地。

(3)攻击地方性小企业

对一些地方性小企业中经营不善、财务困难者,可夺取它们的顾客,甚至小企业本身。例如,美国几家主要的啤酒公司能成长到目前的规模,就是靠夺取一些小企业的顾客而达到的。

总之,战略目标决定于进攻对象,如果以主导者为进攻对象,其目标可能是夺取某些市场份额,或者是夺取市场主导者地位;如果以小企业为对象,其目标可能是将它们逐出市场。但无论在何种情况下,如果要发动攻势进行挑战,就必须遵守一条原则:每一项行动都必须指向一个明确的和可达到的目标。

3.市场追随者战略

每个市场跟随者都必须懂得如何保持现有顾客,并争取一定数量的新顾客;必须设法给自己的目标市场带来某些特有的利益,如地点、服务、融资等;必须尽力降低成本并保持较高的产品质量和服务质量。市场跟随者也不是被动地简单地追随主导者,它必须找到一条不致引起竞争性报复的成长途径。以下是三种可供选择的跟随策略。

(1)紧密跟随

这种策略是在各个子市场和营销组合方面,尽可能仿效主导者。这种跟随者有时好像是挑战者,但只要它不从根本上侵犯到主导者的地位,就不会发生直接冲突,有些甚至会被看成靠拾取主导者的残余谋生的寄生者。

(2)有距离地跟随

这种跟随者是在主要方面如目标市场、产品创新、价格水平和分销渠道等方面都追随主导者,但仍与主导者保持若干差异。这种跟随者可通过兼并小企业而使自己发展壮大。

（3）有选择地跟随

这种跟随者在某些方面紧跟主导者，而在另一些方面又自行其是。它不是盲目跟随，而是择优跟随，在跟随的同时还要发挥自己的独创性，但不进行直接的竞争。这类跟随者之中有些可能发展成为挑战者。此外，还有一种"跟随者"在国际市场上十分猖獗，即名牌货的伪造者或仿制者，他们的存在对许多国际驰名的大公司是一个巨大的威胁。例如在巴黎，有的假冒名牌货在市场的流通量竟比真货多出 8 倍。一件真正的鳄鱼牌高级衬衣标价几百法郎，而在一些店铺里用几十法郎就可买到同样商标的冒牌货。这种假冒活动在我国也很严重，对此，必须引起全社会的重视，特别是要加强执法的力度。

4.市场补缺者战略

每个行业几乎都有些小企业——市场利基者，它们精心服务于市场的某些细小部分，而不与主要的企业竞争，只是通过专业化经营来占据有利的市场位置。这种市场位置（利基）不仅对于小企业有意义，而且对某些大企业中的较小部门也有意义，它们也常设法寻找一个或几个这种既安全又有利的利基。一个最好的"利基"应具有以下特征：（1）市场规模能保证一定利润，并有增长的潜力；（2）企业可为之提供有效服务；（3）对主要竞争者不具有吸引力；（4）当这个市场利基成长到具有更大吸引力时，企业所具备的技术和信誉足以对抗主要竞争者的进攻。

第三节　产品策略与服务策略

Z 企业的发展策略

　　Z 企业成立初期，着重于电脑产品开发和营销管理的研究。例如，在开发新产品的过程中，特意组建专业性强的设计团队来进行电脑产品的设计工作，有力地保障了电脑产品的良好形象；在营销管理方面，加大对产品的宣传，树立良好的服务理念，为电脑产品提供强大的支持。其遵循的真诚、完美和舒心三大服务原则，使该企业在同类行业中脱颖而出，提高了自身的市场竞争力。另外，企业树立的"正确思考、热情服务、与他人共同协作"的经营理念，促进企业内部和外部良好的沟通交流。

　　在日常管理与产品开发上，Z 企业主要通过建立二级研发体系、构建营销与研发一体的组织结构、加强人员管理以及健全完善产品与营销决策机制等途径来建立系统的产品开发和营销管理体系。

一、产品策略

(一)产品整体概念

企业营销活动是以满足消费者需求为中心的,而市场需求的满足只能通过提供产品和服务来实现,企业的成功与发展,关键在于产品能在多大程度上满足消费者的需要以及产品策略是否正确。

1.产品及产品整体概念

研究产品策略,首先必须明确什么是产品。市场营销学所讲的产品,是人们通过购买或租赁所获得的需要的满足。换句话说,凡是提供给市场用于满足人们某种需要的任何事物(包括实物、服务、主意等),都是市场营销学所讲的产品。这种产品既可以是实物形态的,也可以是非实物形态的。例如服务,由于它能使消费者得到更大更多的满足,因而也是一种产品,是一种非物质形态的产品。

市场营销学所讲的产品是一个整体概念,包含三个层次的内容:核心产品、形式产品与附加产品。

(1)核心产品

核心产品是购买者购买某种产品时所追求的主要利益,是消费者需要的中心内容。例如,顾客购买照相机,不是为了得到一个铁匣子,而是要从中得到丰富业余文化生活和留下良好形象以作纪念的需要。核心产品是产品整体概念中最基本、最主要的部分。

(2)形式产品

形式产品主要包括产品的品种、规格、式样、花色、形状、品牌、包装等方面的内容,是购买者需求的不同满足形式。

(3)附加产品

这是购买者在购买形式产品时所获得的全部附加服务和利益,能给购买者以更大的满足。其内容主要包括保证(如实行"三包""三保"等)、安装、送货、维修、提供信贷等。

2.产品分类

在市场营销中要根据不同的产品制定不同的营销策略。为制定科学有效的营销策略,就必须对产品进行分类。产品按用途划分,可分为消费品和工业品两大类。

消费品是直接用于满足最终消费者生活需要的产品,工业品则由企业或组织购买后用于生产其他产品。消费品与工业品两者在购买目的、购买方式及购买数量等方面均有较大的差异,因此,对于这两类不同的产品,企业制定营销策略时必须区别对待。

(二)产品组合

1.产品组合及相关概念

产品组合是指企业生产或销售的全部产品的大类产品项目组合。产品线是指同一产品种类中具有密切关系的一组产品,它们以类似的方式起作用或通过相同的销售网点销售,或满足消费者相同的需要。产品项目是指一类产品中品牌、规格、式样、价格不同的每一个具体产品。产品组合的宽度是指产品组合所包含的产品大类的多少;产品组合的深度是指每个产品所包含的花色、式样、规格的多少;产品组合的长度是指产品组合中所包含的产品项目的总和;产品组合的关联性是指一个企业的各个产品线在最终使用、生产条件、分销渠道和其他方面相互关联的程度。

2.产品组合决策

产品组合决策主要包含以下三种情况。

(1)拓展产品组合

企业可以充分利用资源、发展优势,分散企业的市场风险,增强竞争力。拓展渠道主要是扩大产品组合的宽度和加深产品组合的深度,即增加一条或多条生产线,拓宽产品经营领域以及在原生产线的基础上增加新的产品项目。若企业现有的产品线销售和利润下降时,应及时扩大产品组合宽度,增加生产线;若企业需要进军更多的细分市场,满足更多不同需求的消费者,则可以选择加深产品组合的深度,增加新的产品项目。实行这一策略的主要特点是降低企业的市场风险或平衡风险,但是企业的投入将会增加,带走成本提高以及利润减少。

(2)缩减产品组合

与拓展产品组合策略相反,企业为了减少不必要的投资,降低成本、增加利润,在产品组合中取消那些获利少的产品种类和品种,集中资源发展获利较多的产品线和产品项目。该策略的主要特点是集中企业优势发展利好产品,降低成本,但无形中增加了企业的市场风险。

(3)产品延伸

企业根据市场的需求,重新对全部或部分产品进行市场定位,对产品线内的产品项目进行延伸。比如,企业原来定位于低档产品市场,后期在原产品线内增加高档产品项目进入高档品市场,原因在于高档品有较高的利润率,通过高档品市场树立形象和声誉,满足更多消费者的需求,吸引更多的消费者。反之,企业原定位于高档品市场,现增加低档产品项目,进入低档品市场,应对高档品增长缓慢的情况。

(三)产品生命周期

1.产品生命周期的划分

产品生命周期,是指产品从投放市场到被淘汰出市场的全过程,是指产品在市场上的存在时间,其存在的时间长短受消费者需求变化、产品更新换代的速度等多种因素的影响。产品生命周期与产品使用寿命是不同的概念,市场营销学所研究的是产品生命周期。

产品生命周期一般可分为四个阶段:导入期、成长期、成熟期和衰退期。如图7-1所示。

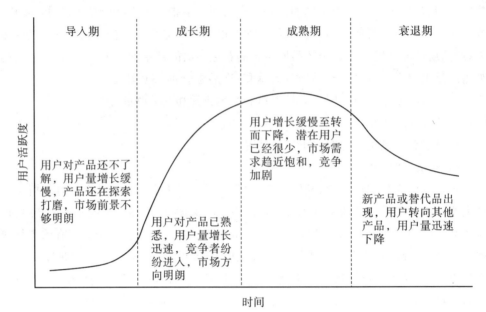

图 7-1 产品生命周期

2.不同阶段市场特征及市场营销策略

(1)导入期特征及市场营销策略

产品导入期是产品研制成功后投放市场的初期。这一阶段的主要特征是:产品刚刚投放市场还未定型,市场反应正在测试,生产方法和技术还不够成熟,不具备大规模生产的条件,因而产量较小;顾客对产品了解不足,消费需求的差异性不明显,购买者较少;在销量小、成本高的情况下,企业通常不能获利,甚至亏损;由于一个或少数几个企业生产这种新产品,竞争者甚少或无竞争者,市场竞争尚未兴起。

导入期是企业营销活动成败的关键期。无利或亏损,对企业极为不利,企业的营销活动应抓住一个"快"字,实现一个"短"字。即企业应采用各种手段缩短导入期,以期尽快进入成长期。这一阶段企业可采用无差异性目标市场营销策略以探求市场需求及潜在顾客。

在导入期,企业可据实确定产品、价格、渠道、促销等策略。以 1945 年美国雷诺公司经营圆珠笔为例,当时临近战后第一个圣诞节,许多人希望能买到一种新颖别致的商品作为圣诞礼物。雷诺公司看准了这一时机,不惜重金从阿根廷引进了当时美国还没有的圆珠笔生产技术,并在很短的时间内生产出了产品。在制定价格时,他们进行了认真的分析研究,考虑到这种产品在美国是首次出现、无竞争对手、战后市场物资供应短缺、购买者求新求奇心理较强等因素,决定采取高价高促销的策略。当时每支笔的生产成本仅为 0.50 美元,以 10 美元的价格卖给零售商,零售商以每支 20 美元的价格出售。伴随着广告等强促销手段,产品在美国风靡一时,雷诺公司因此获得了巨额利润。

(2)成长期特征及市场营销策略

产品成长期是指销路已打开,产品大批量生产销售的阶段。这一阶段的主要特征是:产品设计和制造方法已经确定,补充或配套设施已购置,工人的操作技术已熟练,产品生产能力大大提高,具备了规模生产的条件,产品的供给量大幅度增长;产品逐渐被消费者接受,重购和新购不断增加,产品销量迅速增长;为支持市场增长,需要保持或稍微增加促销费用,但因生产成本的下降,企业利润逐渐上升,并将持续到产品生命周期的最高点;产品在市场上小有成长,引来了第一批竞争者,开始仿制该产品,市场竞争开始并日趋激烈;竞争的加剧导致产品供给增大,消费需求出现差异性,市场上的产品开始出现新的特质,销售网络迅速扩大。

产品进入成长期,正说明它是有前途、有希望的,但因消费需求出现差异性和竞争的加剧,企业不能掉以轻心。在制定营销组合策略时,要有"人无我有、人有我优、人优我快"的基本思想,营销活动应抓住一个"好"字,实现一个"大"字:抓好整体产品质量,树立"产品—企业"良好形象,扩大产品销量,取得较大市场占有率。

(3)成熟期特征及市场营销策略

产品成熟期是指产品在市场上由盛到衰的转折时期。这一阶段的主要特征是:市场需求趋于饱和,新购行为已经稀少,需求量增长缓慢,趋于停滞;顾客对产品已熟知,产品逐渐失去特色,过去未发现的产品缺点也开始暴露,消费兴趣开始发生转移,需求的差异性十分明显;企业大批量生产能力已形成,产品的供给能力达到最高点,成本降至最低点,利润量达到最大;随着需求逐渐转向,存货增加,尽管生产技艺娴熟,产品成本仍会有所回升,降价求售更使企业利润增幅下降;竞争者纷纷涌入市场,竞争加剧。在引入期,竞争者常处于等待观望状态,待市场先行者的产品开发和市场开拓成功,便蜂拥而至。经过一段时间的混战,到了成熟期,同类产品数量日益增多,销量增长艰难,市场开拓难度增大,竞争达到白热化程度。

正是基于以上特点,成熟期是企业获取利润的"黄金时节"。企业面临着供给能力增长与消费需求相对饱和的矛盾,企业在市场营销活动中应着重抓住一个"占"字,实现一个"长"字,即千方百计地维持现有市场占有率,并力求扩大,以缓解供需矛盾,尽可能延长成熟期,为本企业带来更多利润。

(4)衰退期特征及市场营销策略

产品衰退期是指产品已经陈旧老化,市场开始萎缩,直至产品被淘汰的时期。这一时期的主要特征有:产品的样式陈旧、功能老化,不能适应市场需求的变化;消费兴趣已发生转移,对老产品的品牌忠诚度下降,需求逐渐减退;竞争者已推出新产品,市场供给能力增大,需求能力缩小,产品库存增大,成本上升;经过成熟期的激烈竞争,产品价格已压到极点,企业处于微利、保本甚至亏损的状态,竞争者纷纷退出市场,竞争趋于缓和。

在衰退期,企业营销活动应抓住一个"退"字,实现一个"转"字。即企业要敏锐地把握市场变化,积极、主动并有计划地实施"市场撤退",实行集中性目标市场营销策略,将主要生产经营能力转移到新产品上去,顺应消费需求的变化。企业应建立起一整套完善的管理机制和淘汰机制,定期检查产品的销售额、市场占有率、成本和利润的变化趋势,推陈出新,使新、老产品适度圆满地衔接。

(四)新产品开发

市场营销意义上的新产品含义很广,除包含因科学技术在某一领域的重大发现所产生的科技新产品外,还包括在生产销售方面,只要在功能或形态上比老产品有明显改进,或者是采用新设计构思,从而显著提高产品性能或扩大使用功能的产品,甚至只是产品从原有市场进入新的市场,都可视为新产品。

现代市场营销观念下,产品凡在任何一个部分有所创新、改革和改变,能够给消费者带来新的利益和满足的,都是新产品。

1.新产品的分类

新产品按不同的划分标准,可以分为不同的种类。

(1)按产品研究开发过程划分

全新产品。指应用新原理、新技术、新材料制造出来的、前所未有的、能满足消费者的一种新需求的产品。它占新产品的比例为10%左右。

改进型产品。指在原有产品的基础上进行改进,使产品在结构、品质、功能、款式、花色及包装上具有新的特点和新的突破的产品。改进产品有利于提高原有产品的质量或产品多样化,满足消费者对产品的更高要求,或者满足不同消费者的不同需求。它占新产品的比例为26%左右。

模仿型产品。指企业对国内外市场上已有的产品进行模仿生产而形成的本企业的新产品。这类产品占新产品的比例为20%左右。

形成系列产品。在现有产品大类中开发出新的品种、花色、规格等,从而与原有产品形成系列的产品,扩大产品的目标市场。它占新产品的比例为26%左右。

降低成本型产品。企业通过新科技手段,削减原产品的成本,但保持原有功能不变的新产品。这类产品占新产品的11%左右。

重新定位型产品。指企业的老产品进入新的市场而被该市场称为新产品。该类产品占新产品的7%左右。

（2）按地区、范围来划分

世界性新产品。指世界上第一次试制生产和销售的产品。

全国性新产品。指在国内试制生产并投入市场的产品。

地区性新产品。指在其他地区已投入生产，但本企业所在地区是首次试制成功并投入市场的产品。

2.新产品开发的程序

一个新产品从独立构思到开发研制成功，其过程主要经历 8 个阶段：创意产生、创意筛选、概念发展和试制、试验与鉴定、市场分析、产品开发、市场试销、商品化。

（1）创意产生

提出新产品的设想方案，产生一个好的新产品构思或创意是新产品成功的关键。企业通常可以从企业内部和企业外部寻找新产品创意的来源。寻求创意的主要方法有以下几种。

产品属性列举法：将现有产品的属性一一列出，寻求改良这种产品的方法。

强行关系法：列出多个不同的产品或物品，然后考虑他们彼此之间的关系，从中启发更多的创意。

调查法：向消费者调查使用某种产品时出现的问题或值得改进的地方，然后整理意见，转化为创意。

头脑风暴法：选择专长各异的人员进行座谈，集思广益，以发现新的创意。

（2）创意筛选

创意筛选是指采用适当的评价系统及科学的评价方法对各种创意进行分析比较，选出最佳创意的过程。在这过程中，应力求除去亏损最大和必定亏损的新产品构思，选出潜在盈利大的新产品创意。

（3）概念发展和试制

新产品概念是企业从消费者的角度对产品创意进行的详尽描述，即创意具体化，描述出产品的性能、具体用途、形状、优点、价格、提供给消费者的利益等。将筛选出的创意发展成更具体、明确的产品概念，试制转变成真正的产品，而试制一般包括样品试制和小批量试制。

（4）试验与鉴定

新产品试制后，须进行全面鉴定，对新产品从技术和经济上做出评价。鉴定的内容主要包括：设计文件的完整性和样品是否符合已批准的技术文件；样品精度与外观质量是否符合设计要求，并已进行有关试验；对质量、工艺、经济性进行评价，提出改进意见，编写鉴定书等。新产品只有通过鉴定，才可进入正式生产阶段。

（5）市场分析

即对新产品预计的销售量、成本和利润等财务情况，以及消费者满足程度、市场占有率等情况进行综合分析，判断该产品是否满足企业开发的目标。

(6)产品开发

主要解决产品构思能否转化为在技术上和商业上可行的产品。它通过对新产品的设计、试制、测试和鉴定来完成。

(7)市场试销

将正式生产的小批量产品投放到有代表性的小范围市场上进行试销,旨在检查该产品的市场效应,然后决定是否大批量生产。通过试销可为新产品能否全面上市提供全面、系统的决策依据,也为新产品的改进和市场营销策略的完善提供借鉴。有许多产品是通过试销改进后才取得成功的,但并非所有的新产品都要经过试销,可根据新产品的特点及试销对新产品的利弊分析来决定。

(8)商品化

新产品试销成功后,就可以正式批量生产,全面推向市场。

二、服务策略

(一)服务策略的特征与类型

所谓服务,是指一种特殊的无形活动,它向顾客和用户提供所需的满足感。服务应理解为是一个过程或一项活动,为目标顾客提供利益的保证,其核心是让被服务者感到满足和愉悦。服务领域需要不断开拓和创新。

1.服务的特征

(1)无形性

服务在很大程度上是无形和抽象的,特别是产品延伸服务,它是依附于产品实体的。

(2)不可分离性

服务活动的过程与被服务者的接受同时进行,二者无法分离。

(3)可变性

服务的构成及其质量水平经常变化,差异性很大。

(4)不可贮存性

服务不可能被贮存并下次再使用。

2.服务的类型

一类是服务产品,以服务本身来满足目标顾客需求的活动,如餐饮业、电信业、教育产业、医疗卫生、旅游业等。

另一类是服务功能,是产品的延伸性服务,如出售计算机时附带安装、培训等服务。产品整体策略研究的是服务功能。

3.服务方式

服务方式是服务产品的生产和交换形式的总称。服务业生产服务产品,必须有一定的服务设施、工具、原材料等生产资料。由于服务产品具有生产过程同消费过程紧密结合的特点,因而服务产品的交换过程同生产和消费过程在物质运动上是结合的,但在经济关系上,交换仍然是生产和消费的媒介。

服务产品交换方式的这一特殊性,对于服务业的具体经营形式和经营方法来说是极其重要的。只要消费者到来,服务劳动者生产服务产品就是当作已经出售了的商品来生产,没有销售困难的顾虑。问题在于如何适应消费者的需要,吸引更多的人购买服务产品。消费者处在生产、流通、消费等不同领域,时间、地点和条件变化不定,服务业要开展服务活动,必须使自己生产和交换服务产品的形式灵活多样,方便消费者,符合消费者的需要。

(二)市场营销服务策略

1.核心服务策略与追加服务策略

在产品类似、竞争激烈的情况下,企业提供的附加服务将成为消费者选择购买的重要因素,营销服务成为物质商品交换的前提和基础,成为满足顾客需求的决定因素。此时,要把营销服务上升到树立企业形象的高度,使服务成为企业经营的主旨。这是市场经济发展到一定阶段的最高服务形式,也是最有竞争性的服务策略。

在我国现行经济下,一般企业认为,服务虽然提供了竞争效用,但它是依附于产品的实体运动的,服务作为产品的一个部分,是实现商品价值的辅助性工作。产品与服务犹如皮和毛的关系,因此,营销服务必须依托产品及其营销工作来开展,以提高顾客对物质商品的吸引力。要重视营销服务,但又要防止"喧宾夺主",要尽力创造条件使营销服务策略由追加性或辅助性向核心性服务策略扩展。但就目前来讲,主要是采用追加服务策略或经营辅助策略,也就是主要在恪守交货信用、保证产品质量和解决用户急需等方面下功夫。

2.一视同仁策略与区别对待策略

所谓一视同仁,就是不管顾客是谁,都同样热情对待。但通常情况下,顾客对商品的需求是多方面的,对服务质量的要求也是多方面和具体的,顾客类型不同,服务的具体要求也就不同。为此,有些企业在强调一视同仁的同时,又强调区别对待地服务,并把它作为深化营销服务、提高营销效果的基本策略。

知名火锅企业"海底捞"通过微博了解到,有些消费者很喜欢海底捞,但又非常抗拒过度服务。所以"海底捞"立即推出了"请勿打扰"的服务——如果消费者不希望服务员过度打扰,就能获得一块写着"请勿打扰"的牌子,把它放在显眼处,服务员就会只提供上菜、撤空盘等基本服务。

3.硬服务策略与软服务策略

硬服务策略主要是充分发挥现代化服务设施为顾客服务的营销服务策略。科学技术的不断发展,为人们工作和生活带来了更新更高的需求,而要满足这些高要求,还必须借助于不断发展的科学技术,即实现服务设施的现代化。因此企业经营者应看清趋势,不断改进和美化企业经营环境,尽可能增添各种现代化设备,提供多功能服务,以适应现代人们的需要。

软服务策略认为,服务设施现代化是现代化服务的中心环节,但它必须与热情周到的服务态度、服务方式相匹配,对于服务设施大体类同的现代企业尤其是现代服务企业,主要应靠富有特色的软服务取胜。

4.售前服务策略、售中服务策略和售后服务策略

售前、售中、售后服务是营销服务三个环节,它们相互联系、相互作用,企业必须全过程予以重视,同时作为一种策略和方法,需要企业根据内外情况,确定每一环节主要的服务策略和内容。

售前,注重对来访用户的热情接待,与此同时注意对顾客的心理分析,了解并消除顾客售前心理上的障碍。例如,解决由于顾客不了解情况而对商品价格、质量、服务、交货期等因素产生的疑虑,使顾客对企业及其产品具有初步信赖后,再激励动机,实现购买行为。售中服务策略,通常靠微笑及专业化服务取胜。而把服务的重点放在售后的企业也不少,因为售后服务既是促销手段,又充当着"无声"的宣传工作,而这种无声宣传要比那些夸夸其谈的有声宣传高超得多。

5.高价服务策略、低价服务策略和馈赠服务策略

高价服务策略是指把服务价格定得偏高的策略。它适应于服务新颖高超、价格需求弹性较小、竞争者也不太多的服务。采取这一策略,可以达到提高服务档次、标明企业身份的目的,并充分利用独到的服务设施与方法,在竞争者能够提供类似服务之前,尽可能地把投资收回,取得相当的利润。

低价服务策略是指把服务价格定得偏低,甚至不单收服务费的一种策略。采用这一策略的服务,一般具有水平不高、模仿容易、在整个产品中占的地位小等特点。采取这一策略,有利于提高企业的竞争能力,使企业取得较多的市场份额。

馈赠服务策略是比低价策略更具竞争性、挑战性的策略。馈赠的内容可以是模型、样品和艺术化了的物品,也可以是无形的服务,但通常是和其他策略,如广告策略、新产品策略一起使用。

第四节　品牌策略与定价策略

西南航空公司

西南航空公司一直将精力集中于得克萨斯州之内的短途航班上。它提供的航班不仅票价低廉,而且班次频率高,乘客几乎每个小时都可以搭上一架西南航空公司的班机。这使得西南航空公司在得克萨斯州航空市场上占据了主导地位。尽管大型航空公司对西南航空公司进行了激烈的反击,但由于西南航空公司的经营成本远远低于其他大型航空公司,因而可以采取价格战这种最原始而又最有效的竞争手段。

为了维持运营的低成本,西南航空公司采取了多方面的措施。在机型上,该公司全部采用节省燃油的 737 型,这不仅节约了油钱,而且使公司在人员培训、维修保养、零部件购买上,均只执行一个标准,大大节省了培训费、维护费。同时,由于员工的努力,西南航空公司创下了世界航空界最短的航班轮转时间。当别的竞争对手需用一个小时才能完成乘客登机离机及机舱清理工作时,西南航空公司的飞机只需要 15 分钟就能完成这项工作。在为顾客服务上,西南航空公司针对航程短的特点,只在航班上的顾客提供花生米和饮料,而不提供用餐服务。

一般航空公司的登机卡都是纸质的,上面标有座位号,而西南航空公司的登机卡是塑料的,可以反复使用。这既节约了顾客的时间,又可节省了大量费用。西南航空公司没有计算机联网的订票系统,也不负责将乘客托运的行李转机。对于大公司的长途航班来说,这是令顾客无法忍受的,但这恰恰是西南航空公司的优势与精明之所在,为了降低成本,它在服务和飞机舒适性上做一些牺牲,只要质量、安全、服务不是太差,顾客是欢迎低价格的。

一、品牌策略

品牌不仅是企业、产品、服务的标识,更是一种反映企业综合实力和经营水平的无形资产,在商战中具有举足轻重的地位和作用。当代国际竞争中,品牌策略是企业走向世界市场的金钥匙。

(一)品牌及品牌策略的含义

美国营销协会是这样为"品牌"定义的："用于识别一个或一群卖主的商品或服务，并将其与竞争对手的商品或服务区分开来的名称、术语、标识、象征、设计或其总和。"因此，当一家企业、一种产品或一项服务拥有自己的名称、术语、标识、象征、设计或它们之间的任意组合时，它就拥有了品牌。

品牌对于企业有着巨大的推动作用，它可以使一个企业通过大批量生产一个品牌的产品来发挥自身的规模经济效益。任何技术都可以模仿，而品牌具有不可模仿性，一个成功的品牌可以成为竞争对手进入的壁垒障碍。品牌可以使企业与其竞争对手区分开来，提升企业的品牌资本即可以提升企业在市场中的竞争力。在市场中，强有力的品牌形象可以使企业在与零售商和其他市场中介机构的关系中占据有利的市场地位。对消费者来说，备受尊崇的品牌是质量、方便、地位等需求得到有效满足的保障，它是消费者对其信任的一种契约。

对于同质化的产品，品牌竞争就是摆脱低层次的产品竞争的重要维度，通过品牌竞争构建品牌的差异性，通过品牌的差异性传达品牌独特的品牌价值，通过品牌价值引导一种生活态度和生活主张。所以真正实现品牌附加价值提升的不单是产品的质量，而是品牌的价值，品牌所营销的是一种生活态度。

品牌能够成为一种生活态度或者生活方式的代表，有以下几点原因：首先是市场细分，不同的品牌满足不同细分市场的需求，品牌强化了细分市场的归属；其次，不同的品牌满足不同的社会阶层的需求，品牌强化社会分层以及社会层级归属；再者，品牌理念和消费者的生活形态密切相关，品牌理念强化生活形态的自我表达。所以，品牌营销策略就是在营销一种生活态度，一种生活理念，一种生活方式。

(二)市场细分与品牌策略

随着社会的发展，传统的大众市场在不断地瓦解，形成了许许多多碎片化的细分市场。比如，不同年龄层的人形成以年龄为核心区隔的细分市场，不同工作形态的人形成以职业为核心区隔的细分市场等。基于人口统计学和消费者生活形态的各个维度，形成了越来越多的碎片化市场。

在传统的营销环境下，消费者的消费心态停留在产品消费的层面，产品消费的前提是功能性的需求，所以不管男女老少，他们对产品的购买就是建立在产品能否满足自身功能期待的基础上。所以，不管什么牌子的牙膏，能够刷牙、刷干净就好，消费者的产品购买是随机的。但是，市场上生产牙膏的厂商越来越多，市场上销售的牙膏也越来越多，如果消费者的产品购买还是随机偶然性选择，那对有的厂家来说就是不公平的，所以这个时候有的厂家就开始打价格战，希望低价格成为消费者选择的一个理由。但是价格战是一种行业内部的恶性竞争，其结果并不能促进整个行业的良性健康发展,这时候就开始了市场细分策略。

此时,消费者也开始出现个性化的需求,于是品牌运营商就开始把大众市场分解,然后选择最有利于自身发展的细分市场展开攻势。通过品牌运作,强化该细分市场的个性,使消费者对这一细分市场产生崇拜感和归属感。

(三)品牌策略与社会分层

社会的发展必然导致社会的分层。比如从收入层面,社会可以分层为金领阶层、白领阶层、蓝领阶层、灰领阶层等;从社会地位来说可以分为精英阶层、新贵阶层、草根阶层等。从人性的层面来说,不同社会阶层的人对产品的功能需求都差不多,但是把产品消费提升到品牌消费层面之后,把消费者购买产品从功能满足提升到精神满足的层面后,品牌也就成为消费者自我实现和自我标榜的一个符号,通过这一符号强化自我的价值认可。

比如,在可口可乐和百事可乐的长期竞争中,百事可乐聪明地用年龄层打击对手,把百事可乐和可口可乐打造成为不同的两代人的可乐。宝马、奔驰、沃尔沃同样成了不同族群的身份代表。

一个成功的品牌营销策略是把品牌打造成为某一令人尊崇的社会阶层的标志,让受众以拥有该品牌为荣耀。因此打造品牌的社会阶层标志性,是提升品牌附加价值的一个重要方式。

(四)品牌理念与生活形态

品牌理念是品牌成为某一细分市场、某一社会阶层代表的内核支持。例如,百事可乐是"新一代的选择",百事的消费者用百事标榜自己是不落俗套、拒绝墨守成规的年轻人;美特斯邦威"不走寻常路",消费者借助这个品牌演绎自己是一个特立独行的个性主义者;安踏"我选择·我喜欢",消费者通过安踏品牌表达对于真实自我的坚持,敢作敢为;李宁"一切皆有可能",消费者通过这个品牌强调自己的自信和乐观,以及一种健康向上的生活态度。类似的还有青岛啤酒"激情成就梦想"、雪弗莱"未来为我而来"等等。

这里还涉及一个谁是广告最容易影响的族群的问题。对于成熟的消费者,他们有其相对稳定的价值观,有他们相对忠诚的品牌,他们忠诚的品牌及其品牌理念和他们的价值观有一定的重合。广告最容易影响的族群是还在寻找自己价值观的年轻态消费者,他们期待找到一个品牌主张进行自我标榜,希望找到一个族群产生归属。

品牌营销策略就是要让消费者能够用一句话表达品牌的内涵,同时,这个内涵必须有广泛的社会认同,这样才有助于消费者的自我标榜和自我表达,成为一种生活形态的标志和象征。品牌理念是品牌价值对消费者心理和精神需求的满足,是描述一种生活形态最精炼的表达,是消费者进行自我标榜的标签。使品牌成为一种生活态度、一种价值观的标签,是实现品牌附加价值提升的一个重要方法。

二、定价策略

每一样商品都会有销售价格,很多人错误地以为只要价格较高就会增加销售上的难度。其实并不尽然。因为商品的价格并不是客户愿不愿意购买的唯一因素。这个问题去询问一百个客户,我相信你得到的大部分回答都是"不一定",所以价格并不会困扰客户,如果客户觉得不合理,他可以决定不花钱购买,选择拒绝,选择离开。

客户并不会害怕购买价格高的商品,否则就无法解释为什么奔驰、宝马的车依然有人愿意购买,万宝龙的笔和皮件也有人购买。其实,客户真正害怕的并不是价格而是购买到价值不足的商品。所以,要先有一个观念:客户所购买的以及他所关注的焦点大部分是价值,而不是价格。我们回过头来检查一下自己:我们在销售的过程中到底销售了多少的价值给客户。当面对一个不同价格商品的时候,有没有在出发销售之前先赋予这个商品至少等值但是最好超值的价值? 还是只急着将商品拿出去销售并且期待成交而已?

(一)企业定价依据与影响因素

按照经济学的观点,成本是价格的基础,因为没有任何厂商愿意长期以低于平均成本的价格销售,因而企业正确地核算出包括机会成本在内的完全成本,是科学定价的前提和关键。价格形成及变化是商品经济中最复杂的现象之一,除了价值这个形成价格的基础因素外,现实中企业价格的制定和实现还受到以下多方面因素的制约和影响。

1.市场需求及其变化

商品的需求量与价格反方向变化,价格越高,需求量越低;反之,价格越低,需求量越高。这就是所谓的需求规律,"薄利多销"就体现了这一道理。如果某一时期商品的需求旺盛,适当地提价可以获得较多的利润;反之,适宜采取降价措施。企业在制定商品价格时,市场需求状况往往是主要参考因素。

2.市场竞争状况

企业定价的"自由度"取决于市场竞争格局,商品经济中的市场竞争是供给方争夺市场的竞争,在不同的市场类型,企业定价的"自由度"有所不同。垄断愈强的企业定价"自由度"愈高;反之,竞争愈强其"自由度"就愈低。在完全垄断市场、寡头垄断市场、垄断竞争市场和完全竞争市场这四种不同的市场类型中,企业不得不越来越多地考虑同类商品的价格竞争状况。

3.政府的干预程度

除了竞争因素之外,各国政府对企业价格制定的干预也直接影响到这些企业的价格决策。在现代经济社会中,世界各国和地区政府对价格的干预甚至控制是普遍存在的,只是程度有所不同罢了,例如,规定企业的定价权限、定价原则、利润水平、价格浮动区间等。当然,随着市场经济的日渐成熟,政府对价格的干预会越来越少。

4.商品的特点

一是商品的种类。生活必需品的价格降低可以吸引消费者的眼球,但品牌奢侈品如果价位太低反而无人问津,因为高价位才能标榜成功人士的身份和地位,对于这些消费者来说,心理需求才是最重要的,所以奢侈品的需求规律是"买贵不买贱,买涨不买跌"。

二是标准化程度。标准化程度高的产品容易产生路径依赖。比如,当大多数人习惯用 Windows 操作系统的时候,别的操作系统就很难挤进市场。

三是需求弹性。需求弹性为商品需求量变动率与价格变动率的比值,商品需求弹性大于 1 称为富有弹性。等于 1 称为单位弹性。小于 1 称为缺乏弹性。对于弹性大于 1 的商品如家电,降价可以增加销售收入;对于弹性等于 1 的商品,降不降价对收入没有影响;而对于弹性小于 1 的商品如食盐,降价反而会减少销售收入。

四是产品生命周期阶段。一般来说,商品处于生命周期的不同阶段,其定价策略也有不同。

五是时尚性。时尚性商品在时尚期一般定价比较高,而流行过后则定价较低。

六是商品的易腐、易毁和季节性。这类商品因其特殊的自然属性或时令特点,一般在快过期的时候都采用特价、打折、"买一赠一"等方式以求快速售完,以避免或减少损失。

(二)产品销售定价策略

所谓定价策略,是指企业根据市场中不同变化因素对商品价格的影响程度采用不同的定价方法,制定出适合市场变化的商品价格,进而实现定价目标的企业营销战术。以下是几种常用的有效定价策略。

1.取脂定价策略

又称撇油定价策略,是针对新产品的定价策略。企业在产品寿命周期的投入期或成长期,利用消费者求新与求奇的心理,抓住激烈竞争尚未出现的有利时机,有目的地将价格定得很高,以便在短期内获取尽可能多的利润,尽快地收回投资的一种定价策略。这一名称来自从鲜奶中撇取乳脂,含有提取精华之意。

2.销售时间差定价策略

即企业对于不同季节、不同时期甚至不同时间的产品或服务,分别制定不同的价格。这一策略可以减少积压,同时有增加销售额的良好效果。

3.尾数定价又称零头定价

企业针对消费者的求廉心理,在商品定价时有意定一个与整数有一定差额的价格。这是一种具有强烈刺激作用的心理定价策略,这种定价方法多适用于中低档商品。

心理学家的研究表明,价格尾数的微小差别,能够明显影响消费者的购买行为。一般认为,5元以下的商品,末位数为9最受欢迎;5元以上的商品末位数为95效果最佳;百元以上的商品,末位数为98、99最为畅销。尾数定价法会给消费者一种经过精确计算的、最低价格的心理感觉;有时也可以给消费者一种是原价打了折扣,商品便宜的感觉;同时,顾客在等候找零期间,也可能会发现和选购其他商品。

4.声望定价

消费者一般都有求名望的心理,声望定价就是利用商店或商品在消费者中的良好声望,将商品价格定得比市场同类商品价高的定价策略。它能有效地消除顾客的心理障碍,使顾客对商品或零售商形成信任感和安全感,顾客从中可得到荣誉感。

声望定价往往采用整数定价方式,其高昂的价格能使顾客产生"一分价格一分货"的感觉,从而在购买过程中得到精神的享受,达到良好效果。用声望定价策略必须慎重,一般商店或一般商品弄不好便会失去市场。

5.招徕定价

招徕定价又称特价商品定价,是一种有意将少数商品降价以招徕吸引顾客的定价方式。商品的价格定得低于市价,一般都能引起消费者的注意,这是适合消费者价"廉"心理的。

6.折扣营销定价策略

这一策略在现实生活中应用十分广泛,就是用降低定价或打折扣等方式来争取顾客购买。

7.固定利润率定价策略

即计算出产品的成本,然后加上一定比例的利润,从而确定产品的价格。这是普遍采用的一种方法。

8.差别定价策略

在定价策略中,更重要的是要使用各种方法造成产品的差异化,力争避免赤裸裸的差别定价。常见的做法有以下几种。

(1)通过增加产品附加服务的含量来使产品差异化。营销学意义上的商品通常包含着一定的服务,这些附加服务可以使核心产品更具个性化。

(2)同订制相结合。订制弱化了产品间的可比性,并且可以强化企业价格制定者的地位。

(3)采用捆绑定价的做法。捆绑定价是一种极其有效的二级差别定价方法,捆绑同时还有创造新产品的功能,可以弱化产品间的可比性,在深度销售方面也能发挥积极作用。

(4)将产品分为不同的版本。当然,为有效控制风险,有时在开始大规模实施差别定价策略前还要进行真正意义上的试验。具体操作上不仅要像亚马逊公司那样限制进行试验的商品的品种,更重要的是要限制参与试验的顾客的人数,同时,借助于个性化的网络传播手段来销售产品。

第五节　分销策略与促销策略

美勒公司的奇迹

美勒公司是一家以生产为导向的企业,全美啤酒行业中排名第七,市场占有率为4%,业绩平平。后来在菲力普莫里斯经营下,美勒公司在全美啤酒市场的占有率已达 21%,仅次于第一位的布什公司(市场占有率为 34%),但已将第三、第四公司远远抛在身后,人们认为美勒公司创造了一个奇迹。

美勒公司之所以能创造奇迹,在于菲力普莫里斯公司引入了市场细分策略。它由研究消费者的需求和欲望开始,将市场进行细分后,找到机会最好的细分市场,针对这一细分市场加大广告力度进行促销。美勒公司的实践也使啤酒同行纠正了一个概念上的错误,即过去一直认为啤酒市场是同质市场,只要推出一种产品及一种包装,消费者就得到了满足。

美勒公司并入菲力普公司的第一步行动,是将原有的唯一的产品"高生"牌重新定位,美其名为"啤酒中的香槟",吸引了许多不常饮用啤酒的妇女及高收入者。在调查中还发现,占 30%的狂饮者大约消耗啤酒销量的 80%,于是,它在针对狂饮者的广告中展示了石油钻井并成功后两个人狂饮的镜头,还有年轻人在沙滩上冲浪后开怀畅饮的镜头,塑造了一个"精力充沛的形象",广告中强调"有空就喝美勒",从而成功地占据啤酒豪饮者的市场达十年之久。

美勒公司还在寻找新的细分市场。怕身体发胖的妇女和年纪大的人觉得,12 盎司罐装啤酒的分量太多,一次喝不完,公司因此开发了一种 7 盎司的号称"小马力"的罐装啤酒,结果极为成功。

一、分销策略

"市场营销渠道"与"分销渠道"是两个不同的概念。市场营销渠道包括某种产品的供产销过程中的所有企业和个人,如供应商、生产者、中间商、辅助商以及最终消费者或用户。分销渠道则是指某种商品和服务从制造商向消费者转移的过程中,取得这种商品和服务的所有权或帮助所有权转移的所有企业和个人。具体来说,分销渠道的起点是制造商,终点是消费者。

(一)分销渠道的特征

1.整体性

分销渠道是一个由不同企业或人员构成的整体,一头连接生产者,一头连接消费者,它所组织的是从生产者到消费者之间完整的流通过程。

2.商流

分销渠道中制造商向消费者或用户转移商品或劳务,是以商品所有权的转移为前提的。商品流通的过程表现为商品价值形式的运动过程,即产品从一个所有者手中转移到另一个所有者手中,直至转移到消费者手中的过程,被称为商流。

3.物流

分销渠道是指企业某种特定产品或服务所经历的路线。分销渠道不仅反映商品价值形式的变化过程,而且反映伴随商流发生的商品实体的空间移动过程,被称之为物流。

4.渠道固定化

特定的商品有特定的流通渠道,而特定的流通渠道涉及有关的企业和个人。企业培养出一条有效的分销渠道是不容易的,需要花费大量的时间和资金,如果频繁地变动分销渠道,会影响企业一定时期内的营销组合策略和营销战略的实施。

(二)分销渠道的作用

1.节约社会劳动,提高流通效率

生产者通过中间商将产品卖给消费者,不仅减少了生产者在销售工作方面的时间和费用,减轻了生产者的营销负担,而且使销售职能专业化、集约化、社会化,速度更快,费用更省,效率更高。

2.调节生产与消费之间的矛盾

中间商最直接和最主要的作用就是将产品从制造商那里集中起来,再根据客户的具体要求将其进行重新包装、组合和分配,从产品的品种、数量、质量和时间上来调节市场供应,平衡供求,中间商起着社会生产"蓄水池"的作用。一方面,中间商的存在可以缓和供需之间在时间、地点和商品数量、种类等方面的矛盾;另一方面,中间商的存在能为生产者和消费者带来方便。对消费者而言,中间商充当了他们的采购代理,中间商可以在合适的时间和地点提供消费者所需要的产品、灵活的付款方式和条件以及周到的售后服务。对于生产者或贸易企业来说,中间商的存在使企业的销路有了保证,降低了流通成本。

3.有效分担企业的市场营销职能

大多数生产者缺乏将产品直接销售给最终顾客所必需的资源与能力,而这些正是中间商所擅长的。中间商由从事市场营销的专业人员组成,他们更了解市场,更熟悉消费者,对各种营销技巧掌握得更熟练,更富有营销实践经验,并握有更多的营销信息和交易关系。因此,由他们来为制造商承担市场调研、新市场开拓、商品储运、销售推广和售后服务等营销职能,工作将更有成效,营销费用相对更低。尤其是企业打算进入某个陌生的地区市场时,中间商的帮助就显得更加重要。

(三)分销渠道的类型

1.直接渠道和间接渠道

按照商品在交易过程中有无中间商介入,可将商品的分销渠道划分为直接渠道和间接渠道。

(1)直接渠道

直接渠道是指制造商不通过中间商环节,采用产销一体化的经营方式,直接将产品销售给消费者。直接渠道是工业品分销的主要类型。大约有80％的生产资料是通过直接分销渠道销售的。例如,大型设备、专用工具等需要提供专门服务的产品,都采用直接分销。直接销售渠道有利于制造商掌握和控制市场需求与发展状况,获得对分销渠道的控制权。采用直接渠道分销,也有利于制造商开展销售活动,直接促进销售。但是,采用直接渠道会使制造商花费很多的人力、财力和物力,从而使费用增加,特别是市场相对分散时,情况就愈加严重。

(2)间接渠道

间接渠道是指生产企业通过中间商环节把产品传送到消费者手中。间接分销渠道是消费品分销的主要类型,大约有95％的消费品是通过间接分销渠道销售的。因为消费者的购买大多属于分散、零星、小批量的购买,大多数的制造商缺乏直接销售的财力和经验。采用间接渠道,能够发挥中间商在广泛提供产品和进入目标市场方面的作用,使制造商获得高于自身销售所得的利润。

2.长渠道和短渠道

按照商品经过的流通环节的多少来划分,可以将商品的分销渠道划分为长渠道和短渠道。显然,没有中间环节的直接渠道最短,反之,中间层次或环节越多,则渠道越长。营销实践中按渠道长度的不同,可将分销渠道分为四种基本类型。

(1)零级渠道

零级渠道就是指制造商把商品直接销售给最终消费者或用户,是直接式的渠道模式,也是最简单和最短的分销渠道。

(2)一级渠道

一级渠道是指制造商和消费者之间,只有一个流通环节,这在消费品市场通常是指零售商,在工业品市场通常是指代理商或经纪人。在消费品市场,许多生产耐用品和选购品的企业都采用这种模式。

(3)二级渠道

二级渠道是指制造商和消费者之间通过两个流通环节,这在消费品市场通常是指批发商和零售商,在工业品市场则可能是代理商和工业经销商。

(4)三级渠道

三级渠道包含三个中间商组织。在大批发商和零售商之间,还有一个二级批发商,该批发商从大批发商处进货,再卖给无法从大批发商处进货的零售商。

3.宽渠道和窄渠道

分销渠道的宽度,是指渠道的每个层次中使用的同种类型中间商数目的多少。如果某种商品(如日用小商品)的制造商通过许多批发商和零售商将其商品推销到广大地区,那么这种分销渠道就较宽;相反的,如果某种产品(工业设备)的制造商,只通过几个专业批发商推销其商品,那么这种分销渠道就较窄。

4.传统分销渠道和新型营销系统

分销渠道如果按一条渠道中渠道成员相互联系的紧密程度划分,可以分为传统分销渠道和新型渠道系统。传统分销渠道是由生产企业、批发企业和零售企业构成的关系松弛的销售网络,各个成员(企业)之间彼此独立,相互间的联系通过买卖条件维持,各自考虑自己的利益,不仅使整体缺乏强有力的领导而且常受到内部之间的相互牵制,从而影响了销售。新型营销系统则是渠道成员采取一体化经营和联合经营而形成的分销渠道。现实中,大公司为了控制和占领市场,实现集中与垄断,常采取一体化经营和联合经营的方式,而广大的中小批发商、零售商为了在激烈的竞争中求得生存和发展,也往往走联合发展的道路。

(四)分销渠道的模式

1.消费品的分销渠道模式

(1)生产者——消费者

这是消费品分销渠道中最简单、最短的渠道。其特点是由生产者直接把商品销售给最终消费者而不经过任何中间环节,推销任务由企业自己的推销员担任,有利于树立企业形象和商品的促销。企业可以通过邮寄销售、送货上门、来料加工、电话销售、设立自己的商品销售门店等形式,把商品直接供应给最终消费者,使商品以最快的速度和最低的价格到达消费者手中。一般来说生产大型高级耐用消费品或传统食品、保鲜期较短食品的企业适合采用这种渠道。

(2)生产者——零售商——消费者

这种渠道的特点是在生产者与消费者之间只有零售商一个环节,发挥了零售商网点分散、接触顾客较多、对市场需求变化反应较快的特点,简化了生产者的推销手续,有利于扩大销售范围,加快销售速度,减少商品损耗。这种渠道适用于保管期短的农副产品、鲜活易腐产品、易碎品等。

(3)生产者——批发商——零售商——消费者

这种渠道是生产者把商品转卖给批发商,再由批发商批发给零售商,最后又由零售商卖给最终消费者,充分发挥中间商的专业作用。这种渠道有利于生产者批量销售商品,缩短生产周期,加快资金周转;有利于零售商多批次、小批量、多品种购进商品,保证零售商品花色品种齐全,吸引消费者。这种分销渠道环节较多、较长,商品到达消费者手中所需时间相对较长。这在商品经济相对发达的条件下是一种常用的分销渠道,生产企业特别是小型生产企业普遍采用,另外产品零星、分散、人力不足的企业也适合采用这种分销渠道模式。

(4)生产者——代理商——零售商——消费者

这种分销渠道与上一种渠道不同的是代理商替代了批发商。代理商比批发商更熟悉其代理商品的知识,能非常专业地向顾客介绍商品的性能、规格、质量、特点等,有利于商品促销,加上代理商不拥有商品的所有权,因而代理商与生产者的经济利益容易统一。

(5)生产者——代理商——批发商——零售商——消费者

这种分销渠道环节最多、渠道最长,商品到达消费者手中所需的时间最长,支付的流通费用最多,消费者面对的价格也最高,一般不宜采用。

2.生产资料商品的分销渠道模式

(1)生产者——用户

该模式下,商品不经过任何中间商,由生产者直接向用户推销。这种形式是环节最少、流通费用最低的分销渠道。一般适用于商品价值高和技术性较强的生产资料。

(2)生产者——批发商——用户

这种分销渠道模式比前一种多了一个中间环节即批发商,可以减轻生产企业销售商品的负担,集中精力搞好生产,充分发挥批发商的作用,加快商品流通速度。这种模式适用于销售季节性、周期性、连带性以及用户分散的商品。

(3)生产者——代理商——用户

生产者将商品通过代理商这一中间环节转卖给用户。这一模式下,代理商对商品不拥有所有权,而是以生产者"代理人"的身份出现,向生产者收取"佣金",在经济利益上与生产者是一致的。另外,代理商对所经营的商品质量、规格、性能等方面较为熟悉,因此,生产者如果没有推销机构或对市场情况不熟,或商品有特种技术性能,一般都采用这种分销渠道。

(4)生产者——代理商——批发商——用户

这是生产资料分销渠道中环节最多、最长、最复杂的分销渠道。对一些用户分散因而需要分散存货、销售批量小、生产者无力自己推销又急于销售的商品,往往采取这种渠道。

对于生产资料来说,由于品种、规格、型号复杂,有的商品技术性强,需要成套供应,而且生产资料往往需要由生产者提供技术指导、安装调试、人员培训等服务,因此,生产资料分销渠道的最常见的是产需直接见面的购销方式。

二、促销策略

促销是指企业通过人员和非人员的方式把产品和服务的有关信息传递给顾客,激起顾客的购买欲望,影响和促成顾客购买行为的全部活动的总称。

在市场经济中,社会化的商品生产和商品流通决定了生产者、经营者与消费者之间存在着信息上的不对称,企业生产和经营的商品和服务的信息常常不为消费者所了解和熟悉,或者尽管消费者知晓商品的有关信息,但缺少购买的激情和冲动。这就需要企业通过对商品信息的专门设计,再通过一定的媒体形式传递给顾客,以增进顾客对商品的注意和了解,并激发起购买欲望,为顾客最终购买提供决策依据。因此,促销从本质上讲是一种信息的传播和沟通活动。

(一)促销活动方式

1.广告

指由确认的商业组织、非商业组织或个人支付费用,旨在宣传构想、商品或者服务的任何大众传播行为。

2.人员推销

指企业派出人员直接与消费者或客户接触,目的在于销售商品、服务和宣传企业的促销活动。

3.公共关系

指企业为建立、传播和维护自身形象而通过直接或间接的渠道保持与企业外部的有关公众的沟通活动。

4.销售促进

指企业为促发顾客的购买行动而在短期内采取的各种除以上三种之外的营业方法,包括奖励、比赛、优惠、展销等多种方法。

5.直销营销

指使用邮寄、电话、电子信箱和其他非人员接触方式获得特定或潜在顾客反应的促销方式。

(二)促销的作用

1.提供情报,传递信息

企业在产品生产出来尚未进入市场之时,就必须采取各种方法及时向消费者传递产品或服务的信息,向他们介绍产品的特点、性质、价格、所提供的服务等消费者关心的信息,以引起消费者和中间商的注意。中间商也需要向其下游中间商或消费者提供信息介绍产品或服务,以达到促销的目的。

2.突出特点,强化竞争力

在市场上,相互竞争的同类产品差别往往不很明显,同质化程度高,使得消费者难以区分与辨别。如制药厂推出的感冒药,产品有很强的同质性,不同制药厂商推出的感冒药到底有多大差别、各自的特点是什么,这些问题往往令消费者感到很迷茫,甚至是无所适从。通过促销,企业会把产品的定位、特色等独特的信息传递给消费者,使产品或服务在消费者心目中有一个清晰的形象与定位。即使对于没有实质性差别的产品,通过促销,也可赋予它独特的形象内涵,使消费者认识到产品带来的独特的效用,并形成对产品的偏好,成为企业忠实的顾客。

3.增加需求,扩大销售

促销活动不仅可以诱发需求,还能够创造需求,吸引消费者去尝试从未消费过的新产品。例如,七喜汽水面对可口可乐和百事可乐在可乐市场上的"垄断"地位时,采用逆向思维,把自己定位为非可乐碳酸汽水,一句"我不是可乐"的广告语,使得七喜与可口可乐和百事可乐区隔开来,获得意外的成功,成为碳酸饮料市场上第三大品牌,为七喜创造了一个全新的市场。不难看出,通过促销活动,可以促使持观望态度的消费者迅速做出购买决策。

4.稳定销售,巩固市场

企业可以通过促销活动,使更多的消费者形成对本企业的偏好,达到稳定销售的目的。消费者的记忆和企业促销的次数及重复程度成正比,随着企业促销力度的减弱,企业及其产品在消费者心目中的形象会越来越模糊,销量也会逐渐下降,而持续的促销活动则能保持企业及其产品长驻消费者心中,以保持稳定的销量。

(三)促销信息的传递

作为信息的传达者,企业必须在以下几个方面做出决定。

1.确定目标受众

信息的传达者在传达信息之前首先要确定信息的接收者是谁,是哪个群体,这个群体的影响者是谁。这决定了信息的传达者应该表达什么,怎么表达,什么时间、什么地点表达,由谁来表达(即信息源的选择)。如百事可乐以年轻人为目标市场,于是有了"百事新生代"的促销策略,由在年轻人中具有号召力的明星做形象代言人,一举巩固了自己在市场中的竞争地位。

2.确定促销活动所期望的反应

企业通过和目标顾客之间的信息沟通,希望达到扩大销售的结果,使信息接收者成为企业的现实顾客。消费者的购买决策是需要一个过程的,企业应该允许消费者有一个接受的过程。在这个过程中,消费者选择接收信息的侧重点是不同的,企业应根据处于不同阶段消费者的特点,组织信息传递方式和内容。

3.选择确定要传递的信息

明确了所期望的信息接收者的反应后,企业就应着手搜集、整理、加工信息,以使所传达的信息能引起接收者的注意,引发其兴趣,激发其购买欲望并最终采取购买行动。这也是理想的信息所应具备的条件。企业应在信息内容、信息传递方式、信息源选择等方面围绕上述目的进行。

4.选择确定传递信息的媒介

信息传递可通过广告、人员推销、公共关系及营业推广等多种手段进行,企业应根据产品及服务的特点选择使用。

5.选择信息源

信息源即信息由谁发送给信息接收者。一个理想的信息源可以使所传递的信息具有较强的注意力和记忆力,能产生较好的促销效果。

6.收集反馈信息

发出信息后,企业应进行信息效果的评价,了解信息对目标市场行为的影响程度。主要包含以下指标:信息的接收率、信息的记忆程度、信息的理解程度、信息播出前后知晓率、销售情况的对比等。这些数据的取得主要依靠多种调查手段实现。

(四)促销组合

1.促销组合的概念

促销组合就是有目的、有计划地把广告、人员推销、营业推广和公共关系四种形式结合起来,综合运用,发挥各自优势,达到企业促销的目标。

2.四种促销方式

(1)广告

广告主在支付一定的费用后,利用大众传播媒介向公众传递有关企业及产品的信息。

(2)人员推销

企业利用推销人员直接与消费者面对面的接触,以达到使消费者了解并购买本企业产品的过程。

(3)营业推广

鼓励尽快达成交易,有效地刺激信息接收者在促销现场做出购买决策。

(4)公共关系

企业以非付费方式通过大众传播媒介来改善并提高企业在公众心目中的形象,宣传企业及其产品。

3.影响促销组合的因素

促销组合的决策者,必须综合考虑多方面因素,使各种促销方式扬长避短,优化组合,以达到最佳的促销效果。影响促销组合的因素一般包括以下方面。

(1)产品类型与特点

各类促销工具的效果对工业品与消费品有着明显的差别。一般对于消费品的经营而言,最常见的是使用广告这种方法,其次依序为销售促进、人员销售和公共关系方法。对于工业品来说,最有效的方法是人员销售,其次为销售促进、广告和公共关系方法。人员销售的方式往往用于那些复杂程度高、单位价值大、风险程度高、市场上买主有限或者购买批量大的商品。

(2)推或拉的策略

推式策略要求用特殊的推销方法和各种商业促进手段通过分销渠道把商品由生产者"推"到批发商、批发商"推"到零售商、零售商再"推"到消费者那里。拉式策略则把主要精力用来做广告和消费者促进上,以此建立和培植消费者的需求。

(3)现实和潜在顾客

企业常按照购买商品的时间把顾客分为最早采用者、早期采用者、中期采用者、晚期采用者和最晚采用者,并对不同类型的顾客采用不同的促销方式。如对第一、第二类顾客常常以"激励"的方法,通过各种手段宣传商品的"新"以鼓励购买。在分析中还应考虑作为消费者的心理变化过程,如处在"认识"阶段的消费者会比较多地接受广告和人员销售的影响。

(4)产品生命周期阶段

处于不同阶段的产品,促销的重点不同,采用的促销方式也有所区别。当产品处于介绍期时,需要广泛的宣传,此时广告和公共关系的效果最佳,销售促进也有一定的作用;成长期,广告与公共关系需强化,而销售促进可相对减少;成熟阶段的产品应加强销售促进活动,推出提示性广告;到衰退阶段,可以销售促进为主,保留少数提示性广告。这仅是一般的归纳,具体运用要因产品、产业、竞争、企业战略等状况而定,没有固定不变的模式。

(五)促销预算

企业在制定促销组合策略时,要考虑很多因素:一是促销活动应投入多少费用;二是这些费用如何在各促销方式间分配。如何使有限的促销费用发挥最大的作用,就要求企业科学合理地分配和使用资金,因此编制科学的促销预算是十分重要的,也是非常必要的。一般编制促销预算的方法有以下四种。

1.量力而行法

即根据企业本身的财务状况来制定促销费用支出数额。这种方法简便易行,不会超出企业的资金承受能力,不会导致企业资金链的紧张。但这种方法却没有把促销预算和销售情况挂钩,没有考虑竞争状况及企业目标的不同对促销组合的影响,导致企业每年促销预算的随意性,不利于企业长期计划的制订,经常会造成促销预算的超支或不足。

2.销售百分比法

即企业根据目前销售额或预计销售额的一定百分比确定促销预算。这种方法考虑了促销费用与销售额、利润之间的关系,还会因销售额及价格的变化而变化,有一定的弹性。但它也有不合理之处:错误地把销售视为促销的原因而不是结果,预算是以可提供的资金为基础而不是以营销机会为基础,在市场机会或突发事件面前缺乏灵活性,除根据企业经验或竞争对手情况外,没有可靠依据作为确定百分比的基础。

3.竞争对策法

即以竞争对手的促销费用支出为参照来确定本企业的促销预算。这种方法在市场竞争十分激烈的情况下适用,因为企业营销策略的中心是如何打败竞争对手。但这种方法虽然使企业在促销方面可以与竞争对手抗衡,却忽略了促销预算与其他因素的关系,有些不顾后果,因此市场风险较大。

4.目标任务法

即企业首先明确所要达到的目标以及为此而必须完成的任务,在此基础上确定促销预算。这种方法是最符合逻辑的方法,因为企业要制定出科学合理的预算,必须确定企业的目标是什么、为实现目标而应完成的任务、要完成这些任务需支出的费用成本等问题。这种方法使人们对促销费用支出的结果有了预期。使用这种方法的关键是要正确地确定和描述企业的任务,包括定性描述和定量描述两个方面,这也是最难把握的。

◆ 拓展案例

北京乐跑汽车制造有限公司的营销战略

北京乐跑汽车制造有限公司是一家以批发零售轮胎、机油为主的公司。该公司负责美国固特异轮胎和英国嘉实多机油在北京地区的销售以及相关的业务开展和售后服务。

该公司把产品批发到一些汽车轮胎零售店和汽修厂并对零售商提供相关的技术支持服务。公司代理的两种产品是世界知名的品牌,主要针对一些中高档轿车。从企业开展业务来看是以北京地区的北部为主,大部分的客户都集中在消费档次较高的地区。同时,产品也根据不同的车型在速度级别、花纹设计上有所不同。

不同品牌的竞争、相同品牌跨区域销售的影响等因素使得市场竞争会更加激烈。

因为毕竟是消耗品且政府正提倡个人购车,有些机构也为个人购车提供了方便,这就意味着车辆会越来越多,随着科技的进步,汽车的性能会越来越好,对轮胎、机油的品质要求也就越来越高。现在北京道路建设不断加快。例如,五环路的建设通车、三环路的重新修缮等使得交通更加便利,也提供了一个好的前景。不过随着产品在市场上份额的不断扩大,不可避免地也会产生价格的竞争,销售数量是在不断增加,但利润的增长并不明显,单位产品的利润在下降。

企业目前面临的主要竞争对手有:同样知名的品牌米其林轮胎和同地区同品牌的另一家经销商。从米其林轮胎来说,不管是在北京的办事处还是经销商,各个部门职能的分工相当明确。它在市场开发的过程中和经销商密切配合。例如,在经销商的业务人员开发客户的同时,米其林办事处的区域业务员也会参与进来及时地了解客户的意见并反馈到公司。根据不同客户辅助经销商的业务人员做一些后续工作,帮助向办事处申请店面的广告招牌,定期有选择地送一些宣传品等,这样会缩短工作周期,提高效率,不但可使米其林公司较直观地了解市场,且减轻了经销商的工作压力,能很快解决除销售方面以外的问题,减少了中间环节。米其林轮胎在区域销售和价格的控制方面还是比较好的。虽然市场占有率不是很高,但可以保持一定水平的利润,它进入中国市场的这几年里,市场占有率稳定地增长,树立的品牌形象也很好。

尽管固特异品牌在国际市场上与米其林等品牌齐名,但无论是在价格还是形象上,米其林给客户的感觉都更加优质。就生产能力和新产品开发而言,米其林的发展速度要比固特异缓慢一些。在市场的长期激烈竞争下,米其林公司的长期利益并未受到太大影响,但许多其他品牌的轮胎利润已经大幅下降。

在北京地区,另一家代理固特异轮胎的经销商销售量并不太大,这是因为该公司同时还代理了另一品牌的轮胎,以确保其获得一定的利润。为了迅速占领市场份额,该经销商会首先在固特异轮胎的一些客户群中展开价格战。这是因为每家零售店都不只销售一种品牌的轮胎,因此他们采取这种策略可以更快地吸引客户。然而,同时代理两种品牌的轮胎会给资金方面带来很大的压力,如果有一个资金雄厚的竞争者加入这场价格战中,资金不足可能会成为增长的障碍。

案例思考:

(1)你认为北京乐跑汽车制造有限公司的下一步营销战略应该怎么制定?

(2)试分析并提出在北京地区、该公司的促销策略。

第八章

人力资源管理

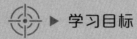 学习目标

·掌握职位分析、招募、培训与开发、绩效与薪酬等相关概念
·了解并熟悉人力资源管理六大要素
·学习如何系统性地对人力资源管理问题进行分析

课程思政内容

结合人力资源管理的发展与趋势相关内容展开，引入数字经济下人力资源管理趋势，强化学生的引领性和时代性。采用讲授、情境式导入、讨论互动、总结延伸相结合的教学方法，总结数字经济对于人力资源管理产生的时代性和引领性：一方面，数字经济直接作用于人力资源管理；另一方面，人力资源管理直接运用数字工具，从而提高工作效率。提出社会责任与时代精神的育人要素。

二十大报告原文："健全终身职业技能培训制度，推动解决结构性就业矛盾。完善促进创业带动就业的保障制度，支持和规范发展新就业形态。健全劳动法律法规，完善劳动关系协商协调机制，完善劳动者权益保障制度，加强灵活就业和新就业形态劳动者权益保障。"

第一节　人力资源管理概论与战略

麦当劳的人才培养

世界快餐之王——麦当劳公司不仅经营艺术十分高超,在人力资源管理方面也很有独到之处。在麦当劳公司有一本人力资源管理手册,将人力资源管理的所有内容都标准化了,如怎样面试、怎样招聘、怎样挖掘一个人的潜力。手册的内容表明,麦当劳的招聘面试、对员工的考核、员工结构、员工发展系统等均比较独到,尤其值得一提的是它的人才发展系统。

发展包括两个方面:其一是能力的培养与提高,其二是职位的提高与晋升。因此人才发展系统也包括两个方面:一个是个人能力发展系统,另一个是个人职位发展系统。麦当劳的个人能力发展系统跟其他公司既有相似之处,又有很大的差别。相似之处在于,麦当劳的个人能力发展系统也同大多数公司一样,主要靠培训。麦当劳北京公司总裁赖林胜先生说,"麦当劳北京公司每年都在培训方面有很大的投入",他还介绍了详细情况。首先,麦当劳是强行对员工进行培训,麦当劳在中国有三个培训中心,培训的老师全部都是公司里有经验的营运人员;其次,麦当劳餐厅部经理层以上人员一般要派往国外去学习,在北京的 50 多家麦当劳里,就有 100 多人到美国的汉堡大学学习过。他们不单去美国学习,还去新加坡等地,因为麦当劳认为新加坡的培训做得很好,"他们的自然资源很少,主要靠人力资源开发增强综合国力"。不论是出国培训还是平常培训,培训结束后员工都要给他的上级经理递交行动计划,然后由经理来评估,以保证培训效果。麦当劳希望通过这些措施让员工觉得在麦当劳有发展前途。

不同之处在于,除了培训中的细节,如前面提到的强制培训、行动计划等外,主要是麦当劳比较注重让员工在实践中学习和提高,即平常的"learning by doing(干中学)"。员工进入麦当劳之初,就会有年长者专门辅导,告诉他工作经验,并带领他从事实际工作,麦当劳的管理人员 95% 以上要从员工做起,在实践中得到提高和提升。

尤为特别的是麦当劳的个人职位发展系统。一般企业的职位设置,高高在上的是公司最高管理层,如董事长、董事、总裁等;然后是高层经理人员,主要是全球职能部门总经理、产品部门总经理、地区总经理等;下面还有中层管理人员;最下面是广大员工。这种结构活脱脱是一个"金字塔"。结果是越往上越小,路越窄,许多优秀人才为了争夺一个职位费尽心机,不能成功者多数选择了自起炉灶或另谋高就,很不利于公司和人才的进一步发展。麦当劳的职位系统更像一棵"圣诞树",公司的核心经营管理层就像树根,为众多树干和树枝提供根基,只要员工有能力,就可以上一层成为一个分枝,更出色者还可以"更上一层楼",又是一个分枝,甚至可能发展成树干。如此等等,永远有机会。正因为这样,麦当劳的离职率很低,成本无形中大大下降。

一、人力资源管理概论

(一)人力资源的定义

人力资源作为所有资源中最有价值的资源,是企业生产经营中最为关键的要素。企业的生产经营和发展壮大,起决定作用的不是资金、技术和设备,而是企业的人力资源。

广义的人力资源是指在一个国家或地区中,处于劳动年龄、未到劳动年龄和超过劳动年龄但具有劳动能力的人口之和。

狭义的人力资源是指一个国家或地区中的人所具有的对价值创造起贡献作用,并且能够被组织利用的体力和脑力劳动的总和。

(二)人力资源管理的内涵

人力资源管理作为,企业管理职能之一,主要指对人力这一资源进行有效开发、合理利用和科学管理的活动的总称。

从管理的范围来讲,人力资源管理可分为宏观和微观两个层次。

1.宏观层面

从宏观层面来说,人力资源管理是指一个国家或地区的人力资源的管理工作,以及人力资源的形成、开发和利用的管理。政府通过建立一系列制度、政策和具体的措施促进人力资源的形成,为人力资源的开发和利用提供条件,从而促进整个社会快速、稳定地发展。

2.微观层面

从微观层面来说,人力资源管理是指组织为了获取、开发、保持和有效利用在生产和经营过程中必不可少的人力资源,通过运用科学、系统的技术和方法,对人力资源进行各种相关计划、组织、领导和控制等活动,以实现组织既定目标的管理过程。

(三)人力资源管理的职能

人力资源管理的基本职能可以概括为五项:获取、整合、保持和激励、控制与调整、开发。

1.获取

指组织通过一定渠道和方式获取人力资源,包括招聘、考试、选拔与委派等。

2.整合

使被招收的员工了解企业的宗旨与价值观,接受并遵从其指导,并内化为员工的价值观,从而建立和加强员工对组织的认同感与责任感。整合的主要任务是强化员工的认同,增强组织凝聚力。

3.保持和激励

保持是指保留已经加入组织的员工,并保证他们为了组织目标的实现而努力奋斗。通常可以通过向员工提供与其业绩相匹配的奖酬、增加其满意感、使其安心并积极工作来实现。

4.控制与调整

评估员工的素质,考核其绩效,做出相应的奖惩、升迁、离退和解雇等决策。

5.开发

对员工实施培训,并给他们提供发展机会,指导他们认清自己的长处与短处以及今后的发展方向和道路。培训和职业生涯规划等都是非常重要的开发手段。

二、人力资源战略

(一)人力资源战略的概念

人力资源战略是企业为了适应外部环境变化的需要和人力资源开发与自身发展需要,根据企业的发展战略,充分考虑员工的期望而制定的人力资源开发与管理的纲领性的长远规划。它对人力资源开发与管理活动有重要的指导作用,是企业发展战略的重要组成部分,也是企业实施战略的有效保障。

(二)人力资源战略的内容

1.基本思路、方向和原则

企业人力资源战略最重要的内容就是通过战略分析掌握企业内外部人力资源信息和资料,预测企业未来战略期内所需的人力资源种类和数量以及企业内外部的人力资源供给。在对需求和供给进行比较的基础上提出企业人力资源开发与管理的基本思路、方向和原则。这是企业人力资源管理工作的总纲领,决定了甄选、开发等子战略的基本方向。

2.招募战略

招募的第一步是岗位分析,即对某个岗位的任务、活动进行详细的描述,说明要这一岗位所必需的员工技能、知识和各种能力;第二步是招聘,即通过内部招聘和外部招聘等手段,吸引足够多的优秀应聘者;第三步是选拔,即通过笔试和面试等方法,从应聘者中选拔出符合企业要求的优秀人员。

3.开发战略

开发战略是指通过岗前培训、案例研究、情景模拟、现场竞技、角色扮演、研讨会等方式,不断培养人力资源的能力和开发人力资源的潜力,提高员工的归属感和工作积极性,缩短员工的适应时间,降低员工的流动率,提高工作效率,使全体员工能够为了企业目标的实现而共同努力。开发战略是人力资源战略的重要组成部分,是企业持续竞争优势的源泉。

4.任用战略

人力资源的任用是指有关部门按照工作岗位的具体要求,结合人力资源的特点,将其分配到相应的岗位上,赋予其具体的职责和权力,使其为了组织目标的实现而发挥应有的能力。任用战略的目标是把合适的人才安排到合适的岗位上,做到人尽其才。

5.考核战略

考核战略是指对企业员工、团队以及整个组织的绩效结果做出客观公正的测量、考核和评价,以判断不同人员的努力程度、劳动付出和贡献大小,有针对性地支付报酬,并及时向员工反馈信息,促使其调整努力方向和行为方式,为实现组织目标而持续努力。

6.激励战略

激励战略是指企业综合运用工资、奖金、福利、工作条件、精神鼓励等各种物质或非物质的激励措施,设计完善的报酬和激励方案,以充分调动员工的工作积极性,为实现企业的战略目标提供支持和动力。

* **经营管理小感悟**:企业内部的人力资源管理工作,是保证企业经营管理目标能够顺利实施的重要因素,在企业经营管理目标制定方面也发挥着至关重要的作用。

第二节 职位分析与招募

××公司人员流失分析

　　××公司是我国中部省份的一家房地产开发公司,近年来,随着当地经济的迅速增长,房产需求强劲,公司有了飞速的发展,规模持续扩大,逐步发展为一家中型房地产开发公司。随着公司的发展和壮大,员工人数大量增加,众多的组织和人力资源管理问题逐步凸显出来。

　　公司现有的组织机构,是基于创业时的公司规划,随着业务扩张的需要逐渐扩充而形成的,在运行的过程中,组织与业务上的矛盾已经逐步凸显出来:部门之间、职位之间的职责与权限缺乏明确的界定,扯皮推诿的现象不断发生;有的部门抱怨事情太多,人手不够,任务不能按时、按质、按量完成,有的部门又觉得人员冗杂,人浮于事,效率低下。

　　在人员招聘方面,用人部门给出的招聘标准往往很模糊,招聘主管往往无法准确地加以理解,使得招来的人大多差强人意。同时目前的许多岗位往往不能做到人事匹配,员工的能力不能得以充分发挥,严重挫伤了士气,并影响了工作效率。后来公司员工的晋升由总经理直接做出决定,最终,现在公司规模大了,总经理几乎已经没有时间来与基层员工和部门主管进行沟通了,基层员工和部门主管的晋升只能根据部门经理的意见来做出,因而在晋升中,上级和下属之间的私人感情成了决定性的因素,有才干的人往往不能获得提升。但许多优秀的员工由于看不到自己未来的前途而另寻高就。

　　在激励机制方面,公司缺乏科学的绩效考核和薪酬制度,考核中主观性和随意性非常严重,员工的报酬不能体现其价值与能力,人力资源部经常听到大家对薪酬的抱怨和不满。这也是人才流失的重要原因。

一、职位分析

(一)职位分析的概念

　　职位分析又被称为工作分析、岗位分析或职务分析,是人力资源管理体系中的一项基础性工作,是对组织的各项工作职位的特征、规范、要求、流程以及完成此项工作任职者的技能、责任和知识要求进行描述的过程。一个组织是否进行了职位分析以及职位分析质量的高低,都对人力资源管理的各环节具有重要的影响。

(二)职位分析的程序

由于各组织的战略、性质以及实施职位分析的目的等都有所不同,所以各组织实施职位分析的流程也不一样。一般情况下,职位分析的流程可分为六大阶段:计划阶段、工作设计阶段、信息收集阶段、信息分析阶段、结果表达阶段、职位分析结果应用及评价阶段。

1.计划阶段

计划阶段是实施职位分析的准备阶段,主要任务是明确是否有职位分析的必要、职位分析的目的是什么、在多大范围内展开职位分析,之后制定"职位分析工作计划书"并报上级部门批准。在获得上级部门批准后,可组建职位分析小组,开始展开具体的工作。

2.工作设计阶段

在上一阶段工作的基础上,负责实施职位分析的工作小组要对今后工作的具体展开进行谋划。本阶段的工作主要有两类:一类是对后续工作进行具体规划设计,确定职位分析对象,明确所需要收集的信息及信息搜集的方法,计划各项工作的具体时间安排和人员分工等;另一类是准备各项分析工具和表单,撰写访谈提纲,制作问卷调查表等。

3.信息收集阶段

职位分析是在收集大量信息的基础上展开的,为了确保后续工作的展开,本阶段需要搜集各方面信息。各相关人员按照拟定的计划,用设计好的方法和工具,多渠道收集信息。在这一阶段收集的信息主要包括工作活动情况、工作人员情况、工作绩效、工作环境等方面的内容。

4.信息分析阶段

收集起来的信息可能是杂乱无章的,需要对所收集的信息进行核对、筛选、统计、分析、研究、归类,方能使其变成有用的信息。

信息分析阶段需要分析的内容:

(1)职位基本信息:职位名称、职位所在部门、职位等级等。

(2)职位任务和工作程序等相关信息:工作内容、工作范围、职权界定、工作设备和工具、工作流程等。

(3)职位环境和关系等相关信息:工作场景、工作时间、工作条件、可能的职业病、与其他职位的关系、需要涉及的人际交往、管理状态等。

(4)职位任职要求:性别、年龄、学历等基本要求,经验、技能、专长等才能要求,体能、智能、健康状况等基本身体素质要求,政治思想状况、价值观、性格、气质、兴趣等心理素质要求,人际交往能力、团队协作能力等综合素质要求。

5.结果表达阶段

这个阶段的主要任务是在前期工作的基础上编写职位说明书,通常包括"职位描述"和"任职资格"。主要的工作有:草拟"职位描述"和"任职资格";将草拟的"工作描述"与"任职资格"与实际工作对比;根据对比结果判断是否需要修正以及如何修正,如果发现有太大出入,还需要考虑是否补充调查获取新信息;修订草稿,重复前两步的工作,直到得到相对满意的结果;形成最终的职位说明书。

6.职位分析结果应用及评价阶段

形成的职位说明书需要用于实践,否则职位分析就变得毫无意义。职位分析的最终结果要用于指导组织的人力资源管理工作或其他组织管理工作。在应用中也可能会发现职位分析结果对实践的指导意义不够明显,这说明还需要对职位分析工作的有效性进行评价,通过评价发现职位分析工作中的可取之处和不足之处,为今后改进职位分析工作提出意见。

(三)职位分析的方法

1.观察法

观察法是指职位分析人员借用人的感觉器官、观察仪器或计算机辅助系统实地观察、描述员工的实际工作活动过程,并用文字、图表和流程图等形式记录、分析和表现有关数据的方法。

优点:获取的信息较为广泛、客观和准确。

缺点:要求观察者有足够的实践操作经验,不适用于工作循环周期长的工作,不能得到有关任职者资格要求的信息。

2.访谈法

访谈法又称为面谈法,是由职位分析人员通过与有关人员或小组进行面对面的交谈,获取与工作有关信息的方法。通过访谈,可以进一步了解任职者的工作态度、工作动机等深层次问题,收集到一些用观察法等方法不能收集到的信息。

优点:收集方式简单,不拘泥于形式,问句内容较有弹性,可以补充反问。

缺点:信息易受到被访谈者个人主观因素的影响,产生扭曲。

3.问卷调查法

问卷调查法是以书面的形式,通过任职者或其他相关人员单方面信息传递来实现的工作信息收集方式。问卷是问卷调查法使用的主要工具,它是指为统计和调查所用的、以设问的方式表述问题的表格。通过科学的问卷设计,再以邮寄、个别分送或集体分发等多种方式,将问卷发放到受访者手中,要求他们按照要求填写问卷,调查者通过问卷统计以获得调查所需资料。

优点:成本低、速度快;容易进行,调查范围广;员工有参与感,有助于双方增进了解。

缺点：很难设计出能够收集完整资料的问卷表；一般员工不愿意花时间认真填写；缺乏交流和沟通，不容易了解人员态度和动机等深层次信息；需要特别说明，否则会因为理解不同造成信息误差。

4.典型事例分析法

典型事例分析法是对实际工作中特别有效或无效的工作者行为进行描述的方法。

优点：能针对员工工作上的行为，深入了解工作的动态性；行为是可观察、可衡量的，所以记录的信息容易应用。

缺点：需要花大量时间收集、整合资料并分类，不适合描述日常工作。

5.工作日志法

工作日志法是要求任职者在一段时间内实时记录自己每天从事的工作，形成某一工作职位一段时间以来发生的工作活动的全景描述。

优点：对工作可充分了解，有助于主管对员工的面谈；逐日或在工作活动后及时记录，可以避免遗漏；可以收集到最详尽的资料。

缺点：员工可能会夸大或隐瞒某些活动，费时且干扰工作。

6.工作实践法

工作实践法是由职位分析人员亲自从事所需研究的工作，亲身体验来收集相关资料。

优点：可在短时间内从环境、社会层面充分了解工作相关情况。

缺点：不适合需要长期训练及高危险的工作。

二、人员招聘

(一)招聘的内涵

人力资源招聘是企业为了发展的需要，在战略规划的指导下，根据人力资源规划和工作分析的要求，采取一些科学的方法寻找、吸引应聘者，并从中选出需要的人员予以录用的过程。

(二)招聘的原则

1.公开原则

即将招聘单位、种类、数量，报考的资格、条件，考试的方法、科目和时间，均面向社会公告周知，公开进行。

2.平等原则

指对所有报考者一视同仁,不得人为地制造各种不平等的限制或条件(如性别歧视)和各种不平等的优先、优惠政策。要通过考核、竞争选拔人才,以严格的标准、科学的方法对候选人进行测评,根据测评的结果确定人选,创造一个公平竞争的环境。

3.互补原则

按照人才组合的群体结构原理,对人才的使用和管理,不仅要考虑人才个体的能力,还要考虑人才群体的能力组合和协调状况。人无完人,人才一般是在某个方面有特长,为了发挥人才的整体效益,必须在人才的配置上遵循互补原则,更重要的是,做好人才的协调工作,为人才创造一个舒心的、宽松的生活工作环境。

4.择优原则

择优是招聘的根本目的和要求。只有坚持这个原则,才能广揽人才、选贤任能,为单位引进或为各个岗位选择最合适的人员。应采取科学的考试考核方法,精心比较,谨慎筛选,特别是要依法办事,杜绝不正之风。

5.能级原则

指将人的能力与岗位相匹配。这里所说的"能",就是指能力、才能、本事;所说的"级",就是指职位、职务、职称。员工招聘录用应当以提高企业效率、提高企业竞争力、促进企业发展为根本目标。招聘工作,不一定招最优秀的,而应量才录用,做到人尽其才、职得其人,这样才能持久、高效地发挥人力资源的作用。

6.效率原则

指根据不同的招聘要求,灵活选用适当的招聘形式,用尽可能低的招聘成本录用到合格的员工。选择最适合的招聘渠道、考核手段,在保证任职人员质量的基础上节约招聘费用,避免长期职位空缺造成的损失。

7.全面原则

指对报考人员从品德、知识、能力、智力、心理、过去工作的经验和业绩进行全面考试、考核和考察。因为一个人能否胜任某项工作或者发展前途如何,是由多方面因素决定的,其中,非智力因素起着决定性作用。

8.守法原则

指人员招聘与甄选必须遵守国家规定的相关法令、法规和政策,在聘用过程中不能有歧视行为。

(三)招聘的渠道

1.内部招聘的渠道

企业内部招聘是空缺岗位选人的重要来源,内部招聘有许多方式:公开招聘、内部提拔、横向调动、岗位轮换、重新聘用或招回以前的雇员,在企业局域网、墙报、布告栏、内部报刊上发布招聘信息,公布空缺职位的性质、职责及其所要求的条件等情况,邀请符合条件的员工申请或者管理层指定，即管理层根据考核结果指定候选人，有时甚至直接任命。

2.外部招聘的渠道

外部招聘的方式主要有：刊登广告、举行招聘会、求助于猎头企业、借助互联网、校园招聘等，企业可以根据自己的实际情况做出选择。实践证明，企业应当充分认识自身所处环境及当前人力资源状况，配合使用内部招聘渠道与外部招聘渠道。

* 经营管理小感悟:在企业人力资源管理中，应根据企业的发展需要做好有效的招聘指导，及时找出企业在员工招聘过程中的问题，采用合理的方式解决问题，确保招聘能够为企业的未来发展提供充足的人力资源。

第三节　人力资源培训与开发

别具一格的杜邦培训体系

作为化工界老大的杜邦公司在很多方面都独具特色。其中，公司为每一位员工提供独特的培训尤为突出。因而杜邦的人员流动率一直保持在很低的水平，在杜邦总部连续工作 30 年以上的员工随处可见，这在"人才流动成灾"的美国是十分难得的。

杜邦公司拥有一套系统的培训体系。虽然公司的培训协调员只有几个人，但他们却把培训工作开展得有声有色。每年，他们会根据杜邦公司员工的素质、各部门的业务发展需求等拟出一份培训大纲，上面清楚地列出该年度培训课程的题目、培训内容、培训教员、授课时间及地点等，并在年底前将大纲分发给杜邦各业务主管。业务主管根据员工的工作范围，结合员工的需求，参照培训大纲为每个员工制订一份培训计划，员工会按此计划参加培训。

杜邦公司还给员工提供平等的、多元化的培训机会。每位员工都有机会接受像公司概况、商务英语写作、有效的办公室工作等内容的基本培训。公司还一直很重视对员工的潜能开发，会根据员工不同的教育背景、工作经验、职位需求提供不同的培训。培训范围从前台接待员的"电话英语"到高级管理人员的"危机处理"。此外，如果员工认为社会上的某些课程会对自己的工作有所帮助，就可以向主管提出，公司就会合理地安排人员进行培训。

为了保证员工的整体素质，提高员工参加培训的积极性，杜邦公司实行了特殊教员制。公司的培训教员一部分是公司从社会上聘请的专业培训公司的教师或大学的教授、技术专家等,更多的则是杜邦公司内部的资深员工。在杜邦公司,任何一位有业务或技术专长的员工,小到普通职员,大到资深经理,都可作为知识教师给员工们讲授相关的专业知识。

一、人力资源培训

(一)培训的概念

企业中的人员培训是指为了使员工形成与企业目标相一致的工作态度和行为,有计划地对全体员工进行培养和训练,使员工具备本职工作所需的基本技能和能力,并最终实现组织整体绩效提升的一种计划性和连续性活动。从本质上说,培训是一种企业的管理行为,培训的出发点和归宿是"企业的生存与发展",可以把企业培训的目的概括为履行教育培训的责任和权力,使工作富有成效,维持生存和发展。

(二)培训的方法

1.在职培训法

(1)一对一培训法

一对一培训法是一种常用的培训方法,在这种培训方法中,培训者和被培训者一对一结对,单独传授,也就是传统的"传、帮、带"和"师徒制"。培训过程包括培训者描述、培训者演示和被培训者在培训者的监督下练习三个环节。当然,在此培训方法中还可以补充各种文字材料、录像视频和其他资料。

(2)教练法

随着人们对体育运动越来越青睐和投入,教练技术也越来越受到人们的关注。一些具有远见卓识的企业管理者,已经将运动场上的教练方式运用到企业培训上来,并形成一种崭新的教练培训方式。在这种培训方式中,教练需要做到三点:一是指导培训对象做出计划、策略,以引导培训对象思考为什么要做、如何做;二是指出培训对象所不能或没有想到的状况;三是持续地引导。

(3)工作轮换法

亦称轮岗,指根据工作要求安排在不同的工作部门工作一段时间,通常时间为一年,以丰富新员工的工作经验。现在许多企业采用工作轮换是为了培养新进入企业的年轻管理人员或有管理潜质的未来管理人员。工作轮换法能提升员工的工作技能,增加员工的工作满意度并给员工提供宝贵的机会。但是,进行工作轮换会给被培训者增加工作负担,还会引起未参加此种培训的员工的不满。

2.脱产培训法

（1）讲授法

讲授法是由培训者向众多学员讲解培训内容,培训者一般是该方面的专家。培训过程中,培训者会鼓励学员参与讨论或提问,但大多数情况下是单向交流,几乎没有实践时间。该方法是最为传统的脱产培训方法之一。

（2）角色扮演法

角色扮演法需要预先设置某一情景,指派一定的角色,没有既定详细的脚本。培训者向被培训者讲清扮演者所处的情景、角色特点与制约条件,且扮演者（或被培训者）理解后即可进行,扮演者可自发地即兴表演,如交往、对话,主动采取行动或被动做出反应。

（3）案例分析法

案例分析法又称个案分析法,指培训过程围绕一定的培训目的,把实际工作中的真实情景加以典型化处理,形成供学员思考分析和决断的案例,让学员以独立研究和相互讨论的方式思考,提高其分析解决问题的能力。

（4）影视培训法

影视培训法是用电影、影碟、投影等手段开展员工培训,学员直观地观察培训项目的过程、细节并引起视觉想象,能随时停下影片的播放,伴以培训师的细致讲解,加深学员的理解,收到良好的培训效果,多次反复地进行,便于学员复习所培训的内容。

（5）远程培训法

远程培训法是指将学习内容通过远距离传输到达学员的学习地点,以供学员学习。由于采用的设备不同而有多种不同的具体形式,如广播、电视、因特网等。目前通过因特网进行培训是最常用的远程培训方式,这与培训内容容易更新、电脑的普及、因特网技术不断改进和网页界面越来越友好有很大的关系。

（6）虚拟培训法

虚拟培训法包括时空、内容、设备和角色的虚拟化,具有沉浸性、自主性、感受性、适时交互性、可操作性、开放性和资源共享性等优点。虚拟现实技术为现代组织的人力资源培训开辟了一条新的道路,也为那些投资成本极高、难度很大、环境危险和操作性较强的技能培训搭建了崭新的培训平台。

（三）员工培训的问题与应对措施

1.企业员工培训存在的问题

（1）培训工作体系不完善

企业对培训工作要求不高,没有设立专门的培训部门,或是负责培训的人不专业或对业务不熟悉,没有做培训需求分析,计划随时确定,甚至课程内容、教学计划、培训的师资等都是依赖培训公司。培训的事前、事中、事后评估也仅仅是凭感觉的非正式评估,各部门各管理阶层在培训各环节担负的责任和任务不明确。受训人员返回工作岗位后也没有做后续的跟踪评估工作,或跟踪评估不到位。

(2)人力资源管理的其他工作不配套

企业要制定培训规划,就需要有人力资源规划阶段的人员配备、补充、晋升计划以及职务说明书等资料,需要了解企业的人力资源总体规划、企业发展目标、拟招聘人员的个人背景资料,需要结合受训人员的绩效和薪酬情况,才能制订出精密详细、科学合理的培训规划。

(3)培训方法、内容、时间不恰当

目前大多数企业员工培训偏重于课堂教学,培训时往往以教师为中心,缺乏双方交流与沟通。这种方式与案例式培训、角色扮演培训、工作轮换培训的效果相差甚远。企业培训的内容包括知识培训、技能培训与态度培训,但有的企业只注重技能培训,对企业文化的传承、组织习惯的培养却涉及较少。在培训时间选择上,有的培训选择在晚上、有的选择在周五,与受训人员的工作、生活习惯相冲突,引起受训人员的反感。

(4)培训效果缺乏跟踪和评估

受训者培训返回岗位后要将学习的成果转化成实际工作的业绩,需要上级的支持、同事的沟通与配合,以及资金、设备和相关政策的支持。但大多数企业组织的培训只注重培训现场时的反应评估和学习评估,而对返回岗位后员工行为的变化没有跟踪也不知道由谁去跟踪,对培训后的工作产生的整体效果更是没有统计分析。

2.当前企业员工培训应对措施

(1)转变培训观念,营造良好氛围

企业各部门领导要尽快转变传统的培训观念,运用新思想、采用新方法积极搞好部门培训工作,努力营造一个人人能学习、人人爱学习的氛围。要让职工明白,只有加强自身学习,不断获取新知识,才能适应企业的不断发展。

(2)强化师资建设,提高师资队伍素质

内部培训师队伍是企业进行员工培训的骨干力量,他们对培训对象的知识、技能、工作环境及岗位要求有相当的了解和掌握,更能因材施教,在分享过程中容易与员工引起共鸣。但内部培训师往往缺乏授课技巧。因此,企业应通过进行专业的授课技巧训练、定期举办内部培训师的研讨会和开展内部培训师考核工作来提高培训师队伍素质。

(3)强化培训需求分析,增强培训效果

企业在进行员工培训之前,首先要做好现实的培训需求分析,找准员工应具备的知识能力与现状之间的差距,以保证培训目标与培训结果相互一致,并有针对性地对员工需要培训的内容进行相应的分析,做到有的放矢,提高培训的效率和效益。

二、人力资源开发

（一）人力资源开发的内涵

组织中的人力资源开发是组织通过设计和实施各种学习计划，以达到提高组织绩效和促进员工个人发展目的的过程。在人力资源开发中，学习是其核心内容，人力资源开发中的学习主要是指由组织提供的正式学习活动或学习体验。通过各种学习活动，可以提升员工的知识、技能、能力或者态度，开发员工的潜能。在当前的人力资源开发研究和实践领域，人力资源开发不只涉及个人层面的学习，还包括团队和组织层次的学习，以提高团队和组织的学习能力。

目前，组织学习已经成为人力资源开发实践和研究的重要领域。学习的形式越来越多样化，既包括发生在工作场所中的各种正式和非正式学习，也包括发生在工作环境之外的知识和经验的传播过程。随着组织的虚拟化等趋势，企业的组织边界变得模糊，隐性知识的学习更加具有组织上的便利，学习活动更加多样化，学习范围也大大扩展，学习速度也大大加快。

（二）人力资源开发的组织结构

对于大型的现代企业而言，人力资源开发越来越成为企业的重要职能，这一职能也越来越独立化。从组织形式上看，现代企业的人力资源开发职能主要是由独立的人力资源开发部门来完成的。即使对于人力资源开发职能还未独立的企业，人力资源开发也越来越成为人力资源管理的核心职能之一。独立的人力资源开发部或培训部，不仅可以扩大培训范围、节约培训成本，同时有利于创造学习型组织，通过知识的共享来自动实现开发的目的。

人力资源开发部门的主要职责是制定本企业的人力资源开发规划，具体职能包括：根据企业发展战略制定人力资源开发战略；确立人力资源开发的目标；制定具体的人力资源开发规划，规划既要符合企业组织的发展目标，又要符合员工个人职业生涯发展的阶段和目标；负责人力资源开发具体的组织协调工作，包括职业培训师的聘请、直线经理的责任分工、受训者的责任等；对人力资源开发效果进行评估，不仅要对开发的整体效果进行评估，而且要将维持开发效果的责任划分清楚。

（三）人力资源开发效果评估

1.效果评估的含义

人力资源开发效果评估是系统地收集人力资源开发活动成果的信息，以衡量人力资源开发活动是否有效或是否达到预期目标的过程，并为下一步人力资源开发决策提供信息基础的一系列活动的总称。

人力资源开发效果评估主要包括以下工作：

(1)确定人力资源开发效果评估的领域,也就是说,确定人力资源开发中的哪些开发效果需要评估,对这些开发效果的准确识别和确认是进行评估的第一步。

(2)确定衡量人力资源开发活动收益成果的标准。人力资源开发活动成果是指组织和受训者从人力资源开发或培训当中所获得的各种收益,包括受训者学习到的新技能和行为方式,企业成本的下降、绩效的提升等。

(3)确定人力资源开发效果评估的流程或步骤。

(4)确定进行效果评估的工具,采用什么方法、手段进行评估

(5)对评估结果的理论和实践意义进行解释。

2.人力资源开发效果评估的流程

人力资源开发效果评估是一个系统地收集描述性或者判断性的信息以进行有效的人力资源开发决策的过程。图8-1是人力资源开发效果评估过程的基本流程。

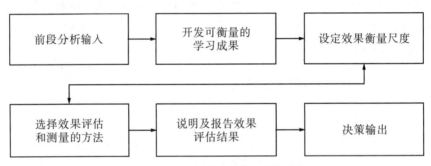

图8-1 人力资源开发效果评估流程

3.人力资源开发效果评估的意义

人力资源开发效果评估具有重要意义,评估可以帮助解决下列问题:

(1)确定培训项目是否实现了其目标;

(2)评估人力资源开发过程中的优点和缺点;

(3)比较人力资源培训项目的成本和收益;

(4)确定谁参加未来的培训;

(5)确定哪些参与者从项目中获得的收益最大;

(6)测量最后结果以评估培训项目的总体成果;

(7)测量和跟踪培训全过程,以保证对培训做出改进;

(8)收集数据以便将来推广其他的培训项目;

(9)研究非量化和无形的影响,建立数据库以便帮助管理层做出决策。

此外,通过效果评估可以展示培训部门对组织目标及任务所作的贡献,说明其存在的理由和投入一定资金的根据。

＊**经营管理小贴士**：对员工开展定期的培训与开发是企业在生产经营过程中提升运行效率、提高员工业务能力以及降低运行成本的重要措施。

第四节　人力资源绩效与薪酬

爱立信的浮动工资制

　　瑞典爱立信电讯公司准备在其 10 多万雇员中实行浮动工资制：公司经济效益比预计好，雇员就多拿工资，反之就少拿工资。按照这一新工资制度，雇员的工资由标准工资、最低固定工资和最高工资三部分构成。工资浮动部分按照当地雇员的工作成绩计算，主要由公司的利润增长率、产品销售情况和所占市场份额的增减决定。新工资制把公司的全部雇员分为三组。第一组为 300～400 名公司主要负责人，他们的工资在经济效益好时可增长 50％，效益差时减少 25％。第二组为 1 万名中高级雇员，他们的工资在经济效益好时可增长 30％，效益差时减少 15％。第三组为大约 10 万名广大的一般雇员，他们的工资在效益好时可增加 20％，效益差时减少 10％。以属于第三组的一名普通工人为例，他的月工资即标准工资为 2 万克朗，可变动情况如下：如果他的工作成绩属正常，就拿标准工资 2 万克朗；如果他的工作成绩比正常情况差，工资就减少 10％，拿 1.8 万克朗；如果他的工作成绩优异，达到最高目标，工资就增长 20％，拿 2.4 万克朗。

　　当前瑞典有不少公司实行利润分成制度，即公司效益好时，雇员可以拿奖金，奖金额根据利润大小而定，但即使企业亏损，雇员的基本工资也不变，没有被倒扣工资的风险。爱立信公司即将实行的浮动工资制度在瑞典大企业中尚属首例，此前只有较小的新创办的信息技术企业实行这样的工资制度。据悉，这一制度也将同时在爱立信中国公司的所有员工中推行。

一、人力资源绩效

(一)相关概念

1.绩效

绩效是员工依据其所具备的与工作相关的个人素质所做出的工作行为及工作结果，这些行为及结果对组织目标的实现具有积极或消极的作用。

绩效是组织期望的结果,是组织为实现其目标而展现在不同层面上的有效输出,有效输出是指绩效具有效果性、效率性和效益性。

2.绩效管理

绩效管理是指制定员工的绩效目标并收集与绩效有关的信息,定期对员工的绩效目标完成情况做出评价和反馈,以确保员工的工作活动和工作产出与组织保持一致。它是一个完整的管理过程,侧重于信息沟通与绩效提高,强调事先的沟通与承诺,贯穿在整个管理活动之中。

(二)绩效管理的作用

1.绩效管理对企业的作用

(1)诊断作用

绩效管理是企业各个职能和业务部门主管的基本职责,主管不但需要对组织中每个成员的活动进行追踪,及时沟通和分析,反馈绩效管理信息,而且要及时发现组织中存在的共性问题,采用科学的方法进行组织诊断,为组织变革和组织发展提供依据。

(2)监测作用

在组织绩效管理的过程中,各级主管必须对人力、物力和财力等资源的配置及其实际运行情况进行及时的监督、测定和考量,才能达到有效的组织、协调和控制,从而实现预定的绩效目标。

(3)导向作用

各级主管在组织绩效管理的活动中,应当充分发挥绩效管理的导向作用,通过积极主动的绩效沟通和面谈,采用科学的方法从不同需求出发,激励、诱导下属朝着一个共同目标努力学习、积极工作。

(4)竞争作用

绩效管理总是与企业薪酬奖励、晋升调配、培训开发等制度密切相关的。无论是得奖还是受罚,对员工都会产生某种触动和鞭策,从而在组织中形成相互比赛和竞争的局面。这有助于组织的发展和组织目标的实现,使企业和员工同时受益获利。

2.绩效管理对员工的作用

(1)激励作用

绩效管理可以充分肯定员工的工作业绩,使员工体验到成功的满足感与自豪感,有利于鼓励先进、鞭策落后、带动中间,从而对每个员工的行为进行有效的激励。

(2)规范作用

绩效管理为各项人事管理工作提供了一个客观而有效的标准和行为规范,按照标准进行奖惩与晋升,会使企业形成事事按标准办事的风气,使企业的人力资源管理标准化。

（3）发展作用

这一作用主要表现在：一是使组织根据考核结果，制定正确的培训计划，达到提高全体员工素质的目标；二是发现员工特点，将个人与组织的发展目标有效地结合起来。

（4）控制作用

通过绩效管理，不仅可以把员工工作的数量和质量控制在合理的范围内，还可以控制工作进度和协作关系，从而使员工明确自己的工作职责，提高工作的自觉性和纪律性。

（5）沟通作用

考核结果出来以后，管理者将与员工谈话，听取员工的申诉和看法，这样就为上下级提供了一个良好的沟通机会，使上级与下级之间相互了解并增进相互间的理解。

（三）绩效管理与绩效考评的关系

绩效考评又称绩效评估，是组织的各级管理者通过某种方法对其下属的工作完成情况进行定量与定性评价，通常被看作管理人员一年一度的短期阶段性事务工作。在单纯的绩效考评中，管理者和下属关注的焦点主要集中在考评的指标和考评的结果上。

1.绩效管理与绩效考评的联系

绩效考评是绩效管理的一个不可或缺的组成部分，通过绩效考评可以为组织绩效管理的改善提供资料，帮助组织不断提高绩效管理水平和有效性。绩效管理以绩效考评的结果作为参照，通过与标准的比较，寻找差距，提出改进方案，并推动方案的实施。

2.绩效管理与绩效考评的区别

绩效管理包括制订绩效计划、动态持续的绩效沟通、绩效考评、绩效反馈与改进、绩效考评结果的应用等步骤，是一个完整的绩效管理过程，而绩效考评只是这个管理过程中的局部环节和手段；绩效管理是一个过程，贯穿于日常工作，循环往复进行，而绩效考评是一个阶段性的总结，只出现在特定时期；绩效管理具有前瞻性，能帮助组织和管理者前瞻性地看待问题，有效规划组织和员工未来的发展，而绩效考评则是回顾过去一个阶段的成果，不具备前瞻性；绩效管理以动态持续的绩效沟通为核心，注重双向的交流、沟通、监督、评价，而绩效考评只注重事后的评价；绩效管理根据预期目标，评价绩效结果，提出改善方案，侧重日常绩效的提高，而绩效考评只比较预期的目标，注重进行绩效结果的评价；绩效管理充分考虑员工个人的发展需要，为员工能力开发及教育培训提供各种指导，注重个人素质能力的全面提升，而绩效考评只注重员工的考评成绩；绩效管理能建立绩效管理人员与员工之间的绩效合作伙伴关系，而绩效考评使绩效管理人员与员工站到了对立面，距离越来越远，制造紧张的气氛和关系。

(四)绩效考评存在的问题

1.考核标准、内容和形式方面的问题

(1)考核标准不明确

当考核项目设置不严谨、考核标准说明含糊不清时,人们打分时必然有一定的任意度,这会导致考核评价的不正确。比如,主管人员可能会对"好"和"中"等绩效标准做出不同的解释。对于"工作质量"和"首创性"这些要素,不同的评价者也同样会产生意义相差很大的理解。当然,可以找到一些方法来对上述不足进行修正,其中可以用一些描述性的语言对绩效考核要素加以界定。

(2)考核内容不完整

在考核体系中,如果考核内容不够完整,尤其是关键绩效指标缺失,则考核不能涵盖主要内容。同时,考核内容、项目设定以及权重设置等方面表现出无相关性,随意性突出,仅仅体现长官意志和个人好恶,且绩效考核体系又缺乏严肃性,任意更改,则难以保证政策上的连续性。这样,自然不能正确评价员工的真实工作绩效。

(3)考核方式单一

在人力资源绩效考核的实践中,往往是上级对下属进行审查式考核。要想科学全面地评价一位员工,往往需要从多视角来观察和判断,考核者应该包括被考核者的上级、同事、下属,被考核者本人以及客户等,实施综合考核,从而得出相对客观、全面精确的考核意见。

2.主考人方面的问题

(1)晕轮效应

晕轮效应也称"光环效应",是指在考察员工业绩时,由于只重视一些突出的特征而掩盖了被考核人的其他重要内容,从而影响考核结果正确性的现象。

(2)偏松或偏紧倾向

偏松或偏紧倾向包括"宽松"和"严格"两个方面。宽松倾向是指考核中所做的评价过高,严格倾向是指考核中所做的评价过低,即有些主管人员倾向于对下属员工的工作绩效给予较高的评价,而另外一些人却倾向于总是给员工较低的评价。

(3)居中趋势

居中趋势也称调和倾向或平均倾向,是指大多数员工的考核得分都居于"平均水平",往往是中等或良好水平。这也是考核结果具有"集中倾向"的体现。无论员工的实际表现如何,统统给予中间或平均水平的评价。实际上这种中庸的态度,很少能在员工中赢得好感,反而会起"奖懒罚勤"的副作用。

(4)近因效应

近因效应是考核者只看到考核期末一小段时间内的情况,而对整个评估期间的工作表现缺乏了解和记录,致使考核结果不能反映整个考核期内员工绩效表现的现象。

（5）首因效应

首因效应是指考核者首次相遇所获"第一印象"最深,是先入为主看问题的表现。当被考核者的情况与考核者的"第一印象"有较大差距时,考核者就可能因首因效应而产生偏见,在一定程度上影响考核得分。

（6）个人好恶

凭个人好恶判断是非,是绝大多数人难以察觉的弱点,甚至是人的一种本能。因此,考核者应该努力反省自己的每一个判断是否因个人好恶而导致不公。采用基于事实(如工作记录)的客观考核方法,由多人组成考核小组进行考核,有助于减少个人好恶所导致的考核误差。

（7）成见效应

成见效应也称定型作用,是指考核者由于因经验、教育、世界观、个人背景乃至人际关系等因素而形成的固定思维,对考核评价结果产生刻板化的影响。

(五)改进绩效考评的措施

1.制定清楚、客观、有效的绩效目标

考核的目标即考核什么,它有两方面含义:一是要考核员工哪些方面的情况;二是要明确从哪个角度入手才能有效、正确地反映员工的真实情况。工作说明书是员工考核的一个重要依据,企业必须根据工作说明书的内容来确定切实可行的绩效考核标准。

2.设定科学的考核内容

首先,科学地进行职位分析。职位分析是人力资源管理的重要内容,是绩效考核的依据。其次,考核的标准要科学,要有详细的岗位职责描述,明确工作的目标和职责,从而为考核指标的设定打下良好的基础。最后,建立科学的考核体系,突出四个导向:一是价值与贡献的岗位业绩导向;二是核心业务能力和个人能力导向;三是行为有效性的工作态度导向;四是敬业、责任、进取的个人品质导向。

3.增强团队合作精神

在绩效考核的内容上,不仅要对员工个人的绩效进行考核,也要对员工所在的工作团体的绩效进行考核,使员工绩效与团队绩效有机结合。加强企业文化建设,强调团队精神和合作意识,增强企业员工的凝聚力和荣誉感。

4.有效使用绩效考核的结果

绩效考核作为人力资源管理的核心职能之一,是人力资源管理活动的一个重要手段,是员工薪酬分配、职位调整的重要依据。因此考核结果一定要运用到企业的管理决策中来,真正发挥决策依据的重要作用,帮助企业做出正确的决策,提高管理水平,提升员工素质,使员工与企业的发展保持同步。

二、人力资源薪酬

(一)薪酬的概念和分类

1.薪酬的概念

薪酬是指企业因使用员工的劳动而付给员工的各种形式的补偿,是单位支付给员工的劳动报酬。

从狭义上说,薪酬是指个人获得的包括工资、奖金等以货币或实物形式的劳动回报。广义的薪酬包括经济性薪酬和非经济性薪酬两个部分。经济性薪酬也叫货币薪酬,主要包括工资、奖金和福利等;非经济性薪酬是指个人对企业及工作本身在心理上的一种感受,也叫非货币薪酬,包括机会职权的获取、职位晋升、荣誉认可、信息分享、培训学习等。薪酬本质上是一种公平的交易或交换关系,它是与商品货币关系相联系的一个范畴。

2.薪酬的分类

一般而言,薪酬包括基本薪酬、可变薪酬和间接薪酬三大部分。

(1)基本薪酬

基本薪酬即工资,通常包括基本工资、绩效工资和激励工资等内容。

基本工资是指根据劳动者所提供的劳动的数量和质量,按事先规定的标准付给劳动者的劳动报酬。绩效工资是对员工过去工作行为和已取得成就的认可。激励工资有短期的奖励,也有长期努力实施的奖励。

(2)可变薪酬

可变薪酬包括奖金、津贴和股票期权等内容,其目的是在绩效和薪酬之间建立起一种直接的联系。

奖金可分为计件奖金和销售提成奖金;津贴比较常见的有夜班津贴、加班津贴、交通津贴、伙食津贴、出差津贴、通信津贴、住宿津贴和高温津贴等;股票期权则通过与员工分享企业所创造的价值达到激励员工和保留员工的目的,同时将员工利益与企业利益相联系,以促使员工为实现企业战略目标而努力。

(3)间接薪酬

间接薪酬也可以被称为员工福利,是对员工劳动的间接回报,不直接以货币形式发放给员工,但通常可以给员工带来生活上的便利、减少员工额外开支或者免除员工后顾之忧。主要体现为给予员工的各种福利政策,例如,养老保险、医疗保险、失业保险、工伤及遗嘱保险、住房公积金与餐饮等。

（二）薪酬管理

1.薪酬管理的含义

薪酬管理是企业在企业总体发展战略的指导下，根据不同时期企业的经营目标，针对所有员工为组织所提供的劳务来确定他们应当得到的报酬总额、报酬结构及报酬形式，并进行薪酬分配和调控的过程。薪酬管理是在企业战略指导下开展的，最终目的是确保企业战略目标的实现。因此，薪酬管理的目的不仅是要让员工获得相应的经济收入，还要通过薪酬对员工的工作行为进行引导，激发其工作热情，不断提升工作绩效，并最终实现组织的发展目标。

2.薪酬管理的内容

（1）薪酬目标的管理

薪酬管理要从两个方面实现目标：一是如何通过薪酬管理实现企业的战略；二是如何通过薪酬管理满足员工的需要。

（2）薪酬水平的管理

薪酬水平是指企业内部各类职位和企业整体平均薪酬的高低状况。在薪酬管理中，既要确保企业内部薪酬的一致性，又要确保其外部的竞争性。这就要求企业根据员工绩效、能力特征和行为态度进行动态调整，使企业内部各团队、各部门和各子公司的薪酬水平具有公平性，有利于企业目标的实现；对于稀缺人才的薪酬水平要略高于竞争对手，以确保薪酬的外部竞争性。

（3）薪酬结构的管理

薪酬结构是指企业内部各职位之间薪酬的相互关系。合理的薪酬结构不仅能反映出不同职位对企业贡献的大小，也能有效节省组织运营成本。在薪酬管理中，要正确划分合理的薪级和薪酬，确定合理的级差，确定如何适应企业结构扁平化和员工岗位大规模轮换的需要，合理地确定工资。

（4）薪酬形式的管理

薪酬形式是指在员工总体薪酬和组织总体薪酬中，不同类型薪酬部分的组合方式。如一位员工能拿到的全部薪酬中，是否包括基本薪酬、福利薪酬、奖励薪酬等内容以及这些内容各占了多少比重。此外，薪酬形式的管理还包括如何给员工提供个人成长、工作成就感、良好的职业预期和就业能力的管理。

（5）薪酬制度的管理

包括薪酬决策应在多大程度上向所有员工公开和透明化，谁负责设计和管理薪酬制度，薪酬管理的预算、审计和控制体系又该如何建立和设计，组织如何维持合理的薪酬成本控制等等。

3.薪酬管理的原则

（1）公平性原则

公平性是薪酬管理的首个原则，它要求薪酬管理能让员工认为组织的薪酬分配是公平的。如果员工感觉到自己得到了不公正的薪酬,他们就可能会不再继续努力工作。不公平感的存在有可能会恶化企业中的人际关系或导致一部分员工离职。

(2)竞争性原则

为了确保企业获得所需的人力资源,企业所制定的薪酬水平应当不低于当地人力资源市场上的平均水平。这可能会抬高企业的人力资源成本,因此是否推出这个政策以及保持多高的人力资源价格,应当根据企业的财力状况和相关情况决定。如果是企业紧缺的人力资源,通常应确保其薪酬具有足够的竞争性。

(3)激励性原则

企业薪酬的公平性,并不意味着绝对平等,无论什么岗位、做出多大贡献都得到相同的薪酬收入,这种体现不出差异的"大锅饭"式的薪酬设计只能起到奖懒罚勤的作用,无法激发大家的工作积极性。因此,在制定薪酬政策和设计薪酬体系时,应当在各类、各级职务的薪酬水准上,适当拉开差距,真正体现按劳按贡献分配的原则。

(4)经济性原则

企业的薪酬是组织运行成本的重要组成内容,高水准的薪酬水平固然可以提高其竞争性和激励性,但也可能导致企业的运营成本上涨。因此,在设计薪酬体系时,不仅要考虑其竞争性和激励性,还要考虑如何控制总体运行成本,使企业所制定的薪酬政策在一个较经济的水平基础上,实现高效的激励效果并对外实现足够的竞争性。

(5)合法性原则

企业的薪酬政策与薪酬体系必须符合国家的法律法规且与地方政府所制定的相关政策保持一致。比如,不能低于当地所制定的最低工资标准,必须为正式员工缴纳五险一金,不能出现性别歧视,必须如期支付薪酬等。

(三)企业薪酬管理存在的问题与应对措施

1.企业薪酬管理存在的问题

(1)薪酬管理与企业的发展规划分离

在薪酬管理的过程中必须加入企业经营方针以及人力资源管理中对薪酬管理的导向性建议,否则企业薪酬计划的实施一定会出现偏差。对于企业来讲,不同的企业战略定位会直接影响到企业的薪酬定位。但是就我国目前的薪酬制度来讲,大多数企业在薪酬管理方面都采用统一的标准,这在一定程度上出现了与企业发展战略相分离的情况。

(2)企业内部薪酬不公平,缺少竞争力

企业的薪酬管理体系缺少业绩管理的支撑,在企业内部并不能做到分配的公平、公正,至于对员工进行激励就更是不可能的。对于企业中的重要人才来讲,他们对企业的发展有着极为重要的作用,如果企业的薪酬体系不能表现出对这类人才的重视,那么在正常情况下来讲,这个企业所制定的薪酬管理体系就是不成功的,如果长时间得不到改善就会对企业造成更大的损失。

（3）薪酬管理不具备透明性

在绝大多数企业中，为了保证领导层的收入，多采用秘密发奖励的方式进行薪酬的支付，并且很多企业对这种薪酬体系非常满意，久而久之就形成了一种模糊的薪酬管理制度。这种薪酬管理制度有相当的弊端，会造成企业员工之间对于薪酬的互相猜疑，进而滋生不满情绪，对企业的人力资源管理造成巨大的压力。

（4）企业薪酬体系缺乏激励性

企业在对薪酬的功能理解上常过于偏颇，只注意到薪酬的保健功能，而忽视了薪酬的激励功能。奖金相当程度上已失去了奖励的意义，变成了固定的附加工资，工资制度没有充分与个人绩效挂钩，缺乏应有的激励。

2.当前企业薪酬管理应对措施

（1）贯彻相对公平原则

企业在设计薪酬时要坚持相对公平原则。一是横向公平，即企业所有员工之间的薪酬标准、尺度应该是一致的。二是纵向公平，即企业设计薪酬时必须考虑到历史的延续性，过去的投入产出比和现在乃至将来都应该基本上是一致的，而且还应该是有所增长的。三是外部公平，即企业的薪酬设计与同行业的同类人才相比具有一致性。

（2）建立合理的薪酬管理制度

建立完善的薪酬管理制度，有利于企业各部门和岗位分清职责和权限，各种制度有章可循，奖惩分明，制定公开透明的业绩评价制度。工作评价要科学合理，由此建立起来的报酬制度才能公平合理。

（3）适当、及时地提高员工薪酬水平

薪酬体系设计的目的是建立科学合理的薪酬制度，使得在保障员工基本生活的基础上，最大限度地发挥激励作用。此外，薪酬体系还应始终关注企业的长期发展战略，并与之保持一致，以促进企业的发展进步。

（4）完善薪酬和绩效评估体系

员工需求是有差异的，不同的员工或同一员工在不同时期的需求都可能不同。绩效评估考核的结果与员工所得的报酬是直接挂钩的，绩效评估的客观性、公平性也就直接影响到薪酬体系的合理性，所以要建立公开民主的多重评估体制。

* **经营管理小感悟**：企业要充分认识到薪酬管理对企业内部管理和发展的重要意义，制定完善的薪酬管理制度，发挥薪酬管理制度的激励作用，进一步激发企业员工的工作热情、自主性和创造性，进而推动企业实现健康可持续发展。

拓展案例

房地产公司的职位设计

A房地产公司随着公司的发展和壮大，员工人数大量增加，众多的组织和人力资源管理问题逐步凸显出来，主要包括：组织上的问题、招聘中的问题、晋升中的问题和激励机制的问题。

面对严峻的形势，企业人力资源部开始着手进行人力资源管理的变革。人力资源部的经理王义专门为此参加了几个人力资源管理的培训班。在培训班上，王经理了解到职位分析是企业人力资源管理的基础，自己公司的许多问题也似乎与此相关。因此，他在和总经理商议之后，决定以职位分析作为变革的切入点。于是，人力资源部以雄心勃勃的王经理为首，加上几个主管，成立起了一个职位分析小组，全权负责职位分析项目的开展。

首先，他们开始寻找进行职位分析的工具与技术。在阅读了国内目前流行的几本职位分析书籍之后，他们从其中选取了一份职位分析问卷，作为收集职位信息的工具。然后，人力资源部将问卷发放到各个部门经理手中，同时他们还在公司的内部网页上发了一份关于开展问卷调查的通知，要求各部门配合人力资源部的问卷调查。

据反映，问卷在下发到各部门之后，却一直搁置在各部门经理手中，而没有下发下去。很多部门是直到人力资源部开始催收时才把问卷发放到每个人手中。同时，由于大家都很忙，很多人在拿到问卷之后，都没有时间仔细思考，草草填写完事。还有很多人在外地出差，或者任务缠身，自己无法填写，而由同事代笔。一个星期之后，人力资源部收回了问卷。但他们发现，问卷填写的效果不太理想，有一部分问卷填写不全，一部分问卷答非所问，还有一部分问卷根本没有收上来。辛苦调查的结果却没有发挥它应有的价值。

与此同时，人力资源部也着手选取一些职位进行访谈。但在试着谈了几个职位之后，发现访谈的效果并不好。因为，就人力资源部来说，能够对部门经理访谈的人只有王经理一人，主管和一般员工都无法与其他部门经理进行沟通。同时，由于经理们都很忙，能够把双方的时间凑一块，实在不容易。因此，两个星期时间过去了，却只访谈了两个部门经理。

人力资源部的几位主管负责对经理级以下的人员进行访谈，在访谈中，大部分时间都是被访谈的人在发牢骚，指责公司的管理问题，抱怨自己的待遇不公等。而在谈到与职位分析相关的内容时，被访谈的人往往又言辞闪烁，顾左右而言他，似乎对人力资源部这次的访谈不太信任。访谈结束之后，访谈人都反映对该职位的认识还是停留在模糊的阶段。

这样持续了两个星期，访谈了大概1/3的职位。王经理认为时间不能再拖延下去了,因此决定开始进入项目的下一个阶段——撰写职位说明书。

在撰写阶段,人力资源部还成立了几个小组。每个小组专门负责起草某一部门的职位说明书,并且王经理还要求各组在两个星期内完成任务。在起草职位说明书的过程中,人力资源部的员工都颇感为难:一方面不了解别的部门的工作,问卷和访谈提供的信息不准确;另一方面,大家又缺乏撰写职位说明书的经验,因此,写起来都感觉很费劲。规定的时间快到了,很多人为了交稿,不得不急急忙忙、东拼西凑了一些材料,再结合自己的判断,最后成稿。

人力资源部将成稿的职位说明书下发到各部门,同时还下发了一份文件,要求各部门按照新的职位说明书来界定工作范围,并按照其中规定的任职条件来进行人员的招聘、选拔和任用。但这却引起了其他部门的强烈反对。很多直线部门的管理人员甚至公开指责人力资源部,说人力资源部的职位说明书是一堆垃圾文件,完全不符合实际情况。

于是,人力资源部专门与相关部门召开了一次会议来推动职位说明书的应用。王经理本来想通过这次会议来说服各部门支持这次项目。但结果却恰恰相反,在会上,人力资源部遭到了各部门的一致批评。同时,人力资源部由于对其他部门不了解,对于其他部门所提的很多问题也无法进行解释和反驳,因此,会议的最终结论是,让人力资源部重新编写职位说明书。后来,经过多次重写与修改,职位说明书始终无法令人满意,最后,职位分析项目不了了之。

人力资源部的员工在经历了这次失败的项目后,对职位分析彻底丧失了信心。他们开始认为,职位分析只不过是"雾里看花、水中望月"的东西,说起来挺好,实际上却没有什么大用,而且认为职位分析只能针对西方国家那些管理先进的大公司,拿到中国的企业来,根本就行不通。原来雄心勃勃的王经理也变得灰心丧气,他一直对这次失败耿耿于怀,对项目失败的原因也是百思不得其解。

案例思考:

(1)试分析该公司为什么决定从职位分析入手来实施变革,这样的决定正确吗?为什么?

(2)在职位分析项目的整个组织与实施过程中,存在哪些问题?

第九章

财务管理

 ▶ 学习目标

· 掌握基本的财务管理相关概念
· 了解财务战略与财务预算相关管理流程
· 学习并实践投资决策的相关原理与实务

 ▶ 课程思政内容

　　财务管理的目标是企业财务管理活动的导向，没有目标，企业的财务行为就会一团混乱。对个人而言，职业规划、人生规划亦如此。学习及职业发展目标也是学生学习生活的引导。"凡事预则立，不预则废"，大学时期是人生中的黄金时期，学生要选定目标和方向，制定自己的合理规划，四年大学生活中要为目标做出百分之百的努力，实施自己的行动方案，并与自己的规划时时进行对比分析，以实现最终目标。

　　二十大报告原文："提升科技投入效能，深化财政科技经费分配使用机制改革，激发创新活力。加强企业主导的产学研深度融合，强化目标导向，提高科技成果转化和产业化水平。"

第一节　财务管理概述与分析

从泸天化的"十个统一"探讨财务管理体制

泸天化(集团)有限责任公司是我国特大型化工企业,年销售额近20亿元,利税2亿元左右,是中国500家最大工业企业和最佳经济效益企业之一。集团公司形成了以"十个统一"为内容的财务管理机制和会计核算体系。

1.统一资产管理

集团公司拥有的资产由公司统一管理,各单位受托经营本单位资产,受托经营限额以内的部分资产处置权必须报集团公司批准并备案,集团公司内任何单位和个人不具备资产处置权。

2.统一资金管理

集团公司内所有资金应由公司集中统一管理,通过资金结算中心对内部各单位统一结算和收付;各二级单位在资金结算中心开立内部结算账户,并执行资金的有偿占用;统一包括附营业务收入在内的所有财务收支,各单位通过资金结算中心统一结算。

3.统一银行账户管理

各二级单位开立的账户均予以注销,二级单位确因生产经营、科研开发、基本建设等需要,在各专业银行或非银行金融机构开立账户时,需报经集团公司批准。集团公司有权调用各单位的结余,并实行有偿占用。

4.统一信贷管理

集团公司作为一级法人,统一向各专业银行、非银行金融机构和有关单位办理各种资金信贷事项,各二级单位向集团公司申请内部贷款,有偿使用。

5.统一税费征纳管理

6.统一物资采购管理

集团公司内主要原材料、燃料、设备、备品备件、辅助材料由公司统一采购,各项物资采购必须编制采购计划,严格物资进出库的计量和检验制度。

7.统一财务收入管理

集团公司各种主营业务收入和附营业务收入都归口为财务部门管理,各单位和部门的非财务机构不得截留公司的各项收入。各单位财务部门必须将所实现的收入通过资金结算中心的内部结算制度集中统一到集团公司。

8.统一发票管理

集团公司实施了由财务部统一购领发票,统一解缴税金等一系列发货票管理制度。

9.统一会计核算和管理

各单位财务负责人对所设会计科目和会计账簿的真实性和准确性负责,并全面及时地反映资产、负债、权益的财务状况和收入、成本(费用)、利润及其分配的经营成果;集团公司各单位必须建立财产清查制度,保证公司财产物资的账实、账账和账证相符;各单位审核报销各种费用,必须按照集团公司的有关规定执行;集团公司内各财务部门应当建立健全稽核制度,严格执行出纳人员不得兼管稽核、会计档案保管和有关收入、费用、债权债务等账务登录的规定。

10.统一财会人员管理

集团公司财务实行月度例会制,由财务部负责人主持,负责总结和布置集团公司财务工作。集团公司会计人员的业务接受财务部监督和指导。

一、财务管理概述

(一)财务管理的含义

财务管理是在一定的整体目标下,关于资产的购置(投资)、资本的融通(筹资)和经营中现金流量(营运资金)以及利润分配的管理。财务管理是企业管理的一个组成部分,它是根据财经法规制度,按照财务管理的原则,组织企业财务活动、处理财务关系的一项经济管理工作。简单地说,财务管理是组织企业财务活动和处理财务关系的一项经济管理工作。

(二)财务管理的内容

财务管理主要是资金管理,其对象是资金的循环及其周转。财务管理的主要内容是进行投资决策、筹资决策和股利决策。

1.投资决策

投资是指企业投入资金,以期在未来获取收益的一种行为。

(1)直接投资和间接投资

直接投资是指把资金直接投放于生产经营性资产,以便获取利润的投资。

间接投资又称证券投资,是指把资金投放于证券等金融性资产,以便取得股利或利息收入。

(2)长期投资和短期投资

长期投资是指一年以后才能收回的投资。

短期投资又称为流动资产投资,是指能够或准备在一年内收回的投资。

2.筹资决策

筹资是指企业根据生产经营活动对资金的需要量,采用适当的方式获取资金的行为。

筹集的资金通常分两大类:权益资金和借入资金。

权益资金也称为权益资本,是指企业投资者提供的资金,它没有固定的偿还期限,筹资风险小,但期望的报酬率较高。

借入资金是指债权人提供的资金,它需要按期归还,并支付固定的利息,有一定的风险,但期望的报酬率低于权益资金。

3.股利决策

股利决策就是制定企业的股利分配政策,确定企业的净利润中有多少作为股利发给股东,有多少留在企业作为再投资资金。

(三)财务管理的目标

财务管理的目标又称理财目标,是指企业进行财务活动所要达到的根本目的,它决定着企业财务管理的基本方向和基本内容。

财务管理目标的设置,必须与企业整体发展战略相一致,符合企业长期发展战略的需要,体现企业发展战略的意图。

目前,企业财务管理目标有以下几种具有代表性的模式。

1.利润最大化

利润最大化就是假定企业财务管理以实现利润最大化为目标。

利润最大化目标的主要优点是企业追求利润最大化,就必须讲求经济核算,加强管理,改进技术,提高劳动生产率,降低产品成本。这些措施都有利于企业资源的合理配置,有利于企业整体经济效益的提高。但是,以利润最大化作为财务管理目标存在以下缺点:

(1)没有考虑利润实现时间和资金时间价值。比如,今年获利100万元和去年获利100万元其实际价值是不一样的。一年间会有时间价值的增加,而且这一数值会随着贴现率的不同而有所不同。

(2)没有考虑风险问题。不同行业具有不同的风险,同等利润值在不同行业中的意义也不相同。比如,风险比较高的高科技企业和风险相对较低的制造业,无法简单比较。

(3)没有反映创造的利润与投入资本之间的关系。这可能导致企业短期财务决策倾向,影响企业长远发展。由于利润指标通常按年计算,因此,企业决策也往往会服务于年度指标的完成或实现。

2.股东财富最大化

股东财富最大化是指企业财务管理以实现股东财富最大化为目标。在上市公司,股东财富是由其所拥有的股票数量和股票市场价格两方面决定的。在股票数量一定时,股票价格达到最高则股东财富也就达到最大。以股东财富最大化作为财务管理目标也存在一些缺点:该方法通常只适用于上市公司,非上市公司难以应用,因为非上市公司无法像上市公司那样随时准确获得公司股价;股价受众多因素,特别是企业外部因素尤其是一些非正常因素的因素;它强调的更多的是股东利益,而对其他相关者的利益重视不够。

二、财务管理分析

财务管理是对财务活动和财务关系实施的管理,为此,财务管理分析首先要分析企业的财务活动和财务关系。

(一)财务活动

企业财务活动是以现金收支为主的企业资金收支活动的总称,包括资金的筹集、投放、使用、收回及分配等一系列行为。从整体上讲,可分为以下四个方面。

1.筹资活动

筹资活动是指筹集资金的一系列行为。企业进行生产经营,首先以拥有或能够支配一定数额的资金为前提。所谓筹资是指企业为了满足投资和用资的需要,筹措和集中所需资金的过程。在筹资过程中,企业一方面要确定筹资的总规模(筹集多少资金),以保证投资所需要的资金;另一方面要选择筹资渠道(向谁筹资)、筹资方式(发行债券、借贷还是其他筹资方式)、筹资时间(什么时候筹资)、筹资成本、筹资速度、筹资风险等,筹资决策的关键是合理确定筹资结构,以使筹资成本和筹资风险相匹配,实现低成本、低风险筹资,以提高企业的价值。这种因为资金筹集而产生的资金收支,便是由企业筹资而引起的财务活动,是企业财务管理的主要内容之一。

2.投资活动

投资活动是企业资金运动的中心环节,是以收回本金并取得收益为目的而发生的现金流出活动。企业筹集资金后,必须将资金投入使用,以谋求最大的经济效益,否则,筹资就失去了目的和效用。

企业投资通常包括企业内部使用资金的过程(购置存货、机器设备、无形资产等)以及对外投放资金的过程(如投资购买其他企业的股票、债券或与其他企业联营等)。

企业无论购买内部所需资产,还是购买各种证券,都需要支付资金,因而产生资金的流出。而当企业变卖其对内投资形成的各种资产或收回其对外投资时,则会产生资金的流入。这种因企业投资而产生的资金收支,便是由投资而引起的财务活动。

3.营运活动

营运活动是指企业产品成本形成过程中资金耗费的活动。企业在日常经营活动中,会发生一系列的资金收付。首先,企业要采购材料和商品,以便从事生产和结算活动,同时,还要支付工资和发生固定资产磨损以及其他制造费用。其次,当企业产品销售后,便可取得收入,收回成本转化成货币资金。最后,如果企业现有资金不能满足企业经营的需要,还要采取短期借款等方式来筹集所需资金。上述各方面都会产生企业资金的收付。这种因企业日常经营而引起的财务活动,被称为资金营运。企业的营运资金,主要是为满足企业日常经营活动的需要而垫支的资金。在一定的时期内,资金周转越快,表明资金的利用效率越高,就可能生产出更多的产品,取得更多的收入,获得更多的报酬。因此,如何加速资金周转,提高资金利用效率,也是财务管理的主要内容之一。

4.分配活动

分配活动是指企业取得收益和分配收益的活动。资金分配既是一个资金运动周期的终点,同时又是下一个资金运动周期的起点。企业通过投资或资金营运活动取得相应的收入,并实现资金的增值。企业取得的各种收入在补偿成本、缴纳税金之后,还应依据相关法规及规章对剩余收益予以分配。广义地说,分配是指对企业各种收入进行分割和分派的过程;而狭义的分配仅指对企业净利润的分配。

随着分配活动的进行,资金退出或者留存企业,都必然会影响企业的资金运动,这种影响不仅表现在资金运动的规模上,还表现在资金运动的结构上,如筹资结构。因此,如何依据一定的法律原则,合理确定分配规模和分配方式,确保企业取得最大的经济利益,也是财务管理的主要内容之一。

(二)财务关系

企业的资金运动体现了企业在组织财务活动过程中与有关各方所形成的经济利益关系,即企业资金在筹集、使用、回收和分配活动中与企业各方面所形成的广泛联系,这种经济关系构成了企业中的财务关系。

1.企业与投资者之间的财务关系

企业与投资者之间的财务关系是共同分享投资收益的关系,这主要是指企业的投资者向企业投入资金,企业向其投资者支付投资报酬所形成的经济关系,这种财务关系是企业各种财务关系中最根本的关系,在性质上属于所有者关系。投资者通常要与企业发生以下财务关系:

(1)投资者可以对企业进行一定程度的控制或施加影响;

(2)投资者可以参与企业净利润的分配;

(3)投资者对企业的剩余资产享有索取权;

(4)投资者对企业承担一定的经济法律责任。

2.企业与债权人之间的财务关系

企业与债权人的财务关系在性质上属于债务债权关系或合同义务关系,是企业向债权人借入资金,并按借款合同的规定按时支付利息和偿还本金所形成的经济关系。企业除利用自有资本进行经营活动外,还要借入一定数量的资金,以便降低企业资金成本,扩大企业经营规模。企业的债权人主要有本企业发行的公司债券的持有人、贷款机构、商业信用提供者、其他出借资金给企业的单位和个人。企业利用债权人的资金,要按约定的利息率及时向债权人支付利息,债务到期时,要按时归还债权人的本金。

3.企业与受资者之间的财务关系

企业与受资者的财务关系是共同分享投资收益的关系,是体现所有权性质的投资与受资的关系。这主要是企业以购买股票或直接投资的形式向其他企业投资所形成的经济关系。随着市场经济的不断深入发展,企业经营规模和经营范围不断扩大,这种关系将会越来越广泛。企业向其他单位投资,应按约定履行出资义务,并依据其出资份额参与受资者的经营管理和利润分配。企业在处理这种财务关系时必须维护投资和受资各方的合法权益。

4.企业与债务人之间的财务关系

企业同其债务人的关系是债权债务关系。这主要是指企业将其资金以购买债券、提供商业信用等形式投向其他单位所形成的经济关系。企业赊销商品提供商业信用后,在规定的日期内有权向客户收取货款。企业用资金购买债券后,在规定的期限内有权并按约定的利率收回利息。企业处理这种财务关系,必须按协议向债务人收回本金,保障有关各方的权益。

5.企业同内部各单位之间的财务关系

企业同内部各单位的财务关系体现着企业内部各单位之间的经济利益关系。这主要是指企业内部各单位之间在开发经营各环节中相互提供产品或劳务所形成的经济关系。企业在实行内部经济核算制和内部经营责任制的条件下,企业供、产、销各个部门以及各个生产单位之间相互提供的劳务和产品也要计价,并要进行内部结算。这种在企业内部形成的资金结算关系,体现了企业内部各单位之间的利益。

6.企业与职工之间的财务关系

企业与职工的财务关系体现着职工个人和集体在劳动成果上的分配关系,这主要是指企业向职工支付劳动报酬过程中所形成的经济关系。职工是企业的劳动者,他们以自身提供的劳动作为参加企业分配的依据。企业根据劳动者的劳动情况,用其收入向职工支付工资、津贴和奖金,并按规定提取公益金等。

7.企业与政府之间的财务关系

企业与政府的财务关系主要反映的是依法纳税和依法征税的税收权利义务关系。政府作为社会管理者,担负着维持社会正常秩序、保卫国家安全、组织和管理社会并行使着政府行政职能,政府依据这一身份无偿参与企业利润的分配。企业按照税法规定向中央和地方政府缴纳各种税款,包括流转税、资源税、财产税和所得税等。企业必须履行纳税义务,绝不偷税、漏税。这是一种强制和无偿的分配关系。

第二节　财务战略与预算

增发回购捆绑筹资——青岛啤酒的筹资策略

　　企业经营的根本目的在于盈利,但企业若没有资本投入是难以实现盈利的,因此筹资对于任何企业来说都是决定其生存和发展的重要问题,而筹资又是有代价的,不同的融资方式,企业付出的代价也有所不同。就我国上市公司筹资现状而言,股权筹资是其主要融资方式,上市公司的资产负债率较低。目前上市公司仍将配股作为主要的融资手段,进而又将增发新股作为筹资的重要手段。这与发达国家"内源融资优先,债务融资次之,股权融资最后"的融资顺序大相径庭。

　　然而,就在此经济环境之下,青岛啤酒股份有限公司突破陈规,勇于创新,创造性地采取了增发与回购捆绑式操作的筹资策略。2001年2月5日至20日,青岛啤酒公司向社会公众定价增发普通A股1亿股,每股7.87元,筹集资金净额为7.59元。其筹资主要投向异地中外合资啤酒生产企业,以及对公司全资厂和控股子公司实施技术改造等,由此可以大大提高公司的盈利能力。2001年6月,青岛啤酒股份公司召开股东大会,做出了关于授权公司董事分子公司下次年会前最多可购回公司发行在外的境外上市外资股10%的特别决议。公司董事会计划回购H股股份的10%,即3 468.5万股,虽然这样做将会导致公司注册资本的减少,但是当时H股股价接近于每股净资产值,若按每股净资产值2.36元计算,两地市场存在明显套利空间,仅仅花去了8 185.66万元,却可以缩减股本比例3.46%,而且可以在原来预测的基础上增加每股盈利。与公司2月5日至20日增发的1亿股A股事件联系起来分析,可以看出,回购H股和增发A股进行捆绑式操作,是公司的一种筹资策略组合,这样股本扩张的"一增一缩",使得青岛啤酒股份公司的股本仅扩大约3.43%,但募集资金却增加了将近7亿元,其融资效果十分明显。这种捆绑式筹资策略值得关注。

一、财务战略

　　财务战略就是对企业总体和长远发展有重大影响的财务活动的指导思想和原

则。企业财务战略的着眼点不是企业的当前,也不是为了维持企业的现状,而是面向未来,为了谋求企业的持续、长远发展和增强企业的财务竞争力。

(一)财务战略的特征

1.全局性

财务战略以全局及整体经营活动中企业资金运动的总体发展规律为研究对象,根据企业财务的长远发展趋势而制定,从全局上规定着企业财务的总体行为,使之与企业的整体行动相一致,追求企业财务的总体竞争实力,谋求企业良好的财务状况和财务成果。

2.长期性

财务战略的着眼点不是企业的当前,不是为了维持企业的现状,而是面向未来,从生存和发展的观点出发,谋求企业的长远发展。因此,在制定财务战略时,不应当急功近利,而要有计划、有步骤地处理基本矛盾,这是战略管理要解决的根本问题。

3.导向性

财务战略规定了企业未来长期财务活动的发展方向、基本目标以及实现目标的基本途径,为企业财务预算提供方向。

(二)财务战略的地位

1.财务战略从属于企业战略

财务战略作为企业战略的一个子战略,不是独立于企业战略的,而是服务并从属于企业战略的。企业战略是财务战略的一个基本决定因素,是整个企业进行生产经营活动的指导方针,也是协调各种经营活动的主旋律。企业战略居于主导地位,对财务战略具有指导作用。

2.财务战略是协调企业各级战略之间关系的工具

财务战略的一个基本问题是如何优化配置资源,优化资本结构,促进资本快速流动和最大增值获利。财务战略除了贯彻企业战略的总体要求外,还必须考虑其他子战略与各职能部门战略的一致性。只有这样,财务战略才会对企业战略的其他各项职能战略的成功起到支持和促进作用。财务战略作为企业战略的重要组成部分,在制定过程中,既要坚持其与企业战略的一致性,又要保持其自身的独特性,它们之间是一种相互影响、相互印证、相互协调的动态关系。同时,财务战略也是协调企业各级战略之间关系的工具,不管是处于最高层的企业战略,还是市场营销战略、生产战略等子战略,它们的实施均离不开财务战略的配合。

3.财务战略制约企业战略的实现

财务战略的选择,决定着企业财务资源配置的模式,影响着企业各项活动的效率。正确的财务战略能够指引企业通过采取适当的方式筹集资金并且有效管理资金,其主要目标是增加企业价值。财务战略通过资金这条主线,利用综合的财务信息将企业各个层次的战略有机地连接在一起,成为协调企业纵向战略、横向战略以及纵横战略之间关系的桥梁和纽带。财务战略影响企业战略的方方面面,包括投入的资金是否均衡有效、资金来源的结构是否与企业所承担的风险与收益相匹配等。

(三)财务战略的类型

1.财务战略的综合类型

企业的财务战略往往涉及企业财务资源的总体配置和长期筹划。根据企业的实际经验,财务战略的综合类型一般可以分为扩张型财务战略、稳健型财务战略、防御型财务战略和收缩型财务战略。

(1)扩张型财务战略

扩张型财务战略一般表现为在长期内迅速扩大投资规模,全部或大部分保留利润,大量筹措外部资本。

(2)稳健型财务战略

稳健型财务战略一般表现为长期内投资规模稳定增长,保留部分利润,内部保留利润与外部筹资相结合。

(3)防御型财务战略

防御型财务战略一般表现为保持现有投资规模和投资收益水平,保持或适当调整现有资产负债率和资本结构水平,维持现行的股利政策。

(4)收缩型财务战略

收缩型财务战略一般表现为维持或缩小现有投资规模,分发大量股利,减少对外筹资,甚至通过债券赎回和股份回购归还投资。

2.财务战略的职能类型

财务战略按照财务管理的职能领域可分为投资战略、筹资战略、营运战略、股利战略。

(1)投资战略

投资战略是涉及企业长期、重大投资方向的战略性筹划。企业重大的投资行业、投资企业、投资项目等筹划,属于投资战略问题。

(2)筹资战略

筹资战略是涉及企业重大筹资方向的战略性筹划。企业首次发行股票、增资发行股票、发行大额债券、与银行建立长期合作关系等战略性筹划,属于筹资战略问题。

(3)营运战略

营运战略是涉及企业营运资本的战略性筹划。企业重大的营运资本策略、与重要供应商和客户建立长期商业信用关系等战略性筹划,属于营运战略问题。

（4）股利战略

股利战略是涉及企业长期、重大分配方向的战略性筹划。企业重大的留用利润方案、股利政策的长期安排等战略性筹划，属于股利战略的问题。

（四）财务战略的目标

1.融资战略目标

企业在确定融资战略目标时，需考虑以下两点：一是满足投资所需的资金，这是推动企业低成本扩张、不断提高市场份额的关键，是融资战略的首要目标；二是使综合资本成本最小，即企业在筹措资金时，要注意权益资本和债务资本的合理配置，优化资本结构，力争使企业综合资本成本最小。

2.投资战略目标

投资战略目标是由财务战略总目标决定的。不同的企业在不同的投资运营项目上会有不同的追求，即使同一企业，选择的经营战略类型不同，其投资战略目标也不尽相同。企业在制订投资战略目标时必须充分考虑市场占有率、现金流量、投资报酬率等问题。

3.收益分配目标

企业采取何种收益分配战略，要根据企业内外部因素的分析及投融资的要求来确定。在企业采取竞争战略的情况下，收益分配战略的首要目标是满足筹资的需要，追求的是企业的长远利益，资本利得目标必须符合企业的根本利益。

二、财务预算

预算是计划工作的成果，它既是决策的具体化，又是控制生产经营活动的依据。预算被看成是控制支出的工具，更是"使企业的资源获得最佳生产率和获利率的一种方法"。它主要是用货币计量的方式说明在预定期内各项资源取得和运用的情况。财务预算是企业全面预算的一部分，它和其他预算是紧密联系在一起的。

（一）财务预算概述

1.全面预算的概念

全面预算是指企业以发展战略为导向，在对未来经营环境预测的基础上，确定预算期内的经营管理目标，逐层分解、下达于企业内部各个经济单位，并以价值形式反映企业生产经营和财务活动的计划安排。

2.财务预算的含义

财务预算是一系列专门反映企业未来一定预算期内财务状况和经营成果，以及现金收支等价值指标的各种预算的总称，一般包括现金流量预算、利润预算和财务状况预算。

3.财务预算的功能

财务预算要全面、综合地协调、规划企业内部各部门、各层次的经济关系与职能，使之统一服从于未来经营总体目标的要求。同时，财务预算应使决策目标具体化、系统化和定量化，使企业有关生产经营人员明确各自职责及相应的奋斗目标。

编制财务预算就是在合理决策的基础上实现财务管理目标，将有限的财务资源在各部门、各层次、各环节进行合理配置，使有限的资金发挥最大的使用效应。

平衡财务收支的财务预算编制，可以在总额上使收入和支出达到一种平衡状态。如果收入大于支出，表明企业拥有的资金未得到有效使用，这将会影响企业的经济效益；如果支出大于收入，表明企业拥有的资金不敷使用，存在资金缺口，如不及时补充筹资，必将使企业陷入窘境。

(二)弹性预算

弹性预算是指企业在编制预算时，根据本、量、利之间有规律的数量关系，按照预算期内可预见的一系列业务量水平分别确定相应的数据，使编制的预算能够适应多种情况的预算方法。

1.弹性预算的编制步骤

(1)选择经营活动水平的计量标准；

(2)确定业务量的活动范围；

(3)逐步研究并确定各项成本和业务量之间的数量关系；

(4)把各业务量的预算成本运用一定的方式表达出来。

2.弹性预算的编制方式

弹性预算的编制方式，主要有多水平法和公式法两种。

(1)多水平法(列表法)

首先要在确定的业务量范围内，划分出若干个不同水平，然后分别计算各项预算成本，汇总列入一个预算表内。如表 9-1 所示，就是一个用多水平法表达的弹性预算。

(2)公式法

在成本性态分析中，我们已经知道，任何成本都可以用公式"$y = a + bx$"来近似地表示，所以只要在预算中列示 a(固定成本)和 b(单位变动成本)，便可以随时利用公式计算出任一在一定范围内业务量"x"的预算成本。如表 9-2，就是一个公式法的弹性预算(其数据资料与前述多水平法一样，只是表达方式不同而已)。

表 9-1 生产制造部门制造费用弹性预算表

制造费用预算(多水平法)

业务量(直接人工工时)	420	480	540	600	660
占正常生产能力百分比	70%	80%	90%	100%	110%
1.变动成本:					
运输	84	96	108	120	132
电力	420	480	540	600	660
消耗材料	42	48	54	60	66
合计	546	624	702	780	858
2.混合成本:					
修理费	440	490	544	600	746
油料	180	220	220	220	240
合计	620	710	764	820	986
3.固定成本:					
折旧费	300	300	300	300	300
管理人员工资	100	100	100	100	100
合计	400	400	400	400	400
总 计	1 566	1 734	1 866	2000	2 244

表 9-2 公式法的弹性预算表

单位:元

项目	固定成本(每月)	变动成本(每人工工时)
运输费		
电力		
消耗材料		0.20
修理费	85	1.00
油料	108	0.10
折旧费	300	0.85
管理人员工资	100	0.20
合计	593	2.35

注:业务量(人工工时)为 420~660。当业务量超过 600 工时时,修理费的固定成本部分上升为 185 元。

(三)零基预算

零基预算,全称为"以零为基础的编制计划和预算的方法",这种方法是由美国德州仪器公司彼得·派尔在20世纪60年代末提出来的。目前已经被西方国家广泛采用作为控制间接费用的一种有效方法。它是指在编制成本费用预算时,不考虑以往会计期间所发生的费用项目或费用数额,而是所有的预算支出均以零为出发点,一切从实际需要与可能出发,逐项审议预算期内各项费用的内容及开支标准是否合理,在综合平衡的基础上编制费用预算的一种方法。

1.零基预算的编制程序

第一步,企业各生产、业务部门根据企业的总目标及各部门的分目标,提出本部门在预算期内应当发生的费用项目,按照其性质和重要性以零为基底,详细确定其预算数额,而不考虑这些项目以往是否发生以及发生额是多少。

第二步,将各费用项目具体分为不可避免项目和可避免项目。不可避免项目是指在预算期内必须发生的项目,对这类项目必须保证资金的供给;可避免项目是指通过采取一定的措施可以不发生的费用项目,对这一类项目应当进行成本—效益分析,按照其必要性的大小确定各费用预算的优先顺序。

第三步,将纳入预算的各项费用再进一步划分为不可延缓项目和可延缓项目。不可延缓项目是指必须在预算期内足额支付的费用项目;可延缓项目是指在预算期内部分支付或延缓支付的费用项目。在编制预算过程中,应该优先保证满足不可延缓项目的开支,然后再根据需要和可能,按照项目的轻重缓急确定可延缓项目的开支标准。

第四步,企业部门按照第二步和第三步所确定的各项费用开支的顺序分配资金,落实企业的预算。

2.零基预算的适用范围

零基预算特别适用于产出难以辨认的服务性部门编制预算,如企业管理部门、会计部门、采购部门及销售部门等。

(四)滚动预算

滚动预算又称为连续预算或永续预算,是指在编制预算时,先按照一个会计年度来编制,但随着预算的执行逐期向后滚动,使预算期永远保持为一个会计年度的预算编制方法。

1.滚动预算的编制程序

第一步,根据企业的预算总体目标和总方针,具体分析本部门所面临的市场环境及生产经营情况,编制出计划期间(1年、2年、3年或5年)的预算。

第二步,认真做好当期预算执行情况的检查和分析,如检查本月或本季预算执行情况并分析未完成情况的原因,为修订预算提供依据。

第三步,预计预算期各种条件的发展变化,如新的方针、政策和制度的制定,企业经营战略的调整,市场的供应变化,企业人力、物力和财力的变化等。

第四步,根据所分析出的资料,制定和修改下一个滚动期的预算。

2.滚动预算的编制方式

滚动预算按其预算编制和滚动的时间单位不同,可以分为逐月滚动、逐季滚动和混合滚动三种方式。

(1)逐月滚动方式

逐月滚动方式是指在预算编制过程中,以月份为预算的编制和滚动单位,每个月调整一次预算的方法。

(2)逐季滚动方式

逐季滚动方式是指在预算编制过程中,以季度为预算的编制和滚动单位,每个季度调整一次预算的方法。在实际工作中,采用滚动预算要有一个与之相适应的外部条件,比如,上级下达的生产指标、材料供应的时间等。具体采用哪一种滚动预算方式,应视企业的实际需要而定。

(3)混合滚动方式

混合滚动方式是指在预算编制过程中,同时使用月份和季度作为预算的编制和滚动单位的方法。这种预算方法的理论依据是:人们对未来的了解都具有对近期把握较大、对远期把握较小的特征。为了做到长计划、短安排,远略近详,在预算编制过程中,可以对近期预算提出较高的精度要求,使预算的内容相对详细;对远期预算提出较低的精度要求,使预算的内容相对简单,这样可以减少预算工作量。

第三节　投资决策

腾讯的投资决策

蔚来汽车已于近期完成新一轮超过 10 亿美元融资,本轮融资由腾讯领投,投资方还包括 Baillie Gifford、Lone Pine、中信资本和华夏基金等几十家新投资人和原有投资人。本轮融资也将是蔚来汽车在首款量产电动车——ES8 纯电动 7 座 SUV 正式上市前,进行的最后一轮融资。从蔚来汽车此前公布的消息中发现,"NIO Day"(蔚来日)将于 2024 年 12 月在北京举办。

无独有偶,另一家新能源汽车企业威马汽车也在筹划一轮10亿元左右的融资。据媒体报道称,这轮投资百度领投,由百度董事局主席特别助理马东敏推进,腾讯正在争取共同领投。

近年来,腾讯一直在加快其在新能源汽车、无人驾驶领域的布局,先后投资了国内外多家新能源汽车公司或无人驾驶汽车公司。2015年3月,腾讯联手富士康、和谐汽车共同成立新公司"和谐富腾",三方签订协议在"互联网+智能电动车"战略合作。2024年3月,腾讯以领投的方式再度投资蔚来汽车;同样是在2024年3月,腾讯斥资收购电动车龙头公司特斯拉5%股份。2024年10月,腾讯又被曝通过其注册于新加坡的子公司Copper投资4亿美元印度打车公司Ola,新融资主要用于电动车研发。另据媒体报道,腾讯已经开发出了自己的自动驾驶系统,目前虽不知进展如何,但腾讯已经有了一个原型,并开始在内部测试。

一、企业投资概述

(一)企业投资的概念

企业投资是指公司对现在所持有资金的一种运用,如投入经营资产或购买金融资产,或者是取得这些资产的权利,其目的是在未来一定时期内获得与风险相匹配的报酬。在市场经济条件下,公司能否把筹集到的资金投入报酬高、回收快、风险小的项目,对企业的生存和发展十分重要。

(二)企业投资的分类

1.直接投资与间接投资

直接投资指投资者直接开厂设店从事经营,或者投资购买企业相当数量的股份,从而对该企业具有经营上的控制权的投资方式。通过直接投资,投资者便可以拥有全部或一定数量的企业资产及经营的所有权,直接进行或参与投资的经营管理。

间接投资是指投资者以其资本购买公司债券、金融债券或公司股票等各种有价证券,以预期获取一定收益的投资。由于其投资形式主要是购买各种各样的有价证券,因此也被称为证券投资。与直接投资相比,间接投资的投资者除股票投资外,一般只享有定期获得一定收益的权利,而无权干预被投资对象对这部分投资的具体运用及其经营管理决策;间接投资的资本运用比较灵活,可以随时调用或转卖,更换成其他资产,谋求更大的收益。

2.短期投资与长期投资

短期投资又称流动资产投资,是指能够并且准备在一年以内收回的投资,主要是指对现金、应收账款、存货、短期有价证券等的投资,长期证券如能随时变现亦可作为短期投资。长期投资则是指一年以上才能收回的投资,主要是指对厂房、机器设备等固定资产的投资,也包括对无形资产和长期有价证券的投资。

3.对内投资和对外投资

对内投资是指把资金投向公司内部,购置各种生产经营用资产的投资。对外投资是指公司以现金、实物、无形资产等方式或者以购买股票、债券等有价证券的方式向其他单位的投资。

4.初创投资和后续投资

初创投资是在建立新企业时进行的各种投资。后续投资则是指为巩固和发展企业再生产所进行的各种投资,主要包括为维持企业简单再生产所进行的更新性投资、为实现扩大再生产所进行的追加性投资、为调整生产经营方向所进行的转移性投资。

(三)企业投资管理的原则

1.认真进行市场调查,及时捕捉投资机会

捕捉投资机会是企业投资活动的起点,也是企业投资决策的关键。在市场经济条件下,投资机会不是固定不变的,而是不断变化的,它受到诸多因素的影响,其中最主要的是市场需求的变化。企业投资必须认真进行市场调查和市场分析,寻找最有利的投资机会。

2.建立科学的投资决策程序,认真进行投资项目的可行性分析

在市场经济条件下,企业的投资决策都会面临一定的风险。为了保证投资决策的正确有效,必须按科学的投资决策程序,认真进行投资项目的可行性分析。

3.及时足额地筹集资金,保证投资项目的资金供应

企业的投资项目,特别是大型投资项目,其建设工期长,所需资金多,一旦开工就必须有足够的资金供应,否则就会使工程建设中断,造成很大的损失。因此,在投资项目开始建设之前,必须科学预测投资所需资金的数量和时间,采用适当的方法,筹措资金,保证投资项目顺利完成,尽快产生投资效益。

4.认真分析风险和报酬的关系,适当控制企业的投资风险

报酬和风险是共存的,一般而言,报酬越高,风险也越大,报酬的增加是以风险的增大为代价的,而风险的增加将会引起企业价值的下降,不利于财务目标的实现。因此,企业在进行投资时,必须在考虑报酬的同时认真考虑风险情况,只有在报酬和风险达到均衡时,才有可能不断增加企业价值,实现财务管理的目标。

(四)企业投资的意义

1.企业投资是实现财务管理目标的基本前提

企业财务管理的目标是不断提高企业价值,为股东创造财富。因此要采取各种措施增加利润,降低风险。企业要想获得利润,就必须进行投资,在投资中获得效益。

2.企业投资是企业生产发展的必要手段

企业无论是维持简单再生产还是实现扩大再生产,都必须进行一定的投资。要维持简单再生产的顺利进行,就必须及时对所使用的机器设备进行更新,对产品和生产工艺进行改造,不断提高职工的科学技术水平等;要实现扩大再生产,就必须新建、扩建厂房,增添机器设备,增加职工人数,提高人员素质等。

3.企业投资是公司降低经营风险的重要方法

公司把资金投向生产经营的关键环节或薄弱环节,可以使各种生产经营能力配套、平衡,形成更大的综合生产能力。例如,把资金投向多个行业,实行多元化经营,提高公司销售和盈余的稳定性。这些都是降低公司经营风险的重要方法。

(五)企业投资过程分析

(1)提出投资项目,产生新的有价值的创意,进而提出投资方案。

(2)对投资项目进行评价:将提出的投资项目进行分类,为分析评价做好准备;估计各个项目每一期的现金流量状况;按照某一个评价指标,对各个投资项目进行分析并根据某一标准排队;考虑资本限额等约束因素,编写评价报告,并做出相应的投资预算,报请审批。

(3)最后是投资项目的决策。投资项目经过评价后,要由公司的决策层做出最后决策。决策一般分为以下三种情况:接受这个投资项目;拒绝这个项目,不进行投资;退还给提出项目的部门,由其重新调查和修改后再作处理。

(六)投资项目的实施与监控

一旦决定接受某一个或某一组投资项目,就要积极地实施并进行有效的监督与控制。具体要做好以下工作:为投资方案筹集资金;按照拟定的投资方案有计划、分步骤地实施投资项目,对项目的实施进度、工程质量、施工成本等进行控制和监督,以使投资按照预算规定如期完成,在项目的实施过程中,要定期进行后续分析;将实际的现金流量与报酬和预期的现金流量与报酬进行对比,找出差异,分析差异存在的原因,并根据不同情况做出不同的处理,这实际上就是投资过程中的选择权问题。

(七)投资项目的事后审计与评价

投资项目的事后审计主要由公司内部审计机构完成,将投资项目的实际表现与原来的预期相对比,通过对其差额的分析可以更深入地了解某些关键的问题。依此审计结果还可以对投资管理部门进行绩效评价,并据此建立相应的激励制度,以持续提高投资管理效率。通过对比项目的实际值和预测值,事后审计还可以把责任引进投资预测的过程。

二、投资现金流量

(一)投资现金流量的构成

长期投资决策中所说的现金流量是指与长期决策有关的现金流入和流出的数量,它是评价投资方案是否可行时必须事先计算的一个基础性指标。

1.初始现金流量

(1)投资前费用

投资前费用是指在正式投资之前的各项费用,主要包括勘察设计费、技术资料费和其他费用。投资前费用的总额要在综合考虑以上费用的基础上,合理加以预测。

(2)设备购置费用

设备购置费用是指为购买投资项目所需各项设备而花费的费用。企业财务人员要根据所需设备的数量、规格、型号、性能、价格、运输费用等,预测设备购置费的多少。

(3)设备安装费用

设备安装费用是指为安装各种设备所需的费用。这部分费用主要根据安装设备的多少、安装的难度、安装的工作量、当地安装的收费标准等因素进行预测。

(4)建筑工程费

建筑工程费是指进行土建工程所花费的费用。这部分费用要根据建筑类型、建筑面积的大小、建筑质量的要求、当地的建筑造价标准进行预测。

(5)营运资本的垫支

投资项目建成后,必须垫支一定的营运资本才能投入运营。这部分垫支的营运资本一般要到项目寿命终结时才能收回,所以,这种投资应看作长期投资,而不属于短期投资。

(6)原有固定资产的变价收入

变价收入主要是指固定资产更新时变卖原有固定资产所得的现金收入。

(7)不可预见费

不可预见费是指在投资项目正式建设之前不能完全估计到的,但又很可能发生的一系列费用,如设备价格的上涨、出现自然灾害等。这些因素也要合理预测,以便为现金流量预测留有余地。

2.营业现金流量

营业现金流量一般以年为单位计算。这里,现金流入一般是指营业现金收入,现金流出是指营业现金支出和缴纳的税金。如果一个投资项目的每年销售收入等于营业现金收入,付现成本(指不包括折旧的成本)等于营业现金支出,那么,年营业净现

金流量(NCF)可用下列公式计算:

$$每年营业净现金流量(NCF)＝年营业收入－年付现成本－所得税$$
$$＝税后净利＋折旧$$

3.终结现金流量

结现金流量主要包括固定资产的残值收入或变价收入(指扣除所需缴纳的税金等支出后的净收入)、原有垫支在各种流动资产上的资金的收回、停止使用的土地的变价收入等。

(二)投资现金流量的计算

1.初始现金流量的预测

(1)逐项测算法

逐项测算法就是对构成投资额基本内容的各个项目先逐项测算其数额,然后进行汇总来预测投资额的一种方法。

(2)单位生产能力估算法

单位生产能力估算法是一种根据投资额和拟建项目的生产能力来估算投资额的一种方法。生产能力是指投资项目建成投产后每年达到的产量,如生产电视机 10 000 台、生产服装 50 000 套等。一般来说,生产能力越大,所需投资额越多,两者之间存在一定的数量关系。可以用下列公式预测投资额:

$$拟建项目投资总额＝同类项目单位生产能力投资额×拟建项目生产能力$$

(3)装置能力指数法

装置能力指数法是根据有关项目的装置能力和装置能力指数来预测项目投资额的一种方法。装置能力是指以封闭型的生产设备为主体所构成的投资项目的生产能力,如制氧生产装置与化肥生产装置等。装置能力越大,所需投资额越多,装置能力和投资额之间的关系可用公式表示为:

$$Y_2 = Y_1 \times \left(\frac{X_2}{X_1}\right)^t \times \alpha$$

式中,Y_2 表示拟建项目投资额;Y_1 表示类似项目投资额;X_2 表示拟建项目装置能力;X_1 表示类似项目装置能力;t 表示装置能力指数;α 表示新旧项目之间的调整系数。装置能力指数 t 可以根据经验来取值。

2.全部现金流量的计算

例:某项目需投资 1 200 万元用于构建固定资产,另外在第一年年初一次投入流动资金 300 万元,项目寿命 5 年,用直线法计提折旧,5 年后设备残值 200 万元,每年预计付现成本 300 万元,可实现销售收入 800 万元,项目结束时可全部收回垫支的流动资金,所得税率为 25%,每年的折旧额=(1 200-200)/5=200 万元。假定各年投资是在年初进行,各年营业现金流量在年末发生,终结现金流量在最后一个年末发生。则项目预计营业现金流量如表 9-3 所示,项目全部现金流量如表 9-4 所示。

表 9-3 营业现金流量表

项 目	金额/万元
销售收入	800
减:付现成本	300
减:折旧	200
税前净利	300
减:所得税	75
税后净利	225
营业现金流量	425

表 9-4 全部现金流量表

单位:万元

项 目	0 年初	第 1 年	第 2 年	第 3 年	第 4 年	第 5 年
固定资产投资	-1 200					
垫支流动资金	-300					
营业现金流量		425	425	425	425	425
固定资产残值						200
收回流动资金						300
现金流量合计	-1 500	425	425	425	425	925

三、投资决策的基本方法

(一)折现现金流量方法

折现现金流量指标主要有净现值、内含报酬率、获利指数等。对于这类指标的使用,体现了折现现金流量的思想,即将未来的现金流量折现,使用现金流量的现值计算各种指标,并据以进行决策。

1.净现值

投资项目投入使用后的净现金流量按资本成本率或企业要求达到的报酬率折算为现值,减去初始投资以后的余额叫作净现值(net present value,NPV)。其计算公式为:

$$NPV = \left[\frac{NCF_1}{(1+K)^1} + \frac{NCF_2}{(1+K)^2} + \cdots + \frac{NCF_n}{(1+K)^n} \right] - C$$

$$= \sum_{t=1}^{n} \frac{NCF_t}{(1+K)^t} - C$$

式中,NPV 表示净现值;NCF_t 表示第 t 年的净现金流量;K 表示折现率(资本成本率或公司要求的报酬率); n 表示项目预计使用年限;C 表示初始投资额。

净现值的计算步骤:

第一步,计算各年的净现金流量。

这是计算净现值的基础,需要分析并计算出项目投资整个计算期内每个时间点发生的净现金流量。

第二步,折现。

按照行业基准折现率将未来经营期间各年的净现金流折算成总现值。具体步骤包括:将各年的营业净现金流量折成现值;将终结净现金流量按复利折成现值;将上述两项相加,可得出未来经营期间各年净现金流量的总现值。

第三步,计算原始投资额的现值。

将建设期间各期的初始投资额折现成现值。

第四步,计算净现值。

将未来现金流量的总现值减去建设投资总额,得到净现值。计算公式为:

净现值＝未来现金流量的总现值－建设投资总额

2.内含报酬率

内含报酬率(internal rate of return,IRR)也称内部报酬率,是指使净现值等于零时的折现率。该指标实际上反映了投资项目的真实报酬。目前越来越多的企业使用该项指标对投资项目进行评价。内含报酬率的计算公式为:

$$\frac{NCF_1}{(1+r)^1} + \frac{NCF_2}{(1+r)^2} + \cdots + \frac{NCF_n}{(1+r)^n} - C = 0$$

即

$$\sum_{t=1}^{n} \frac{NCF_t}{(1+r)^t} - C = 0$$

式中,NCF_t 表示第 t 年的现金流量;r 表示内含报酬率;n 表示项目使用年限;C 表示初始投资额。

内含报酬率的计算步骤,每年的 NCF 相等时,按下列步骤计算。

第一步,计算年金现值系数。

$$年金现值系数 = \frac{初始投资额}{每年 NCF}$$

第二步,查年金现值系数表,在相同的期数内,找出与上述年金现值系数邻近的较大和较小的两个折现率。

第三步,根据上述两个邻近的折现率和已求得的年金现值系数,采用插值法计算出该投资方案的内含报酬率。

如果每年的 NCF 不相等,则需要按下列步骤计算。

第一步,先预估一个折现率,并按此折现率计算净现值。如果计算出的净现值为正数,则表示预估的折现率小于该项目的实际内含报酬率,应提高折现率,再进行测算;如果计算出的净现值为负数,则表明预估的折现率大于该方案的实际内含报酬率,应降低折现率,再进行测算。经过如此反复测算,找到净现值由正到负并且比较接近于零的两个折现率。

第二步,根据上述两个邻近的折现率,用插值法计算出方案的实际内含报酬率。

3.获利指数

获利指数(profitability index,PI)又称利润指数或现值指数,是投资项目未来报酬的总现值与初始投资额的现值之比。其计算公式为:

$$PI = \frac{\dfrac{NCF_1}{(1+K)^1} + \dfrac{NCF_2}{(1+K)^2} + \cdots + \dfrac{NCF_n}{(1+K)^n}}{C}$$

即

$$PI = \frac{未来现金流入的总现值}{现金流出的总现值}$$

获利指数的计算步骤为:

第一步,计算未来现金流量的总现值,这与计算净现值时采用的方法相同;

第二步,计算获利指数,即根据未来现金流量的总现值和初始投资额之比计算获利指数。

(二)非折现现金流量方法

1.投资回收期

投资回收期(payback period,PP)代表收回投资所需的年限。回收期越短,方案越有利。在初始投资一次支出且每年的净现金流量(NCF)相等时,投资回收期可按下列公式计算:

$$投资回收期 = \frac{初始投资额}{每年 NCF}$$

如果每年净现金流量不相等,则回收期要根据每年年末尚未回收的投资额加以确定。

投资回收期法的概念容易理解,计算也比较简单。但这一指标的缺点在于它忽视了货币的时间价值且没有考虑回收期满后的现金流量状况。事实上,有战略意义的长期投资往往早期收益较低,而中后期收益较高。投资回收期法总是优先考虑急功近利的项目,它是过去评价投资方案最常用的方法,目前仅作为辅助方法使用,主要用来测定投资方案的流动性而非盈利性。

2.平均报酬率

平均报酬率(average rate of return,ARR)是投资项目寿命周期内平均的年投资报酬率,也称平均投资报酬率。平均报酬率有多种计算方法,其中最常见的计算公式为:

$$平均报酬率(ARR) = \frac{平均现金流量}{初始投资额} \times 100\%$$

在采用平均报酬率这一指标时,应事先确定一个企业要求达到的平均报酬率,或称必要平均报酬率。在进行决策时,只有高于必要平均报酬率的方案才能入选。而在有多个互斥方案的选择决策中,则选用平均报酬率最高的方案。

平均报酬率的优点是简明、易算、易懂。其主要缺点是:没有考虑货币的时间价值,第一年的现金流量与最后一年的现金流量被看作具有相同的价值,所以有时会做出错误的决策,且必要平均报酬率的确定具有很大的主观性。

四、投资决策指标的比较

(一)净现值法和内含报酬率法的比较

在多数情况下,运用净现值法和内含报酬率法得出的结论是相同的。但在如下两种情况下,有时会产生差异。

1.常规项目

对于常规的独立项目,净现值法和内含报酬率法的结论是完全一致的,但对于互斥项目,有时会不一致。造成不一致的原因主要有以下两点:

(1)投资规模不同

当一个项目的投资规模大于另一个项目时,规模较小的项目的内含报酬率可能较大但净现值可能较小。例如,假设项目 A 的内含报酬率为 30%,净现值为 100 万元,而项目 B 的内含报酬率为 20%,净现值为 200 万元。在这两个互斥项目之间进行选择,实际上就是在更多的财富和更高的内含报酬率之间进行选择,很显然,决策者将选择财富。所以,当互斥项目投资规模不同并且资金可以满足投资规模要求时,净现值决策规则优于内含报酬率决策规则。

（2）现金流量发生的时间不同

有的项目早期现金流入量比较大，而有的项目早期现金流入量比较小。之所以会产生现金流量发生时间不同的问题，是因为再投资率假设不同，即两种方法假定投资项目使用过程中产生的现金流量进行再投资时会产生不同的报酬率。

2.非常规项目

非常规项目的现金流量形式在某些方面与常规项目有所不同，如现金流出不发生在期初，或者期初和以后各期有多次现金流出等。非常规项目可能会导致净现值决策规则和内含报酬率决策规则产生的结论不一致。一种比较复杂的情况是：当不同年度的未来现金流量有正有负时，就会出现多个内含报酬率的问题。例如，企业付出一笔初始投资后，在项目经营过程中会获得正的现金流量，而在项目结束时需要付出一笔现金进行环境清理；在项目存续期间需要一次或多次大修理的项目也属于这种情况。

（二）净现值法和获利指数法的比较

由于净现值法和获利指数法使用的是相同的信息，在评价投资项目的优劣时，它们常常是一致的，但有时也会产生分歧。

只有当初始投资不同时，净现值和获利指数才会产生差异。由于净现值是用各期现金流量现值减初始投资得到的，是一个绝对数，表示投资的效益或者说是给公司带来的财富，而获利指数是用现金流量现值除以初始投资，是一个相对数，表示投资的效率，因而评价的结果可能会不一致。

最高的净现值符合企业的最大利益，也就是说，净现值越高，企业的收益越大，而获利指数只反映投资回收的程度，不反映投资回收的多少，在没有资金量限制情况下的互斥选择决策中，应选用净现值较大的投资项目。也就是说，当获利指数法与净现值法得出不同结论时，应以净现值法为准。

总之，在没有资金量限制的情况下，利用净现值法在所有的投资评价中都能做出正确的决策，而利用内含报酬率法和获利指数法在独立项目评价中也能做出正确的决策，但在互斥选择决策或非常规项目中有时会得到错误的结论。因而，在这三种评价方法中，净现值法仍然是最好的评价方法。

五、项目投资决策

（一）固定资产更新决策

1.新旧设备使用寿命相同的情况

在新旧设备尚可使用年限相同的情况下，我们可以采用差量分析法来计算。

基本步骤:首先,将两个方案的现金流量进行对比,求出现金流量=方案 A 的现金流量—方案 B 的现金流量;其次,根据各期的 △ 现金流量,计算两个方案的 △ 净现值;最后,根据 △ 净现值做出判断:如果 △ 净现值>0,则选择方案 A;△ 净现值<0,选择方案 B。

2.新旧设备使用寿命不同的情况

对于寿命不同的项目,不能对他们的净现值、内含报酬率及获利指数进行直接比较。为了使投资项目的各项指标具有可比性,要设法使其在相同的寿命期内进行比较。此时可以采用的方法有最小公倍寿命法和年均净现值法。

(1)最小公倍寿命法

将两个方案使用寿命的最小公倍数作为比较区间,并假设两个方案在这个比较区间内进行多次重复投资,将各自多次投资的净现值进行比较的分析方法。

表 9-5　新旧设备现金流量

单位:元

项目	旧设备		新设备	
	第 0 年	第 1—4 年	第 0 年	第 1—4 年
初始投资	−20 000	—	−70 000	—
营业净现金流量	—	16 250	—	22 437.5
终结现金流量	—	0	—	0
现金流量	−20 000	16 250	−70 000	22 437.5

计算新旧设备的净现值:

$$NPV(旧)=-20\ 000+16\ 250×PVIFA(10\%,4)=31\ 512.5(元)$$

$$NPV(新)=-70\ 000+22\ 437.5×PVIFA(10\%,8)=49\ 704.1(元)$$

根据表 9—5 的数据,新旧设备使用寿命的最小公倍数是 8 年,在这个共同期间内,继续使用旧设备的投资方案可以进行 2 次,使用新设备的投资方案可以进行 1 次。因为使用旧设备的投资方案可以进行 2 次,相当于 4 年后按照第四年的变现价值重新购置一台同样的旧设备进行 2 次投资,获得与当前继续使用旧设备同样的净现值。

因此,8 年内,继续使用旧设备的净现值为:

$$NPV(旧)=31\ 512.5+31\ 512.5×PVIF(10\%,4)=53\ 035.5(元)$$

若使用新设备,更具前面的计算结果,其净现值为:

$$NPV(新)=49\ 704.1(元)$$

通过比较可知,继续使用旧设备的净现值比使用新设备的净现值高出 3331.4 元,所以此时不应该更新。

(2)年均净现值法

年均净现值法是把投资项目在寿命期内总的净现值转化为每年的平均净现值并进行比较分析的方法。

年均净现值的计算公式为:

$$\text{ANPV} = \frac{\text{NPV}}{\text{PVIFA}_{k,n}}$$

式中,ANPV 表示年均净现值;NPV 表示净现值;$\text{PVIFA}_{k,n}$ 表示建立在资本成本率和项目寿命期基础上的年金现值系数。

由年均净现值法的原理还可以推导出年均成本法。当使用新旧设备的未来收益相同,但准确数字不好估计时,可以比较年均成本,并选取年均成本最小的项目。年均成本是把项目的总现金流出值转化为每年的平均现金流出值,其计算公式为:

$$\text{AC} = \frac{C}{\text{PVIFA}_{k,n}}$$

式中,AC 表示年均成本;C 表示项目的总成本的现值;$\text{PVIFA}_{k,n}$ 表示建立在公司资本成本率和项目寿命期基础上的年金现值系数。

(二)资本限额投资决策

企业可以用于投资的资金总量总是有限的,不能投资于所有可接受的项目。这种情况在很多公司都存在,尤其是那些以内部筹资为经营策略或外部筹资受到限制的企业。在有资本限额的情况下,为了使企业获得最大利益,应该选择那些能使净现值最大的投资组合。可以采用的方法有两种:获利指数法和净现值法。

1.获利指数法

第一步,计算所有项目的获利指数,并列出每个项目的初始投资额。

第二步,接受所有 PI≥1 的项目。如果资本限额能够满足所有可接受的项目,则决策过程完成。

第三步,如果资本限额不能满足所有的项目,就要对第二步进行修正。修正的过程是,对所有项目在资本限额内进行各种可能的组合,然后计算出各种可能组合的加权平均获利指数。

第四步,接受加权平均获利指数最大的投资组合。

2.净现值法

第一步,计算所有项目的净现值,并列出每个项目的初始投资额。

第二步,如果资本限额能够满足所有可接受的项目,则接受所有的项目,决策过程完成。

第三步,如果资本限额不能满足所有修正的过程,则对所有项目在资本限额内进行各种可能的组合,然后计算出各种可能组合的净现值合计数。

第四步,接受净现值合计数最大的投资组合。

(三)投资时机选择决策

投资时机选择决策可以使决策者确定开始投资的最佳时期。在等待时机的过程中,公司能够得到更充分的市场信息或更高的产品价格,或者有时间继续提高产品的性能。但是这些决策优势也会带来等待所引起的时间价值的损失,以及竞争者提前进入市场的危险,另外成本也可能会随着时间的延长而增加。如果等待时机获得的利益超过伴随而来的成本,那么公司应该采取等待时机的策略。

进行投资时机选择的标准仍然是净现值最大化。但由于开发的时间不同,不能将计算出来的净现值进行简单对比,而应该折算成同一个时点的现值再进行比较。

(四)投资期选择决策

投资期是指项目从开始投入资金至项目建成投入生产所需要的时间。较短的投资期,需要在初期投入较多的人力,但是后续的营业现金流量发生得比较早;较长的投资期,初始投资较少,但是由于后续的营业现金流量发生得比较晚,也会影响投资项目的净现值。因此,在可以选择的情况下,公司应该运用投资期选择决策的分析方法,对延长或缩短投资期进行认真比较,以权衡利弊。

在投资期选择决策中,最常用的方法是差量分析法。采用差量分析法计算比较简单,但是不能反映不同投资期下项目的净现值。

六、风险投资决策

(一)按风险调整折现率法

将与特定投资项目有关的风险报酬,加入企业原先要求(无风险情况)的报酬率中,构成按风险调整的贴现率,并以调整后的贴现率为基础进行决策。

1.用资本资产定价模型来调整

证券的风险可分为可分散风险和不可分散风险。不可分散风险是由 β 值测量的,可分散风险可通过企业的多角化经营而消除。计算公式为:

$$K_j = R_F + \beta_j(R_m - R_F)$$

式中,K_j 表示项目 j 按风险调整的贴现率或必要报酬率;R_F 表示无风险折现率;β_j

表示项目 j 的不可分散风险系数;R_m 表示所有项目平均贴现率或必要报酬率。

2.按投资项目的风险等级来调整折现率

这种方法是对影响投资项目风险的各因素进行评分,根据评分来确定风险等级,再根据风险等级来调整折现率。

(二)按风险调整现金流量法

1.肯定当量法

在风险投资决策中,由于各年的现金流量具有不确定性,因此必须进行调整。肯定当量法就是把不确定的各年现金流量,按照一定的系数(通常称为约当系数)折算为大约相当于确定的现金流量的数量,然后利用无风险折现率来评价风险投资项目的决策方法。

约当系数是肯定的现金流量对与之相当的、不肯定的期望现金流量的比值,通常用 d 来表示,即肯定的现金流量=期望现金流量×约当系数。

在进行评价时,可根据各年现金流量风险的大小,选取不同的约当系数:当现金流量确定时,可取 $d=1.00$;当现金流量的风险很小时,可取 $1.00 > d \geqslant 0.80$;当风险一般时,可取 $0.80 > d \geqslant 0.40$;当现金流量风险很大时,可取 $0.40 > d \geqslant 0$。

约当系数的选取可能会因人而异,敢于冒险的分析者会选用较高的约当系数,而不愿冒险的投资者可能选用较低的约当系数。为了防止因决策者的偏好不同而造成决策失误,有些企业根据标准离差率来确定约当系数,因为标准离差率是衡量风险大小的一个很好的指标,用它来确定约当系数是合理的。

2.概率法

概率法是指通过发生概率来调整各期的现金流量,并计算投资项目的年期望现金流量和期望净现值,进而对风险投资做出评价的一种方法。概率法适用于各期现金流量相互独立的投资项目。各期的现金流量相互独立是指前后各期的现金流量互不相关。运用概率法时,各年的期望现金流量计算公式为:

$$\overline{\mathrm{NCF}}_t = \sum_{i=1}^{n} \mathrm{NCF}_{ti} P_{ti}$$

式中,$\overline{\mathrm{NCF}}_t$ 表示第 t 年的期望净现金流量;NCF_{ti} 表示第 t 年的第 i 种结果的净现金流量;P_{ti} 表示第 t 年的第 i 种结果发生的概率;n 表示第 t 年可能结果的数量。

投资的期望净现值可以按下式计算:

$$\overline{\mathrm{NPV}} = \sum_{t=0}^{m} \overline{\mathrm{NCF}}_t \times \mathrm{PVIF}_{k,t}$$

式中,$\overline{\mathrm{NPV}}$ 表示投资项目的期望净现值;$\mathrm{PVIF}_{k,t}$ 表示折现率为 k、第 t 年的复利现值系数;m 表示未来现金流量的期数。

(三)决策树法

决策树法也是对不确定性投资项目进行分析的一种方法。前面提到的概率法只适用于分析各期现金流量相互独立的投资项目,决策树法则可用于分析各期现金流量彼此相关的投资项目。决策树直观地表示了一个多阶段项目决策中每一个阶段的投资决策和可能发生的结果及其发生的概率,所以决策树法可用于识别净现值分析中的系列决策过程。

决策树法分析的步骤如下:

(1)把项目分成几个明确界定的阶段;

(2)列出每一个阶段可能发生的结果;

(3)基于当前可以得到的信息,列出各个阶段每个结果发生的概率;

(4)计算每一个结果对项目的预期现金流量的影响;

(5)根据前面阶段的结果及其对现金流量的影响,从后向前评估决策树各个阶段所采取的最佳行动;

(6)基于整个项目的预期现金流量和所有可能的结果,并考虑各个结果相应的发生概率,估算第一阶段应采取的最佳行动。

(四)敏感性分析

敏感性分析是衡量不确定性因素的变化对项目评价指标(如 NPV、IRR 等)影响程度的一种分析方法。如果某因素在较小范围内发生变动,项目评价指标却发生了较大的变动,则表明项目评价指标对该因素的敏感性强;反之,如果某因素发生较大的变动才会影响原有的评价结果,则表明项目评价指标对该因素的敏感性弱。

对投资项目进行敏感性分析的主要步骤是:

(1)确定具体的评价指标作为敏感性分析的对象,如 NPV、IRR 等。

(2)选择不确定性因素。影响投资评价结果的因素会有很多,这里要选择对项目的投资收益影响较大且自身的不确定性较大的因素。

(3)对所有选中的不确定性因素分为好、中等、差(或乐观、正常、悲观)等情况,并做出估计。

(4)估算出基础状态(正常情况)下的评价指标数值。

(5)改变其中一个影响因素,并假设其他影响因素保持在正常状态下,估算对应的评价指标数值。

(6)以正常情况下的评价指标数值作为标准,分析其对各种影响因素的敏感程度,进而对该项目的可行性做出分析。

***经营管理小感悟**:投资决策是企业在经营过程中最为重要和关键的行为。投资决策的正确与否直接决定了企业的运营结果,甚至关乎企业的生死。

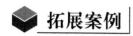 **拓展案例**

瓦伦汀商店的未来

马里奥·瓦伦汀拥有一家经营得十分成功的汽车经销商——瓦伦汀商店。25年来,瓦伦汀一直坚持独资经营,身兼所有者和管理者两职。现在他已经70岁了,打算从管理岗位上退下来,但是他希望汽车经销商店仍能掌握在家族手中,他的长远目标是将这份产业留给自己的儿孙。

瓦伦汀在考虑是否应该将他的商店转为公司制经营。如果他将商店改组为股份公司,那么他就可以给自己的每一位儿孙留下数目合适的股份。

另外,他可以将商店整个留给儿孙们让他们进行合伙经营。为了能够选择正确的企业组织形式,瓦伦河制定了下列目标:

1.所有权。瓦伦汀希望他的两个儿子各拥有25%的股份。五个孙子每人各拥有10%的股份。

2.存续能力。瓦伦汀希望即使发生儿孙死亡或放弃所有权的情况,也不会影响经营的存续性。

3.管理。当瓦伦汀退休后,他希望将产业交给一位长期服务于商店的雇员乔·汉兹来管理。虽然瓦伦汀希望家族保持产业的所有权,但他并不相信他的家族成员有足够的时间和经验来完成日常的管理工作。事实上,瓦伦汀认为他有两个孙子根本不具有经济头脑,所以他并不希望他们参与管理工作。

4.所得税。瓦伦汀希望企业采取的组织形式可以尽可能减少他的儿孙们应缴纳的所得税。他希望每年的经营所得都可以尽可能多地分配给商店的所有人。

5.所有者的债务。瓦伦汀知道经营汽车商店会出现诸如对顾客汽车修理不当而发生车祸之类的意外事故,这要求商店有大量的资金。虽然商店已投了保,但瓦伦汀还是希望能够确保在商店发生损失时,他的儿孙们的个人财产不受任何影响。(保险的赔偿债务)

案例思考:

1.根据你掌握的知识,你认为该企业应采用公司制还是合伙制?

2.公司制还是合伙制对企业的财务管理会产生哪些影响?

3.企业组织形式与企业规模之间是否存在必然的关系?

4.家族式企业是否存在最佳组织形式?

参考文献

[1]赵曙明.人力资源管理总论[M].南京:南京大学出版社,2021.

[2]周三多,陈传明,龙静.管理学原理[M].南京:南京大学出版社,2020.

[3]杨柏欢,丁阳,李亚子.市场营销理论与应用[M].南京:南京大学出版社,2020.

[4]赖文燕,蔡影妮.现代企业管理[M].南京:南京大学出版社,2019.

[5][美]雷·H.加里森,埃里克·W.诺琳,彼得·C.布鲁尔.管理会计[M].王满,译.北京:机械工业出版社,2019.

[6]刘磊.现代企业管理[M].北京:北京大学出版社,2019.

[7]伍应环,刘秀.市场营销理论与实务[M].北京:北京理工大学出版社,2019.

[8]5G与高质量发展联合课题组.迈向万物智联新世界[M].北京:社会科学文献出版社,2019.

[9]张青辉.市场营销实务[M].北京:北京理工大学出版社,2018.

[10]王关义,刘益,刘彤,等.现代企业管理[M].北京:清华大学出版社,2018.

[11]徐志涛,明新国,尹导.产品服务供应链管理[M].北京:机械工业出版社,2018.

[12]梁宇亮.商业模式4.0[M].北京:人民邮电出版社,2018.

[13]秦双全.团队选择与企业成长[M].南京:东南大学出版社,2018.

[14]马麟,顾桥,梁东.战略管理对照案例精选[M].武汉:武汉理工大学出版社,2018.

[15]赵曙明,张正堂,程德俊.人力资源管理与开发[M].北京:高等教育出版社,2018.

[16]荆新,王化成,刘俊彦.财务管理学[M].北京:中国人民大学出版社,2018.

[17]周文霞.中国人力资源管理研究40年[M].北京:中国社会科学出版社,2018.

[18][美]戴维·帕门特.关键绩效指标[M].张丹,商国印,张风都,等译.北京:机械工业出版社,2017.

［19］王祥.新编管理学［M］.昆明:云南大学出版社,2017.

［20］刘刚.中国传统文化与企业管理［M］.北京:中国人民大学出版社,2015.

［21］吴健安,聂元昆.市场营销学［M］.北京:高等教育出版社,2014.

［22］沈莉莉.企业管理创新模式分析及实现措施［J］.企业研究,2011(24):42-43.